Introduction to Volunteering in Taiwan

志願服務概論

曾華源、曾騰光◆著

Introduction to Volunteering in Taiwan

主編序

　　在台灣，社會工作專業的存在已有三十多年歷史，然而，近幾年來台灣社會快速發展與社會問題不斷增多下，社會工作才受到重視與需要。目前可說是台灣社會工作專業發展真正的契機。

　　一個專業要能夠培養真正可以勝任工作的專業人才，專業的地位與權威，才會受社會所認可（sanction）。因此，學校的教育人才、教學方法與教材，對社會工作在專業的發展上都具有關鍵性影響。我們在學校任教，對教學教材與參考書不足深感困擾。環顧國內社會工作界，社會工作各專業科目的專業書籍實在不多。因此，在一個偶然相聚的機會中，揚智文化葉總經理願意出版社工叢書，以配合當前社會及專業的需要。

　　從去年開始，在出版社的協助下，我們選購了國外一系列評價較高的社會工作書籍，由社工領域中學有專長且具實務經驗的社工菁英來翻譯，另由我們邀請國內各大學中教授社會工作專業科目之教師撰寫書籍。很湊巧，適逢社會工作師法的通過，我們希望規劃出版之各專書，有助於實務工作者證照考試，以及學校課程的教授與學習。最重要的，也期望藉著這些書籍的撰寫與翻譯，使專業教育不再受限於教材之不足，並能強化社會工作專業人員的能力，使我國本土的社會工作與社會福利服務實務能有最佳的發展。

　　最後我們要感謝許多社會工作界的同道，願意花時間和我們一起進行此一繁重的工作，並提供意見給我們，希望此一社工叢書能讓大家滿意。

曾華源、郭靜晃　謹識

自　序

　　志願服務在我國已經推行多年，不過志願服務並不受重視。本書兩位作者過去在救國團共事，我們印象最深的經驗之一就是和志工相處。我們在大學任教之後，陸續撰寫和研究有關志願服務相關議題，但是志願服務是這些年來國內注意非營利組織功能後才受到重視，如何有效運用志願服務資源，已受到很大的關注，而有一些研討會中有志願服務學術論文出現。在研究生的論文中，已經有累積五、六十篇之論文，顯示有許多年輕學子注意到這一課題之重要性。

　　雖然這幾年有些志工管理書籍出版，但大多是翻譯書籍。國內大學開授志願服務課程越來越多，不過缺乏志願服務之教科書，有些開課教師曾向我們詢問課程主要內容，因此，二年前我們就討論過出版教科書之想法，但一直受限於時間過於零散，無法專心盡快整理出書，直到今年才一起共同完成。

　　本書主要架構分為三大部分。第一部分共分五章，以討論志願服務本質和社會發展之關係為主，包括對於國內志願服務在志願組織之發展趨勢下，所遭遇之可能困境和影響，以及我國志願服務發展趨勢；也討論國內志願服務制度法規之相關議題，諸如志願服務法之法理基礎和缺失、祥和社會志願服務制度經驗等。第二部分以討論志願服務實務工作為主，包括介紹和討論我國公部門運用志願服務概況，老人與青少年志願服務，並介紹志工中心制度之功能和對我國實施志工中心之建議。至於志願服務價值之評量方法也受到重視，因此也檢視國外幾種作法提供參考。第三部分探討志工管理相關課題和實施原則與技巧，包括人力資源管理工作和管理策略，

志工督導管理之內涵與督導技巧，並且介紹志工訓練應有之概念和
實施方式。這些議題內容大多是圍繞在我國志願服務的概況作介紹
和討論。雖然有一些論文是我們二個人過去所寫的，但是已經對內
容做過修訂和增補。

本書得以完成，要感謝許多朋友的幫助，謝謝蔡漢賢教授、王
培勳教授、消防署副署長陳武雄、王篤強教授、王順民教授、彰化
縣志願協會的朋友、救國團的同事和志工、中華民國志願服務協會
秘書長劉香梅和各理事長、陳瑞蘭、劉寶愛、蔡莉莉等人幫忙蒐集
與提供相關資料。此外，也要感謝社工系陳心儀助教幫忙校閱。更
要感謝揚智文化發行人葉忠賢先生慨允出版，以及主編閣富萍小姐
盡力配合編輯。沒有這些人的協助是沒有辦法完成本書的。本書完
稿之際，正值我國志願服務蓬勃發展，資料不足或錯誤之處尚祈不
吝指正，以待匡正。

曾華源、曾騰光　謹識

目　錄

主編序　i

自　序　iii

緒　論　1

第一章　志願服務的本質與意義　5

一、志願服務與志願服務者的定義　6

二、志願服務之特質　11

三、志願服務的價值基礎　14

四、對志願服務內涵應有之認識　16

五、志願服務之分類　18

六、志願服務者的角色　22

七、結語　24

第二章　民間志願部門的發展與困境　25

一、前言：近代志願服務的發展　26

二、志願服務的發展　26

三、志願部門面對之挑戰及因應方向　31

四、當前志願機構運用志願服務的潛在困境　35

五、結語　44

第三章　「祥和」志願服務計畫的評估　45

一、「祥和計畫」緣起　46

二、「祥和計畫」內容重點　47

三、「祥和計畫」志願服務實施之潛在困境 49

四、有效推動「祥和計畫」所需探究之問題 52

五、參與及推動「祥和計畫」相關人員之認知 53

六、推動志願服務工作之建議 64

七、結語 68

第四章　對志願服務法規之評析與建議 69

一、前言 70

二、國人參與志願服務的情形 71

三、制訂志願服務法需求面分析 73

四、志願服務法應有的精神與內涵 78

五、對志願服務法精神與內涵之評析 84

六、結語 89

第五章　我國志願服務新世紀的發展趨勢 91

一、志願服務是民主社會發展之重要力量 92

二、我國志願服務的發展 93

三、我國志願服務的時代意義與內涵 101

四、志願服務之發展趨勢 107

五、結語 110

第六章　政府部門的志願服務工作 113

一、前言 114

二、公務部門志工之意義 115

三、公務部門運用志工的情形 116

四、公務部門運用志工之功能 125

五、公務部門有效的志工管理條件 130

六、結語 133

第七章　老人志願服務人力開發與運用　135

　　一、前言　136

　　二、老人志工人力之優點與困難　137

　　三、服務老人之志願服務方案　139

　　四、增強老人人力運用之模式　143

　　五、當前老人人力資源開發的困境　153

　　六、結論　155

第八章　青少年志願服務與服務學習　157

　　一、前言　158

　　二、志願服務對青少年身心發展之重要性　159

　　三、當前推展青少年志願服務之困境　161

　　四、擴大推展青少年志願服務之途徑　167

　　五、結合服務學習來推動青少年志願服務　170

　　六、結語　174

第九章　志工中心功能與建置途徑　175

　　一、九二一震災經驗中社會資源整合運用之必要　176

　　二、美國全國性志工中心之使命與功能　176

　　三、地方性志工中心組織功能　182

　　四、我國建構志工中心之可行途徑　190

　　五、對籌組我國志工中心方式與運作功能之建議　194

　　六、結語　201

第十章　志工參與志願服務之動力　203

　　一、參與動機與激勵理論　204

　　二、參與動機之類型　206

　　三、我國志工參與行為特質與類型　210

四、志工持續參與和工作滿足相關因素　215

五、對激發參與志願服務動力之省思　225

六、結語　231

第十一章　評估志願服務價值之方法　233

一、前言　234

二、衡量志願服務價值之重要性　235

三、傳統的志工貢獻處置方式　236

四、評估志願服務價值之取向　238

五、自然取向評估法之執行步驟　246

六、結語　252

第十二章　志工的運用與管理　253

一、前言　254

二、志工管理的重要性　255

三、志工管理之意義與內涵　258

四、組織自我分析運用志工人力可能性　259

五、志工人力資源管理與內涵　263

六、志工的招募　265

七、編製志工作業支援手冊　274

八、建置機構之志願服務倫理　280

九、志工考評的困難　281

十、結語　282

第十三章　志工人力資源管理策略　283

一、運用志工之潛在價值與問題　284

二、運用志工之趨勢：專業化管理　286

三、志工人力資源管理效能之必要性　287

四、人力資源管理的意義　289

五、志工人力資源管理策略之類型　291

六、志工的組織承諾及其相關理論　295

七、國內外有關志工組織承諾之實證研究　298

八、我國志工人力資源管理策略取向　301

九、結語　306

第十四章　志工的教育訓練　307

一、志工教育訓練的重要性　308

二、教育與訓練之意義　309

三、志工教育訓練籌劃及辦理的過程　310

四、結語　326

第十五章　對志工的督導管理工作　329

一、前言　330

二、督導管理的意義　331

三、督導者如何獲得權威與有效運用權力　333

四、對受督導者的控制　335

五、志工的工作動機與激勵　337

六、新進志工的安置工作　340

七、衝突與衝突之處理　341

八、結語　343

第十六章　督導志工的原則與技巧　345

一、志工參與社會服務之動力　346

二、瞭解志願服務參與影響之可能因素　347

三、督導工作的本質與目的　350

四、志工督導常見之困境　354

五、督導者與志工受歡迎與否的行為　358

六、督導志工之重要原則　359

七、督導工作所需要的技巧　364

八、結語　366

參考書目　367

附錄一　志願服務法　385

附錄二　志工中心所提供方案之分類　391

附錄三　光明基金會與志工中心合作的策略計畫　401

緒　論

　　傳統上，志願服務被視為有能力的人基於憐憫關懷的利他情操、不求回報及善用餘暇，對處於生活困境中的弱勢者，諸如孤苦無依的老人、精神病患、不良於行的肢體障礙者、單親家庭兒童，提供照護支持等等所從事的一種服務工作。許多對志願服務之獎勵與服務事蹟是否感人有密切關係，諸如是否長期持續地奉獻閒暇時間與精力、是否到偏遠地區、是否自己是個身心障礙的弱勢者等等。不過，此一背後的觀念與社會價值判斷之基礎是否需要擴大呢？九二一地震之後，房屋結構安全鑑定、醫療傷害治療等等均有專業結構技師和醫師的投入，他們的熱情與關懷，就不需肯定嗎？但是照過去對志願服務精神的認知，他們絕對無法長期持續不間斷地提供服務。志願服務在民主社會中應該有新的意涵。

　　一、志願服務不全都是慈善性質的活動，也不是宗教性的活動。傳統上志願服務與宗教活動有密切關係，而且現階段許多社會福利與宗教有密切關係，但是如果志願服務只是一種關懷活動，只是單純地讓受苦的人暫解心理壓力，並沒有探求問題原因，請問能幫助多少真正有困難的人？在民主社會中，強調的是社會權的擁有，弱勢者應該得到社會制度的保障，需要社會救助的人應有健全的社會福利制度來保障。許多研究顯示，國人對志願服務工作之認知仍保有道德上認知，例如是有社會理想的人、心地善良的人、有正義感的人、肯犧牲奉獻的人，故志願服務應擴大功能，扮演更豐富的角色。

　　二、志願服務是一種奉獻行為，但不需要犧牲，所以是要行有餘力的參與，才值得肯定。志願服務在現代社會中的定義，和過去

視之為美德的概念已有不同，因為個人投身公益事業活動，不僅可以學習新知，貢獻個人力量，而且可從中體驗與學習個人與社會之間的相互關係，產生對社會應有責任之價值觀和承諾。Eills和Noyes（1978）將志願工作定義為「是對被認識的需要採取行動，其本著一種社會責任而非關心金錢利益的態度，是超乎為個人物質生活所需而從事的活動」。Dunn（1995）認為志願服務是負社會責任態度的行動方式，它不是一種義務，並且是付出不求回報的。Barker（1988）認為志願服務是一群人追求公共利益，本著自我意願與選擇而結合的志願團體。而美國社會工作協會認為追求公共利益、本著自我意願與選擇而結合的一群人，稱為志願服務團體，參與這種團體工作的人稱為志願服務者（volunteer）。

再者，志願服務不是全然完全的犧牲奉獻，參與志願服務也不應該過度投入，影響到個人兼顧基本責任和家庭生活事物，否則為志願服務而犧牲是不被鼓勵的，除此之外，更會考慮參與者的一些需求，諸如個人成長、安全與福利等等。故新的志願服務工作所包括之意涵不再是完全奉獻付出，而會考慮到參與服務之個人可能的基本需求和開銷，包括為參與志願服務者提供保險、誤餐費、交通費等開銷與基本的福利照顧。

其實，一個國家的發展程度，經濟發展並非是唯一評斷的指標，而國民生活素質與道德水準，如關懷與主動參與社會事務的程度，也是評斷是否邁入已開發國家的重要指標。因此，在經濟發展的同時，也應重視適當的社會生活價值觀是否配合發展，以利經濟發展成果得以全民共享和維持下去，而培養民眾關心和願意投入參與社會公共事務活動，是促進祥和社會的重要途徑。志願服務工作的本質是利他性的，其不僅提供機會讓人民可以貢獻個人力量，也可以讓民眾從服務中經驗到個人與整體社會發展之利害關係，而養成正確的社會價值觀，因此，志願服務工作對社會發展實有積極性

的功能。志願服務應該強調從參與中獲得成長與社會貢獻，志願服務者透過參與，不但可以在組織中增進人際關係與支持、降低社會疏離感，並且有助於激發與體認集體生活中共存共榮、彼此互助合作的公共服務意識。因此，志願服務是否更應該強調在多方面的公民參與下，才能建構全民共有的民主社會，並促成社會的健全發展。

三、志願服務應講求服務品質，並善用社會資源。因此，為追求有效率與效益的志願服務，應講求志願服務管理，不能還留存「有做就好」的心態，要確實有「不僅要做，而且要做好」的觀念和態度，重視志願服務是否具有可靠性、保證性、反應性等等，規劃更有效的服務方案，創造、發掘、結合與提供志願服務機會，以善用社會人力資源，創造更好的志願服務產值，並確保被服務者的權益。以美國志願服務的時數統計來看，近幾年是逐漸下降，但是服務之產值卻是逐年上升，顯示服務人力素質與服務內容日益趨向專業化。

志願服務之可貴在於無私與奉獻，可說是社會和諧與穩定的動力，也是社會發展之動力。人生可以有不同的選擇，如何豐富自己的生命，是個人價值的實踐，對於長期參與志願服務之人士，其所呈現對他人關懷與付出都是值得社會給予掌聲來肯定的。不過，志願服務的工作應該隨社會之發展而調整，不能僅限於慈善性、勞力性工作，而要積極性反應社會需要，才能顯現社會有高度生命力。因此，參與志願服務不再是一種施捨、濟助，而是參與者更高的生命價值的表現，呈現的志願服務志業將是當前社會表率，並且有好的態度提供服務，有更多知能來提供更深之服務內涵和更有品質的服務，以便在更廣泛之價值基礎下，來肯定志願服務之現代意義。

Introduction to Volunteering in Taiwan

第一章
志願服務的本質與意義

一、志願服務與志願服務者的定義

　　自古以來，即有各種不同的志願性服務，這些志願服務不論出自個人之內心感受，或是受宗教觀的影響，如聖經裏的「施比受更有福」、佛教的佈施積德等，在中外文獻皆可查得民間社會大眾修路造橋、慈善捐獻與義務服務等行爲。社會福利領域運用志願服務者（volunteer）提供服務已經有很長的一段歷史，各種不同型態的志願服務（voluntary services或volunteering）往往扮演爲他人解決難題，以維繫社會功能的角色，如早期的賑災濟民、捐棺施粥等等。因此，志願服務行爲常被視爲發自內心的善行義舉，是一種大愛美德，具有崇高道德情操，對社會具有積極正向的作用。志願服務行爲的動力似乎與個人人格的內在涵養有關，而非外在社會制度因素所促成。

(一)志願服務是一種助人的美德及福利活動

　　早期對志願服務之定義較爲著重在強調是一種利他的美德，例如中外學者對志願服務與志願服務者的定義，常常從強調個人內在奉獻心理和對社會有利的角度著手，諸如：

　　台灣省社會處《志願服務工作手冊》（1988）對志願服務的定義：「志願服務，是出自於己願，本著人類互助的美德，不求報償，利用餘時餘力餘財餘知來表達對社會的愛意，對同胞的關懷，提供精神與物質兼有的服務。」

　　陸光（1994）認爲志願服務係指民間爲增加社會福祉而自願提供的不計報酬的各項服務，此乃各國推動社會福利工作主要力量的

來源。

蘇信如（1985）認為志願服務是指由個人、團體或正式的社會
福利組織，依其自由意願與興趣，本著協助他人、改善社會的意
旨，不求私人財利的報酬，而經由個別的或集體的方式，所進行的
人類服務。

Levin（1977）認為志願服務是指那些沒有報酬、自由奉獻志
願服務組織的人們，從事各種類型的社會福利活動，包括家庭、兒
童福利、教育、心理衛生、休閒育樂、社區發展及住宅與都市更新
等方面的工作。

(二)志願服務是組織性的利他行為

隨著社會不斷的發展，目前志願服務基本的自發、不求回報的
精神則未曾改變，但是志願服務的內涵已經有所變化。志願服務定
義則擴及到以組織之型態提供不計酬勞的服務，此一定義較不包括
一般個人自發性的行動。

Gutowski、Sulamanon和Pitlman（1984）指出，志願服務是以
直接與間接方式服務他人之非官方社會服務。

Lynn和Davis Smith（1991）在英國志願服務者中心年度調查報
告中提到，志願服務是一種奉獻時間、不受酬、以幫助他人或對環
境有益為目的的活動（Billis & Harris, 1996）。

Smith（1992）認為志願服務者是指貢獻時間在各個領域直接
幫助他人的人。Smith（1989）還認為志願服務者是指個人超乎受
僱工作和平常的責任之外，貢獻時間和服務給非營利組織，其相信
這些活動對他人有益，同時也可以滿足自己。

Giles和Brian（1984）認為志願服務者係不計報酬、自動自發
地服務他人（不是親戚）之人員，而且他不是經由跟鄰居見面服務

的，就是參加組織以服務他人的。

Barker（1988）認為志願服務是一群人追求公共利益，本著自我意願與選擇而結合的志願團體。美國社會工作協會則認為，追求公共利益、本著自我意願與選擇而結合的一群人，稱為志願服務團體，參與這種團體工作的人稱為志願服務工作人員（volunteer）。

吳美惠等人（1995: 9）視志願服務乃是一種非專職性的、重視組織的動態過程，並強調參與者的非物質性收穫，亦即自我成長發展的活動。

Heidrich（1990）指出，許多人視志願服務者為一群人願意（willing）貢獻個人時間、精力，而不為酬勞地與他人一起做事。

聯合國的定義（轉引自陳武雄，1996: 175）是：「志願服務者，是一種有組織、有目的、有方法，在調整與增進個人對環境的適應，其志趣相接近，不計酬勞的人，謂之。」

(三)志願服務是基於社會公益責任的參與行為

開始有人從社會責任之價值觀作為社會參與的角度來分析志願服務的本質，此一概念的內涵是與民主社會發展之本質接軌，例如：

Eills和Noyes（1978）將志願服務者定義為「是對被認識的需要採取行動，其本著一種社會責任而非關心金錢利益的態度，是超乎為個人物質生活所需而從事的活動」。

Eills和Noyes（1990；引自陳金貴，1995）還認為志願服務者乃是以對社會負責任之態度，不是以金錢利益的關切，來呈現其個人需求所選擇之行動，此行動遠超過個人之基本義務。

Dunn（1995）認為志願服務是對於社會責任與態度的行動方式，它不是一種義務，並且是付出不求回報的。

Levy（2001）認爲志願服務的定義爲：一個人在有酬工作之外，爲盡社會責任，願意奉獻時間、才能、精力給他人與社會，而不要求報酬，他相信志願服務除對他人及社會有利外，並可獲得自我心理上的滿足感。所以志願服務的前提是發自內心的奉獻，不爲報酬，且是人們生活的一部分。

(四)志願服務內涵之議題

上述定義中，志願服務之意涵是以無償利他爲主要考量，非強迫性的參與，人與人之間的互助，還要考慮到各社會文化背景和社會民主與經濟發展過程。不過，不論志願服務之意涵有何轉變，這些觀點均視志願服務工作是非強迫性的幫助行動，也就不同於一般有給薪的工作。因此，志願服務是個人認知評價後的助人利他（或是利社會）的社會行動，而非直接針對獲取個人實質好處，也不是

參與志願服務也可以擴展人際關係。
圖片提供：台中市家扶中心

接受他人的命令及壓力（陳金貴，1994；孫建忠，1988）。

其中有些定義論及志願服務為立基於慈善觀點的社會團結或利他主義之活動，而許多學者之定義較偏向為公共利益而不論及參與動機的社會道德性。至於我國志願服務法對志願服務所做的定義是：「民眾出於自由意志，非基於個人義務或法律責任，秉誠心以知識、體能、勞力、經驗、技術、時間貢獻社會，不以獲取報酬為目的，以提高公共事務效能及增進社會公益所為之各項輔助性服務。」此一定義並沒有強調是組織或集體性的社會公益行為，而且將志願服務劃歸為輔助性服務。這意味著志願服務屬於依附性，而非有自主性之組織反應或在滿足社會需要具有之主導性。

綜合而言，志願服務是一種本著自由意志，以助人、利他、不受酬的精神，採個別或集體組織的行動方式提供服務，以表達對社會的積極關懷；而志願服務者是以對社會負責任的態度，本著個人的自由意願，奉獻自己的時間、精力，而不是以對金錢利益的關心，主動參與社會服務活動，此舉遠超過國家對個人的基本義務之規定。然而，就另一方面而論，互助利他的社會價值規範與良心下，每個人亦有義務協助他人。

傳統上，我國民間團體較習慣以「義工」來稱呼志願服務者（李鍾元，1993；林勝義，1990），如義務「張老師」、義交、義警、環保義工等等，以「做義工」來表示參與志願服務。雖有名詞上的差異，也有人認為「義工」是純粹出錢出力的工作，沒有任何福利或津貼，而「志願服務者」是領有津貼或福利保障的，但也有人認為隨著時代轉變，實質內涵應是相同的（曾騰光，1994）。此外，由於「義務」一詞具有強制性的意義，是法令規定應負的責任，因此，義務工作是「當為」的責任（陳武雄，1995）。加之，早年威權政治時代用「義務」勞動來表示民眾無償對社會應有的貢獻，民國二十年訂定「國民義務勞動法」，運用國民從事社會建設

與社會服務（陸光，1993），雖然強調是志願服務，卻常常是由上而下交付或發動的事務，與現代強調公民自主參與之精神有差異，而引起強迫勞動的誤會或爭議（陸光，1993）。由於美國社會對於違反法律之小過錯採取強制性社區服務，而這些人也被稱為義務工作者，為能有所區分和配合我國已經通過的志願服務法，本書強調志願服務為個人在自由意志下參與的社會活動，故以「志願服務」和「志願服務者」稱之。

二、志願服務之特質

依照上述定義所揭櫫之內涵，志願服務有許多特質，而這些特質也多少可以反映志願服務的內涵，包括：

(一)志願服務是非謀求個人經濟利益為主的行為

志願服務是否一定要屬於完全無報酬的服務是爭議重點之一。在提供社會服務工作時，有時仍然會有金錢報酬，但是這並不是衡量個人的服務能力而提供的經濟性的報酬行為。個人從事服務工作時，雖然是不重視金錢報酬的服務行為，但是並非沒有其他對個人有利的因素摻雜在內，例如考慮對未來就業之幫助性、擴展見聞、實現個人想法、還願或結交到密友等等。有人認為志願服務必須是沒有金錢利益，但是允許有一些報酬，不過這些提供服務的報酬不是市場價值，也不是個人經濟所得的主要收入，也不包括由非營利組織付費或由其他第三團體付費，例如由他人付費而提供義務服務的免費律師。此外，對志願服務者獎賞和各種補貼或報銷服務中的一些費用，或是志願服務者「使能」（enable）和激發動機之作法，

諸如訓練、津貼、開支的補償和開立日後補助保證書等方式，都可以擴大志願服務者來源。聯合國還對遠赴國外幫助落後國家的各種高級技術人才在不領取工資的情況下提供旅費，甚至還有支付志願者服務期間基本生活費用，不過這些都是志願服務者的付出遠高於物質和金錢回報。

(二)志願服務是非外力強迫性的利他行為

志願行為（voluntary）是指發自內心的自動自發的行為，而非他人運用權力或命令下的助人行為表現，例如課程老師規定假日從事的社會服務就不是志願服務工作。因此，志願服務（volunteering）是在自由意志下的一種自願利他行為表現。雖然具有互惠性在內，而非單向的給予，但是志願服務是以他人的需要為優先考慮，而不是以個人的需要為優先考慮。

(三)志願服務含有濃厚的社會公益色彩

志願服務為實踐社會理想或改善社會問題而表現出來的一種具積極性的社會行動。因此，志願服務是直接利他的行為，而非利己的行為，被社會賦予較高的道德情操，換句話來說，不是直接用來提高身價或達成個人私利的手段。從事志願服務工作的人是以關懷社會的意念、尊重和關心他人的態度提供服務，而非具有階級性和歧視態度的行為，使被服務者自尊心受損。

(四)志願服務不是個人義務性行為

志願服務不是法律規定或個人某種必然角色內的責任，如為人

出錢出力的勞務性服務是常見的志願服務方式。
圖片提供：台中市政府社會局

父母教育子女或納稅、當兵。因此，志願服務是個人行有餘力與餘
時之情況下的參與，而非全副精神與全副時間的投入，甚至放棄個
人應有的社會角色。由於志願工作者並非機構受薪者，有其很高的
自發性和自主性需求，常使管理者必須採用不同於專職受薪者的管
理方法與制度，表達出相當重視他們內心的情緒，使他們感受到尊
重、支持和肯定，甚至感覺被視為夥伴。

(五)志願服務可以滿足個人心理需求

　　在參與志願工作過程中，在無私無爭的基礎下，可以擴大人際
網絡，豐富個人的社會生活，調劑現代枯燥競爭的職業工作經驗。
依Raynold和Raynolds（1988）調查訪問數百位志工發現，許多志
工參與與持續擔任志工之原因為心理利益（psychological bene-
fits）。

(六)志願服務是以組織型態提供服務

　　現代民主社會的志願服務重視的並非隨機性的或個人性的利他行為，如拯救溺水者、個人清掃鄰里街道，而是一種有組織、有計劃和有目標的社會服務。甚至與民主社會之公民參與精神相連接，志願服務強調個人應積極主動關注社會需要，並透過實際參與與行動之過程，有計劃地提供社會各種需求滿足之活動。

(七)志願服務是貢獻餘時餘力的活動過程

　　志願服務者是個人貢獻專職工作以外的時間、精力、智慧、能力或資源以服務社會。這是超乎個人之外的一些事，不是正常上班時間的工作，而是下班後所提供的服務，擴大傳統上對志願服務之概念。一般而言，每個人都有休閒時間，只是涉及個人對時間運用的價值觀而已，故志願服務者不是為個人謀生活而投入的工作，必須是個人在工作時間力量外的另一種活動型態。志願服務者必須量力而為，不可倒本為末，不僅放棄個人日常生活中該盡的義務，甚至投入時間與精力比專職人員還多，變成「職業的」志願服務者。

三、志願服務的價值基礎

(一)現代志願服務的價值源頭

　　志願主義之根本不動的標竿、參考點、精神導引是什麼？蔡漢

賢（1992）認爲一個社會要能和諧發展，就必須建構服務倫理，從內心中建構助人的積極意義，以達良善之社會，亦即所謂「德貴自覺，善貴及人」。Brilliant（1997）認爲美國的志願主義起源於西方二個重要的觀念：(1)希臘－羅馬時代提供給付作爲一般福利的博愛觀念（philanthropy）與人類的愛；(2)猶太－基督徒將做好事視爲宗教職責或獲得救贖的慈善觀念（charity）。透過志願服務表現出尊重生命的價值、善盡社會責任、維護人類權益、發揮個人愛心、弘揚宗教善性與實現自我理想，故常賦予崇高價值（林勝義，1996）。

(二)建構志願服務價值基礎

上述二個遺產爲志願服務及慈善活動提供了現代與宗教的傳統，顯示志願服務不易與宗教慈善之利他行爲分割。不過現代志願服務的發展，已經融入濃厚民主社會之價值觀。志願服務不僅有豐富的人文主義精神，更立基於民主社會的價值觀。在此基礎之下，建構志願服務價值觀或哲學的假設如下（曾華源，1987；Campbell, 1997）：

1. 每個人都有能力貢獻和付出。民主社會應提供人民參與社會活動之機會，以共同努力提高社會生活之品質。所以社會應更積極提供和鼓勵民眾參與志願服務。
2. 每一個人對社會均有一份責任，社會之良窳與自己息息相關。市民參與對民主社會是相當重要的，因此，參與志願服務是公民對社會有責任的表現，志願主義是民主社會發展之基礎。
3. 無償的工作是有價值的。金錢不是唯一工作價值，在志願主

義下，願意且能夠去做重要事情的人，即使只有一些或根本沒有金錢補償，例如救火、危機介入等等都是極有價值的活動。

4. 有些事情志工可以做得比專職員工更好。只要給予適當的訓練和權責，專職員工所做的每一件事情志工都能做，但是相反的，有許多事情志工能做好的而專職員工不一定能做好，例如對心理病患的幫助、募款、個人教師，都會是志工做得比較好。

5. 人性本善，人人可做志工。人可以自動自發關心社會中有需要或有問題的人，必要時，可以提供一臂之力。志願主義是具有普遍性的，因為沒有限制誰才可以當志工，也沒有什麼事情是志工不能做的。

6. 經由參與和提供協助，可以促進志工自我成長，充實生活內涵，肯定生命的意義與價值。志願主義有雙重影響性，因為當志工不僅他人受益，而且自己同時也受益，常聽人說「我得到的比付出還多」。此外，志願主義也厚積社區改變之能量，當志工可以有所學習，並運用學得的服務知能，使得社區意識和社區服務變為可能，而且更有價值。

四、對志願服務內涵應有之認識

從前述定義來看，目前國人對志願服務觀念可能仍有分歧，對於志願服務有些誤解。諸如：

1. 志願服務是犧牲奉獻，是神聖、高尚、道德之行為。
2. 既然是志願來做服務，那麼就是自己想做就做，不想做就隨

請志工協助辦理募款活動是穩定財源的方式之一。
圖片提供：台中市政府社會局

時不來。

3. 志願服務是一種不用支付人事費用的人力資源，所以運用志
   願服務一定是可以省錢來辦事。

4. 志願服務可以是義工，但也可以不是義工。

5. 志願服務是人們基於熱心主動地參與協助，應重和諧與多加
   鼓勵，所以不好意思直接要求志工將事情做好，甚至做不好
   也不太敢去要求。

　　社會對志願服務需求的殷切期待之下，我國在推動志願服務的
未來走向上，若觀念與方法不改變、組織的制度不改善，勢必只會
停留在濟弱扶傾的慈善行動上，致使志願服務之內涵與功能不易提
升與擴大而與民主社會之公民參與接軌，而無法達成現代民主社會
所需要的志願服務目標。

　　為使志願服務發展能符合社會需要，志願服務內涵應該要有參

與觀念、互助觀念、永續觀念、管理觀念、品質觀念、績效觀念。

五、志願服務之分類

「志工」為「志願服務者」之簡稱，在我國亦可稱為「義工」。國內政府機關首先運用志願服務者推動服務措施，是民國五十二年警政機關成立「義消、義警、義交」；往後陸續運用於社區發展工作、地方法院榮譽觀護人。至民國七十年後，台灣省、台北市及高雄市政府先後訂定有關志願服務實施措施，招募志願服務者來辦理社會服務工作。同時，台北市立動物園、國立自然科學博物館、科學教育館、高雄市立文化中心、台灣省立美術館等社教文化機構，玉山、陽明山國家公園管理處等觀光旅遊、休閒活動部門及環保部門，相繼採行運用志願服務者協助推動各種服務措施（陳庚金，1995）（詳見第五章）。

運用志願服務者提供服務是隨著經濟與社會的發展而轉變，且其範疇不斷地擴大，包括經濟、社會、教育、文化、宗教、環保、政治活動，均有志願服務者參與其中，許多志願服務團體組織並非侷限在單一功能，不易劃分類別。因此，可以下列幾方面來概分志願服務運用的範圍（林昭文，1996；陳金貴，1994）：

(一)以職責功能性質劃分

依職責功能性質劃分，可分為下列幾項（Lowy, 1984）：

1.政策制訂功能之志願服務，如委員會委員、董事會董事；行政管理志願服務者，如督導、執行長、財務與公共關係等。

2.直接服務類志願服務，如義務「張老師」接案會談、團體輔
　導、學校導護義工團等。
3.庶務類志願服務，如個案助理、文書助理、行政助理、餐點
　準備、接聽電話等。

(二)以時間性質劃分

依時間性質劃分，可分為下列幾項：

1.定期性志願服務：固定提供服務時間。
2.臨時性志願服務：可分為參與單一方案的志願服務者，或是
　不定期參與志願服務者，可以視需要和個人時間允許下，臨
　時接受任務。

(三)以服務領域（field）性質劃分

依服務領域劃分，可分為下列幾項：

1.綜合類：如愛心服務隊、政令宣導服務、社區發展協會等。
2.康樂類：如救國團嚕啦啦、青年會、大學康樂性服務社團
　等。
3.福利類：如就業諮詢、老人照護、婦女服務、婦幼保護、青
　年休閒等。
4.教育類：如親職諮詢專線、寄養家庭等。
5.輔導類：如張老師、生命線、觀音線等。
6.文化類：如文化導覽員、鄉土解說員等。
7.交通類：如義交、旅遊服務、公車路線諮詢等。
8.醫療衛生類：摺疊棉紗、醫療諮詢、急救訓練、紅十字會、

捐血等。

9. 環保類：生態保育服務、綠化服務、道路環保、街道或公園認養、清潔服務等。

10. 權益類：消費者保護服務、勞工權益陣線、婦女權益促進會等。

11. 救援類：義消、山難救援⋯⋯。

12. 司法類：法律諮詢顧問、榮譽觀護人等。

13. 警政類：義警等。

14. 其他類：包括宗教的、戶政的、財稅的、營建（設）的、政治的、社區行動的等。

(四)以服務內容的性質

依服務內容的性質劃分，可分為下列幾項（陸光，1998）：

1. 行政性服務：擔任理事、監事、委員、文書、收發、登記、打字、照相、錄音、錄影等工作。

2. 專業性服務：依原有的專業或職業而定，如法律顧問、教師教學、醫生義診、護士看護、心理治療、機具修護等工作。

3. 利他性服務：以社會福利工作助手角色協助他人。

   (1)人事服務：擔任解答疑難、代寫書信、代打電話、友好訪問、出門陪伴、交通接送等工作，以改善個人的不便生活。

   (2)家事服務：擔任採購物品、提供飲食、清洗打掃、維護整修、兒童看顧、病人看護等工作，加強危機家庭之自助功能。

   (3)機構服務：配合學校、醫院、精神病院、矯治機構、兒

經常舉行志願服務學術研討，宣導和強化志願服務內涵。
圖片提供：中華民國志願服務協會

童福利、老人福利等機構之需要。對機構本身提供行政
性服務，對機構案主擔任訪問、陪伴、照料、助教、傳
道、精神支援、物質補助等工作，協助案主充分利用機
構資源達成機構追求之目的。

(4)社區服務：擔任社區行政工作服務外，並擔任社區調
　　查、團隊組訓、募款、環境整理、守望相助、交通疏
　　導、公害糾舉、糾紛調解、慶生聯誼等工作，使鄰里社
　　區居住環境改善，生活素質提高。

(5)互助性服務：參與相關團體，提供個人疾病治療、婚姻
　　調適、子女教育、喪偶悲痛、煙酒禁戒之經驗，現身說
　　法，供同病同好團體成員之參考。

(6)改革性服務：參與公共事務、鼓吹福利權益、終身教
　　育、消費者保護、環保運動等爭取權利與維護公益的項
　　目。

(7)酬勞性服務：以象徵性的酬勞鼓勵低收入者或老人服

務，如美國著名的祖父母寄養計畫。

六、志願服務者的角色

志願服務者參與志願服務工作對於本人、被服務者、機構和社會都有正面之價值和貢獻。對於本人來說，志願服務可以提供志願服務者社會參與和自我成長的機會，可以擴展個人知識、工作與人際關係能力和社會適應，有利於個人身心健康與生涯發展。

志願服務者在機構中能做哪些事情？扮演什麼角色？在現代社會中，志願部門不再侷限於提供消極性服務，志願服務者的背景與能力越多元化，在機構中所能做的事情越多，不僅僅在提供直接服務上對案主和機構有所服務，而在間接服務上對志願服務之認知與整體社會民主發展有所貢獻。志願服務常被限制在補充機構或政府經費及人力的不足，而被認為無法取代正式職員，僅能以補充性的角色來看待，其參與層面大多被限定在配合機構提供服務。如劉香梅（1992）認為志願服務者的角色有直接服務的助人者角色、行動角色、關懷角色、潤滑角色、轉介角色，向機構建言的角色、配合機構政策提供服務角色、做社會大眾的示範角色與經驗傳承角色，以及倡導志願服務之角色、其角色範圍比較偏向提供直接服務上，以案主和機構兩方面的需要為主。

志願服務者在機構中所能做的事情相當多。Lewis等人（1991）指出志願服務者的角色功能也逐漸轉變，從政策的形成者到直接服務的提供者。Davidson和Rama（1993）就將志願服務者就實務上所做的事情分為直接服務、行政支持、倡導和政策制訂。Sieder和Kirschbaum（1977）二人的看法較廣，他們指出志願工作者可以扮演的角色有：(1)指出需要處置的問題或情況；(2)決定政策；(3)提

供直接服務；(4)募款；(5)擔任組織的發言人；(6)報告和評估社區對機構服務方案的反應；(7)社區計畫的共同行動；(8)發展新服務輸送體系；(9)擔任弱勢者的代言人或倡導者；(10)抗議和社會行動。其實志願工作者所扮演之角色較爲積極，且不是限定在代表機構提供直接服務，還包括參與機構決策，以及積極性反應社會需求和主動採取爭取權益之行動。Jacobson（1993）就志願服務者在不同組織中所扮演的角色，歸納爲直接服務角色、間接服務角色、行政管理角色、政策制訂角色和倡導角色。

由此觀之，美國志願服務者所能扮演之角色較爲積極，且不是限定在代表機構提供直接服務，還包括參與機構決策，以及積極性反應社會需求和主動採取爭取權益之行動，這可能與美國社會發展有關。而就此一觀點來看，美國志願服務較傾向公民參與，而我國對志願服務內涵之認知，從政府的統計和志願服務法來看，仍傾向輔助和被動配合機構者爲多。此一擴展性概念所包含之意義相當重要，可以將國內過去只認爲志願服務者就是提供直接服務者的概念，擴大至志願組織之管理階層，使志願服務者的角色功能擴大。整體說來，志願服務者所能擔任的角色分爲下列幾種（吳旻靜，1999；蘇信如，1985）：

1. 直接服務的角色：直接與服務對象接觸，提供必要的服務，如在機構中輪值接案或提供設施設備服務、教授技藝、家庭服務、在宅服務、病房探訪等。
2. 間接服務的角色：透過間接途徑提供服務，如籌募慈善基金、在醫院中幫忙疊紗布、滾編花球、刊務編輯等。
3. 行政庶務的角色：擔任一般行政庶務工作，協助機構蒐集與整理檔案資料、製作統計月報、撰寫記錄、協助隊務推行等。

4.決策諮詢的角色：依據服務經驗和特殊的觀點見解，對機構
　服務內容與發展方針與方案提供較具建設性的批評、建議或
　諮詢意見，以使組織單位因服務需要做必要的革新改變。

5.社會倡導的角色：爲案主群的需要與權益，或針對與本身服
　務宗旨有關的社會問題與不公，進行議題之倡議、請命或遊
　行的行動，以尋求社會關注和改善。

6.管理的角色：管理的志工在協助機構管理志工，主要是擔任
　組織招募、訓練、督導和評估的工作；而高級行政管理的志
　工則常負責有效地溝通、傳達、協調服務組織與服務對象間
　的意見與需要、服務方案規劃設計、組織和安排由領導部門
　和董事會所訂定的執行政策。

七、結語

　　志願服務有多種功能，是現代民主社會中的重要制度。過去我
國比較將志願服務視之爲社會福利的輔助性功能，所以不僅志願服
務功能有限，而且有一些誤解存在，相當程度侷限志願服務之發
展。但是隨著社會發展和國際交流之影響，志願服務已經逐漸被視
爲是民主社會發展的一股重要力量。志願服務內涵已經有一些變
化，其關心社會需要和主動參與之行動，將帶給社會更多助益，未
來將持續獲得社會之關注，也會在學術領域占一席之地。

第二章
民間志願部門的發展與困境

一、前言：近代志願服務的發展

　　運用志願人力資源提供服務的組織並不侷限於非營利組織，政府公部門也可以運用志願者加強爲民服務之工作，不過就志願服務之參與自主性和對社會議題與需要之反應來看，非營利組織運用志願服務是重要特色（Oster, 1999）。因此，本章之重點將放在當前我國民間志願組織之發展方向和運用志願服務上所面臨困境的相關議題。

二、志願服務的發展

(一)志願服務與公民社會

　　相較於個人慈善性與隨機性的志願服務，有組織的志願服務工作被稱爲志願性組織（voluntary organization），其組織規模不一定大，存在於古今中外社會的歷史卻相當長久。然而，直到近二十多年，福利國家危機的論述出現之後才受到各界重視。

　　在二次世界大戰後所形成的福利國家的共識中，社會大眾認爲政府在滿足民眾的社會福利需求方面是責無旁貸的，因此，許多需求都交由政府處理。當時志願組織存在社會的事實與重要性，不僅不被強調，也沒有什麼學術研究報告（Johnson, 1987）。然而，隨著社會快速的變遷，在西方資本主義社會之中，政府面對層出不窮的各種社會福利需求，其龐大的科層體制已無法快速有效地反應這

些需求，加以社會福利政策不斷地擴大，公共支出擴張，促使國家福利支出在政治、經濟、財政，乃至合法性等方面產生危機（Johnson, 1987）。政府不再是社會發展的唯一主控者，相反地，本諸自發性利他的志願性組織，便受到相當大的關注和期待。

對社會福利而言，政府再也不是唯一的供給者，它透過「分權」與「參與」的政策設計，引入民間所具有的社會力，一方面改善了政府科層僵化而無法有效反應社會需求的弊病，在另一方面也刺激活化社會的自主與參與之精神，奠下公民社會（civil society）的民主基石。

(二)志願部門的出現

現代化的民主國家，均以重視人民的生活品質、促進人民生活幸福為主要追求的目標。在一個民主自由與經濟繁榮的社會裏，人民的生活在富裕與安定之情況下，才有餘力、餘時和餘心去關心他人，並重視自我理想的追求和實現。民主社會不僅容許且鼓勵人民，依其意願從事各類活動，以培養其成員的自發性，並且讓成員從互助的過程中，獲得自我成長的滿足感。因此，社會經濟愈繁榮的民主國家，也將有越多人出自內心意願，自願參與社會服務工作的行列（陳武宗，1983）。另一方面，民主國家人民自主性增加，加之社會變遷快速下，政府無法有效反應社會需求，如何結合民間資源和擴大社會參與，實為社會發展之契機。

以美國志願服務活動的歷史來看，其演進有一個脈絡可循，就是從社區共有的活動發展而來，然後私人機構陸續設立，在避免資源濫用的壓力下，發展出整合的慈善活動。隨後因為工業化與都市化，開始有一些企業家變成慈善家，此時慈善機構開始嘗試建立「科學的慈善團體」，逐漸引進專業主義，並開始著重在政策改革方

面的訴求。然後因為政府財政的壓力及民眾參與公共事務的要求，政府部門與志願服務組織建立合夥關係。最後，進入一九八〇年代，邁入增加「私有化」(privatization) 的階段，不再強調大且萬能的政府，而是著重於滿足需求效率的提升，朝著「服務性政府」的方向而努力。

Brilliant (1997) 指出，早期美國社會中的志願服務大都由政府推動，自一九八〇年代以後，西方社會中福利社會 (welfare society) 概念興起之後，志願性活動已成為一股沛然莫能禦之的民間自主力量。各種志願性組織 (voluntary organization) 如雨後春筍般紛紛成立，並大量運用民眾志願參與服務，除了有助於社區意識的培育和社會責任感的實現，甚至還發展成為與政府分庭抗禮，監督政府施政功能是否反應社會民眾需求之部門，使政府與企業界不得不加以重視。因此，志願組織已成為現代社會中，相對於政府與營利企業組織之公私部門外，成為勢力龐大而不可忽視的一環。

自從一九七〇年代以後，志願部門開始受到關注，許多文獻中使用相關不同名詞，諸如，志願主義 (voluntarism)、志願組織 (voluntary organization)、志願機構 (voluntary agency)、志願協會 (voluntary association)、志願部門 (voluntary sector)、非營利組織 (nonprofit organization)、第三部門 (the third sector) 和非營利部門 (non-profit sector)。其實這些名詞多少有些差異。

Kramer (1981) 認為志願主義包括一組價值觀和一組結構或組織，指基於某種哲學觀念下的志願性行動，在這種思想下產生志願性的組織結構，其目的在使工作延續下去。例如非正式的自助團體、解決鄰里問題的組織；大型的正式組織，如醫院、博物館；或是正式的社會行動組織。為了維持組織持續下去，不一定由志願服務者處理業務，反而有可能聘請專業人員來執行業務。由於此一領域的組織結構、目的、資金來源差異大，故不易有明確之定義。不

過Kendall和Kanpp（1995）認爲非營利性、合法性、志願性、自主性和獨立於政府部門之外等五種特性，可用來區辨志願部門中的志願組織。

志願機構是指正式的社會福利機構或與服務有關的組織，其成員奉獻自己，並且提供資源和服務，以滿足人們日常生活所需及協助他人獲得更好的生活。故志願機構是非營利與非政府的人群社會機構之簡稱。至於志願協會有二個意義：廣義指所有的志願組織，從非正式團體到大型的專業或行政科層體制；狹義指一種組織類屬，其是爲了組織成員利益而組成的，並非爲公共利益。

志願部門是各種地方性、全國性或國際性的志願組織，包括募款或宗教性與一般性的慈善組織。Salamon（1992）認爲志願部門與非營利部門（non-profit sector）是交換使用的，但是也有人認爲非營利部門指志願部門中正式組織結構之單位，例如Filer Commission（1975）指志願領域爲第三部門（the third sector），而有別於企業部門和政府部門。本文認爲志願服務不限於民間組織，政府各部門亦將志願服務當成輔助專職人力工作的資源。因此，最好能冠以「民間」志願部門作區別，或瞭解志願部門一詞之內涵。

(三)志願部門的角色功能

在現代社會中，志願部門不再侷限於提供消極性服務，志願服務者在機構中所能做的事情相當多，此一概念所包含之意義相當重要，將國內過去只認爲志願服務者就是提供直接服務者的概念，擴大至志願組織之管理階層，志願部門中的志願服務可以發揮的角色功能擴大，具有多元性功能，使志願部門可扮演之角色與功能與過去大不相同。志願部門角色功能可歸納如下（Kramer, 1981；黃蒂，1988）：

■開拓創新的角色功能

志願部門對社會大眾需求較為敏銳，常依賴多樣化之人才，發展出因應社會需求之策略，擬出合宜的工作方針與方法，並且規劃與執行，從實際行動中驗證理想，引領社會革新。因此，志願部門具有彈性、功能自發性和民主代表性，志願服務使社會大眾有機會參與公共事物，並且透過民主的集體行動，使社會資源與權力產生再分配的結果。

■改革倡導的角色功能

志願部門往往從社會各層面的參與和實踐中，洞察社會之脈動和需求，並運用服務經驗展開輿論和遊說，具體促成社會態度之改變，引發政策與法規的制定或修正，建立新的社會秩序或發展新的服務，以因應社會發展之需求。因此，志願部門常扮演對整個社會體系與政府組織的監督者、批評者，或是對社會發展的預警角色（prophetic role）。

■價值維護的角色功能

志願部門乃是透過實際運作系統，以激勵民眾對社會需求之關懷、參與，提供社會菁英和領袖的培育場所，提升社會大眾之倫理與擴大生活範疇。因此，透過參與社會事務，將可使參與者瞭解到彼此對公眾事務的看法，並可培養相互尊重與互惠的民主價值，及合作解決問題之意義，使志願部門有助於民主社會理念及各種正面價值觀的維護，這也是志願服務反應民主參與的模範角色（modeling role）。

■服務提供的角色功能

當政府受到資源與價值優先順序的限制，而無法充分實踐其保障福利功能時，志願部門多種類、多樣化的服務輸送，恰能彌補這

種差距，提供許多多重期待的服務，成為政府功能的補充角色
（supplemental role）；相對地，也提供社會大眾更廣泛的選擇機
會，發揮尊重民意之本質。

■增進社會和諧

志願服務提供了一種人人可以參與社會的管道，可使參與其中
的人藉此參與的機會與過程，獲得學習與發展技能與價值的機會，
擴展到社會網絡，增加彼此的關聯、瞭解與信任，增加互助互惠的
意願，並因自我的貢獻而增進身心滿足與福祉，這些成效皆能促進
社會不同群體之整合。

三、志願部門面對之挑戰及因應方向

(一)福利多元主義下志願服務機構的整體環境

福利國家在財政上的困境與低效率的服務，已經無法滿足人民
多元的需求。一九七○年代以後興起了多元福利主義，強調政府、
企業、非營利志願部門和家庭與社區共同負擔民眾所需的社會福
利，使得「志願服務」或「第三部門」在服務的提供上受到重視。
各國政府無論是左派或右派，皆發現了「非營利組織」一方面擁有
志願性福利社會理想使命之優點，可以用來作為對抗政府干預的工
具，另一方面也可透過志願主義和市民參與，重新喚起社區意識或
生命共同體。

一般說來，有各種不同的方式提供福利服務，在以市場機制為
重的福利服務中，福利是透過個人的財力來購買服務，因此福利服

務的分配就視個人金錢與給付能力而定；在國家部門裏，服務的分配是政治權力結構的反映；在公民社會之中，分配則是連帶責任價值觀念下的產物，福利服務依賴家庭和其他社會力一起分擔。所以各社會對於福利服務之提供與政府的政策和社會價值觀念有密切的關係（Abrahamson, 1991）。

　　Cramer（1995）指出當前世界各國的福利服務政策有許多變化，主要有五種趨勢：(1)縮減公共支出；(2)政府分權化；(3)去科層化；(4)去規則化；(5)去機構化。由於當前政府和志願團體關係已有所轉變，「福利混和體」（welfare mixed system）或「混合經濟福利」（mixed economy welfare），此一概念已成為當前福利服務的重要趨勢。政府在企求降低國家的財政負擔，又同時兼顧福利服務的品質與效率下，慎重地尋求各部門之間的整合與平衡，志願部門與政府的關係，已經有實質上的變化。

(二)志願部門與政府的關係

　　由於志願部門的重要性已經無法忽視，政府與非營利志願組織不再是過去由政府支配的關係，一般的認知是雙方既有競爭關係又有合作關係；在競爭關係中，傾向於由政府主導與非營利組織主導，這種「單一部門主導」為「優勢典範」（dominant paradigm），雙方的關係近似於只能有一方獲勝的「零合關係」（Benjamin et al., 1992）；在合作關係中，是一種合作、夥伴的形態，由政府提供資源而由志願部門提供服務，但是必須向政府提出服務成效。

　　Benjamin、Kramer和Salamon（1992）根據服務的財源與授權（financing and authorizing of services）及服務的輸送（actual delivery of service）兩個面向，發展出：(1)皆由政府主導財務及服務的輸送；(2)第三部門在財務及服務的輸送上居主導地位；(3)由政府

志工參與關懷社會有助實踐公民社會理想。

圖片提供：台中市政府、曉明長青志願服務隊

和第三部門各自區隔服務工作但共同分擔社會服務的財源及服務輸送；(4)由政府提供財務支持，第三部門負責實際服務的輸送等四種志願部門與政府關係的模型。Kuhnle和Selle（1992）則以機構與政府溝通接觸的頻率，及財務與控制的獨立或依賴程度此二面向來探討，而將志願部門與政府的關係分為整合依賴型、分離依賴型、整合自主型、分離自主型等。Wuthnow（1988）則提出「衝突性合作」，認為志願部門與政府既競爭又合作、既對立又統一，相互約制達成部門平衡。

　　不論上述學者提出政府與志願部門存在何種關係型態，多元福利主義主張整體的社會福利由政府、營利企業、非正式部門與第三部門共同提供，但部門之間經常是界限相當模糊，特別是政府與第三部門之間。從第三部門的角度來看，第三部門除了執行部分政府的社會福利政策外，同時也影響政府社會福利政策的制定；從政府

的角度來看，政府對第三部門的影響力主要是在法令規範與經費提供二方面。其中就經費提供而言，政府提供經費給第三部門的方式有補助與契約二種；補助是第三部門策劃與執行福利服務的過程中，由政府提供部分的經費，所以整個福利服務的策劃主體在於第三部門；契約可以是由政府規劃福利服務提供的方式並提供大部分或全部經費，「委託」第三部門執行，計畫主體在於政府；契約也可以是由相互競爭的非營利或營利組織主導規劃福利服務，而由政府部門「招標」（蘇昭如，1993）。我國的「社會福利政策綱領實施方案」的福利服務部分第二項規定：採取補助、委辦、公設民營等方式，並充分運用志願服務人力，由政府支援經費及設施，透過民間組織提供多樣化及合適性的服務。政府提出的公辦民營方式有五種：(1)採委託方式；(2)採補助方式；(3)採獎助方式；(4)採公設民營方式；(5)採資源分享方式（社會司，1997）。

由於實施社會福利民營化，政府將社會福利服務委由民間辦理，政府角色由監督者轉變爲資源提供者，而民間接受政府經費補助、依照政府政策提供社會服務時，更需強調服務品質。因此，對於志工運用與管理必然會產生影響，就曾華源、鄭讚源（1998）研究顯示，在志願服務工作推動上，政府與機構應採「均衡合作」的型態，其中在財務來源方面政府稍偏向認爲機構要自主，而服務輸送、志工人力資源方面要接受政府監督管制，而機構方面則持不同意見。

然而目前政府雖已通過志願服務法，但是至今中央政府不僅仍無整合性的志願服務政策方向，缺乏制度的整體規劃，政府各部門之做法差異亦大，推動志願工作是各行其事，而且也無法提供有效的條件與規範，以促使志願機構之發展（詳見第四章）。以經費補助爲例，不僅政府負債累累，縮減補助，而且政府的經費補助偏重在硬體資源方面，欠缺全盤性的軟體服務方案補助計畫。在方案預

算補助方面不僅刪東減西，而且補助款姍姍來遲和核銷手續繁複，不僅令志願服務者的認知偏向負面（張偉賢，2001），讓志願部門工作推廣阻礙重重，也有違志願服務者之基本精神。因此，政府部門如何與志願部門合作，其工作重點與方式應放在哪裏，以充分運用與發展志願服務，仍然需要更多討論。

四、當前志願機構運用志願服務的潛在困境

　　志願服務體系之運作與政經環境之改變息息相關。雖然政府部門越來越重視運用志工提供服務，但是不代表民間志願服務部門就更加歡迎政府部門擴大運用志工提供服務。志願服務內涵不僅是利他主義而已，亦應同時強調服務品質和管理，以激勵志工和有效發揮志工之功能。就志願服務內在體系與外在機構之互動關係來看，志願服務組織增加彼此合作以建構服務網絡的可能性為何；是否受到多元福利主義與政府政策之影響；志願服務部門與政府之關係是否有所改變；是否影響志願服務機構的使命與管理運作，以及志願服務組織與志工對政府在推動志願服務工作上的期待等等，均是研究課題。依據曾華源、鄭讚源（1998）的研究顯示，如何有效滿足被服務者的需求，資源整合與有效運用，募集更多的經費，獲取政府的支持，是目前志願服務團隊在運用志工上要努力的課題。

　　當前社會朝向民主開放方向發展，民眾自主意識與公共責任權利義務之意識較過去提高許多，民眾願意投入志願服務市場的人會愈來愈多，而社會福利機構運用志工潛在人力資源之機會大增。然而，積極推動志願服務的過程中，必須注意機構不當運用志工所帶來的負面影響（Rapp & Poertner, 1992），例如不適合的管理和運用志工會影響機構的志願服務品質和成效。

　　當前國內外志願服務機構面對的議題，對志願服務的理念與做法會有深刻的影響，其中下列幾點值得重視：

(一)當前我國志願服務機構潛在的兩難

■市場需求與使命感優先的問題

　　志願服務組織面對組織間的競爭下，是否需要同時考慮成本和社會大眾期待。過於考慮市場與成本，將使志願部門原先強調的「利他服務」之使命感與本質減弱，機構哲學將轉而重視強調功利主義、服務績效、產品考慮市場取向與營利，以求取社會資源和維續組織生存，因此，志願服務組織常需面對市場化與福利需求滿足之抉擇。目前國內各志願機構較重視本身的發展，忽略網絡關係的建立，使志願服務只限於機構內而無區域觀，造成重複訓練，甚至重複提供服務，競相爭取有限的志願服務人力資源。這對志願服務工作之推動成效有深遠之負面影響（郭登聰，1997）。志工管理者認為志願服務團隊間的協調、合作與整合，使志工得以提供較為完善一致的服務品質，是當務之急（曾華源、鄭讚源，1998）。

　　志願服務組織和地方政府表現出不積極整合及動員當地資源，而在期待中央政府提供經費。志願服務組織之結構及服務功能對現代社會有相當大的重要性，志願服務組織和企業及政府之間的互動關係中，志願組織對外應與政府、民間企業保持何種關係而不影響其自主性，對內防止組織被少數人所把持而成為菁英主宰或利益團體的牟利工具，事實上並不容易（王順民，1994；郭登聰，1997）。城鄉差距大，資源分布不均、志願服務團隊不多，志願服務工作的推展僅止於機構層面的工作，未依地區生態觀點與當地工作需要來規劃如何運用志願服務推展工作，皆是志願服務所面臨之

困境。

■兼顧志願組織的自主性與對政府依賴的兩難

由於在一九九○年代以後，志願服務部門已經成為執行社會福利政策的重要媒介，可以協助政府提供更多服務，在此趨勢下，政府的角色也從福利服務主要提供者，慢慢轉變成為非營利組織或志願服務部門的夥伴及服務購買者，透過政府在經費上的補助，以及訂定契約與論案計酬的委託提供福利服務之方式，加重政府和志願服務部門的互賴關係。

任何志願服務組織均有其原先的使命感，才能獲得社會的認同，因此，組織的使命和組織的續存有相當密切之關係。為確保志願服務組織的存續或是為了貫徹組織使命時，有可能也存著某種程度的財務和制度危機，例如，某教會若是採取支持墮胎立場，就可能會冒著失去教友支持之危險。不過志願服務組織是否接受政府補助，有許多爭議出現，一般可歸納為以下二個矛盾的看法：一方面，接受政府資源補助，將會產生倡導角色及自主性的降低、組織任務及宗旨的扭曲、喪失機構的志願服務特質；另一方面，接受政府經費支持，將促使組織更有效率地完成目標和計畫。根據曾華源、鄭讚源（1998）研究，志願服務組織比較期待政府在財務方面多給予支持，但是其餘服務方案管理、服務輸送項目、志工人力資源管理方面，都偏向期待要有相當程度的自主權，而政府部門的人認為志願服務組織應受政府監督和引導，而財務來源比較趨向於由「機構完全自主」。不過政府在經費支持和核銷方面手續繁雜，許多機構甚至不願承接政府之委託，轉而重視募款，但當前募款不易，使雙方關係變得較不平等。因此，如何保持和政府良好而平等的關係，成為政府和志願服務部門相當重要的課題。為避免志願服務機構過於依賴政府經費補助，應明確規劃補助項目和原則。

由於目前一般志願服務組織仰賴政府的財務支持，已超過機構總預算的半數以上，甚至有凌駕私人慈善或志工捐贈的趨勢。因此，Salamon（1987）提出由於志願部門本身即有失靈的缺失（「志願失靈理論」，voluntary failure），如缺乏聚集資源的能力、注重某特殊團體的利益、私人施惠等。志願部門的失靈正凸顯出政府部門的資源獲取能力與著重大多數人的需求等優點，而兩部門如能產生互補作用，就能使雙方的關係變成是互賴性關係。因此，當志願部門無法獲得適當資源時，如果能接受政府獎助或合作，而且沒有減損志願部門的功能時，反而能使福利財貨的分配與提供更臻完善。

■**參與動機強調慈善或社會責任**

志願服務是一項運用人力資源的工作，國人參與志願服務的動機、對志願服務工作所抱持的價值觀，亦是影響志願服務推展的重要因素。國內的社會發展趨勢不同於歐美，並沒有類似西方「公民」或「社區」的概念，所以台灣的志願服務是從「私利」的角度發展而來，例如到廟裏打掃或每個月捐錢給慈善機構，抱持的是一種積個人與家庭陰德的交換觀念。丁仁傑（1997）研究國人參與宗教性志願服務是基於秩序觀、佈施觀和功德觀，透過非隨機性的私人社會網絡建構志願服務的團體行動。據曾騰光（1994）的研究，大學生對志願服務的認知是偏向道德性慈善利他觀念。

林萬億（1992）調查國人參與志願服務的狀況發現，國人做善事（如捐款）的比例高於參與志願服務的比例；從事志願服務與做善事的主要動機是服務他人，其次是積陰德，第三是回饋社會。另有43％的人認為從事志願服務對社會的貢獻不大，25％的人認為其對社會的貢獻非常大。

就上述調查結果來看，國人對於參與志願服務的動機仍較偏向個人目標的完成，認為志願服務終究是補充性、輔助的與業餘的，

若期待透過志願服務來解決社會問題，對於國人的觀念來說較爲困難。傳統慈善事業是以個人情感出發、是不定期的助人行爲，而有異於今日期待推動之志願服務，其精神在於希望能激起民衆對於社會的關心，並以專業的訓練及管理方式，透過社會參與及付出的過程，以激發國人對社會的責任感。由此看來，志願服務者參與動機與服務民主社會價值觀有待加強，亦即公民社會下的志願服務價值意識觀念仍然不普遍，我們還需要積極宣導開發志願服務工作。

雖然以上述調查來看，大多數國人對於志願服務仍抱持傳統慈善的觀念，民衆對志願服務的價值觀念多與慈善公益混淆，並且缺乏投入志願服務者多元服務之方向，造成一窩蜂參與宗教性志願服務組織。但是近幾年來國內社會民主自由開放之風氣進展快速，志願服務參與動機和持續性是否已經有所轉變？如何建立國人對志願服務正確的認知，並且成爲全民的運動，當是推展志願服務之際必須仔細思考的。

(二)志願部門失靈的危機

■不易展示社會服務責信（accountability）

面對多元福利主義趨勢影響下，志願服務組織部門面臨許多轉變的壓力。就政府部門來說，政府提供資金，相對地也要求能監督志願服務組織的服務品質與內容；另一方面，志願服務組織接受了政府資金或補助越多，相對地受政府影響也越大，並且必須要呈現和提升服務品質與績效，以獲得政府和提供捐助民衆之信賴。在此種趨勢下，社會福利服務已經不只是慈善性服務，除了要考慮政府的政策外，也必須考慮市場與民衆的需要；亦即考量組織使命之外，加強市場取向，並且要重視服務績效，以因應服務績效的評鑑和經費之爭取（Taylor, 1991）。

■追求財務管理效能之障礙

志願服務組織是一自發性的公益團體（public interest group），其以社會理想來獲取社會資金的支持，並享有免稅之優惠，以服務廣大的群眾。雖然志願服務組織具有自我管理的特性，然而，董事會或理事會運作之得當性，影響志願服務組織深遠（謝儒賢，1999）。因此，應該放棄不被管制的豁免權，有必要向捐款的社會大眾或相關單位呈現其服務之效率和效能，並接受監督。此外，志願服務組織亦應考慮能否妥善管理財務，以避免發生財務危機而獲得社會大眾之信任，例如是否可以投資證券或基金、如發生虧損時應如何處理，尤其是國內目前相關法令並不健全，不僅沒有財務管理辦法，而且在募款方面也無法規，只有中央政府在四十多年前所頒布的「統一捐募運動辦法」，以及各地政府不一致的「XX實施辦法」或「XX管理辦法」。雖然規定募款要向當地主管機關申請核准和事後核備，但是對違反辦法者只有移送法辦（鄭怡世，1999），而且對於募款的實際使用情形亦無法監督。因此，不當使用募款或假借名義斂財之情事時有所聞，如何取得社會大眾的信任，有待立法支持。

■缺乏創新與品質的志願服務方案

雖然各國之社會經濟狀況有所差異，然而亦不免會受到國際社會福利服務政策趨向所影響，加之政府面臨了財政的壓力、民間力量的興起及服務效率的要求提高等情況。目前政府強調社會福利社區化、實踐公辦民營、實施購買服務契約、全力推動志願服務活動等等，都是反應這種趨勢。

目前志願服務機構服務方案不斷增多，但是志願服務方案差異性不大，其中政府所編列的預算往往未用完，顯示民間是被動等待補助和未能主動開發創新服務方案，甚至是機構無專職人才而沒有

能力提出服務方案申請補助。因此,政府公部門有必要為志工業務承辦人和管理階層舉辦行政管理之教育訓練。

　　由於社會發展和服務需求膨脹,致有更多志願服務組織的成立,以競取社會資源和政府的經費補助,營利性社會服務機構也紛紛加入服務競爭的行列,聘用專業人員以更高品質或效率和非營利機構競爭服務對象。因此,志願服務機構在面臨社會環境開放的壓力下,應如何藉助專業知識與技術,講求成本效益,組織經營管理的理念,訂出經營策略,規劃出有發展性的計畫,並有效籌募基金和善用志願服務人力,以獲得社會肯定其服務之有效性和可信賴性。故Drucker(1990)強調志願服務組織必須重視經營管理之理念和技術。

　　國內大多數志願組織並不認為志願服務是需要專業人員來經營管理,習慣以經驗法則來反應社會需要和處理問題,尤其是視志工為免費的人力,可以節省費用。然而,在志工有較高自主性的情形下,如何讓志工在自我奉獻中獲得自我認可和實現理想的滿足,則是志願服務機構重要的管理課題,因此要重視經營和領導管理之工作。對志工之管理,宜聘用專業的經理人來培育志工的人力發展,諸如設計與規範志願服務工作,撰寫工作說明,甄選和面談志工,並且給予志工導向訓練、在職訓練、督導、考評和獎賞。

　　在目前競爭社會之中,志願服務組織必須重視服務品質、效能與受服務者的權益(黃源協、許智玲,1997),一方面為了能增進組織功能和工作效率,志願服務機構管理規劃工作變得更專業化,尤其許多主管均有公共行政、企業管理或非營利組織的管理等專業背景,這些經驗豐富的人已經將他們多年的管理經驗混合進入非營利組織工作規劃與管理的策略上。另一方面,社會已注意到志願服務工作所可能帶來的負面效果,迫使機構增進控制由志工提供服務的方案。Stenzel和Feeney(1976)指出在志工服務的發展趨向出現

志願主義對於社會問題並沒有治療功效之爭議，由於案主有可能被志工所傷害，因此應更加注意選任志工的面談和安置程序。志願服務機構覺知他們有責任仔細選擇、訓練與督導服務他人的志工，正如一個球隊的教練，或帶領危機處理諮商員的督導員一樣，訓練方案和督導知能是志工人力資源管理和發展的一部分。

整合教育訓練工作也是提升服務品質的重要途徑。依據林勝義（1994）檢視國內現有四篇針對有關志願服務之調查，顯示國內已經肯定服務品質掌握的重要性，需要對志願服務者訓練和督導，但是機構缺乏辦理志願服務訓練的能力和機構間的協調，導致常有訓用不合一的情形（曾華源，1997），或志工訓練效能不佳的問題（林萬億，1994）。

在志工管理中，較少機構願意進行志工服務績效的評估，因為一般機構不瞭解做好評估對組織的助力，但也有可能他們根本沒有能力發展評估指標，呈現實際服務成效。他們也擔心評估政策對志工的招募、聘用及公共關係會有不良影響。對志工來說，他們是不支薪又自我奉獻時間及精力的志願人員，評估將造成他們的重大壓力，甚至會懷疑他們的能力和作用。在組織及志工都不樂意的情況下，志工的評估很難推展（詳見本書第十二至十六章）。

■運用志工提供服務之認知偏差

由於志願服務有崇高的使命感使志工可以不計較經濟待遇，因此有些公私機構由於不瞭解志願服務之精神，其運用志工的動機旨在節省人事費，視志願服務為基於愛心的社會服務，並期望推動志願服務以節省經費，所以僅編列很少經費，並且在專職人員中找一個人兼辦此一業務，不瞭解志工的持續投入是和獲得情感滿足有關（曾騰光，1997）。許多政治人物只在選舉期間規劃運用志工，其背後是另有動機，認為結合志工後，希望在選舉時發揮拉票功能，此

種做法不是公民參與，會傷害志願服務之理想，在志願服務倫理上亦應嚴加禁止。

當我們談到運用機構人力資源時，許多管理階層的人時常受限於自己的思考，認為提供服務唯一的方式是僱用正式的工作人員，而未想到可以運用志工提供服務，甚至有些人有怕麻煩心態，認為找志工來機構會使工作環境變得複雜。而許多機構專職人員反對運用志工推動志願服務，其理由是運用志工有害專業發展（Stenzel & Feeney, 1976）。所以，對於志願服務組織的資源來源，必須包括志工提供給機構的時間及投入，將其換算成相等的金額，以確實瞭解組織財務上的負擔（詳見第十一章）。另一方面，一個有效的志願服務管理者必須貢獻其精力，使志工成為被服務者與管理過程之間整合的一環（Weiner, 1990）。因此，能否善用志願服務者是志願組織管理者的管理效能之表現。

■工作規劃適當性不足，缺乏志願服務管理規劃人才

志願服務機構的董事會成員係由有心人士組成，但是組織的經營管理，則未必能依靠理想就能運作和產生績效，尤其是依賴志工投入才能維繫組織生存與發展，則需要將工作內容規劃得有吸引力，而且能妥善領導這群熱心有餘但是服從不足的志工（Billis & Harris, 1996）。此外，國內很少學校或機構專門開授志願服務課程或非營利組織經營管理課程。全國各地志願組織內的志願服務工作內容項目與型態均相當類似，缺乏反應當地社區需求和特色，而且參與志願服務之人力相當不足。機構的管理階層誤解志願服務之本質，大多是由機構新手接辦此項工作或只是兼辦工作，顯示管理階層不重視志工規劃與專業管理人才的培育，也是主要影響因素。因此，在志願服務的推展上，有待主事者承認志願服務工作管理與規劃具有專業性。

許多志願組織或政府單位運用志願人力的目標,常只是希望節省人事經費,而且缺乏培養專業專責人才規劃。由於專業知能不足,未能妥善規劃志願人力工作內容及工作方式,常使志願服務工作之推動事倍功半。目前志願機構大都缺乏一套完善的推動志願服務的管理制度,如招募有瑕疵、訓練不符工作內容所需、缺乏激勵措施與策略,或由於管理不善,如服務規範及管理準則不明確、對志工的督導及評估不重視,致使志工流失量大,反而還責怪志工缺乏服務承諾。

五、結語

志願服務對民主社會的發展有重要影響力,但是我國志願服務是否受到重視,以及志願服務組織是否健全和有能力善用志願服務資源,需要更多批判與關心。許多人認為要靠公民社會觀念之推展,其實培養志願服務態度與參與行為,不能僅靠宣導就能推動志願服務,還必須要能夠建構良好之志願服務制度,以及培養更多具備志願服務知識和管理能力之人才,而這是需要更多努力才能成功。

第三章
「祥和」志願服務計畫的評估

　　志願部門在社會發展所需的功能，與國人對志願服務觀念上可能有落差。在國際社會志願服務的發展，以及國內社會對志願服務需求的激盪之下，我國在推動志願服務的未來走向上，若方法不改變、組織的制度不改善，志願工作者的角色仍會被限定在直接輔助性的工作，甚至是停留在濟弱扶傾的慈善行動上，而無法達成理想中志願部門的多元性功能。「祥和計畫」是國內第一個試圖制度化推展及管理志願服務之方案，其實施之後有許多值得關注之需要。「祥和計畫」推展至今，已有將近十年的歷史。目前通過的志願服務法有許多「祥和計畫」之作法含括在內。本章主旨在於審視此一制度在過去推動志願服務上，有哪些地方需要檢討，以爲加強改善之處。本文透過彙整參與此一計畫之相關人員的意見後，提出未來志願服務制度可行方向之建議。

一、「祥和計畫」緣起

　　內政部社會司爲使志願服務能更有方向、有系統，並且建立志願服務制度，於民國八十四年頒布「祥和計畫」，全面性推動制度化的志願服務工作，以提升志願服務團隊的服務品質。就「祥和計畫」內容來看，其重點是希望透過經費補助、鼓勵組隊、教育訓練、委託服務、聯誼、獎勵等活動，以肯定志工之貢獻和提升志工服務品質，並將團隊中個人之社會網絡關係逐步制度化，使團隊不因個人異動而影響到組織資源的來源，並期待在認同志願服務下，促進各組織間的合作和整合，以有助於拓展社會福利服務和呈現志願服務績效。

二、「祥和計畫」內容重點

內政部於八十四年六月頒布「祥和計畫」,期待在有步驟、有目標的完善制度下,全面性推展志願服務的專業服務和管理,其實施重點如下:

1. 任務編組:打破機構各自為政的局面,依層級分別設立志願服務隊(每二十人以上即可組成,設置隊長一人,副隊長一至三人)、縣市志願服務大隊、省市志願服務總隊。其中志願服務大隊係由各縣市主管機關輔導成立,負責各志願服務隊之協調聯繫,並且定期辦理志願服務機構聯繫會報,讓志願服務隊之間有聯繫及交流的機會,並且由點而面連結成完整的網絡。志願服務大隊及總隊得視工作需要設置組訓、輔導和行政等組。內政部另成立志願服務指導小組,設置召集人一人,副召集人三至五人,並設執行秘書一人,副執行秘書和幹事若干人。

2. 招募對象:願運用餘暇參與志願服務之社會大眾,確具服務熱忱與興趣者,均歡迎參加。招募及遴選之工作由各機構自行辦理。

3. 服務項目:殘障、老人、婦女、少年、兒童福利服務、諮商輔導服務、醫院社會服務、家庭福利服務、社區福利服務及綜合福利服務等十項。

4. 實施方式:
   (1)由省市及縣市政府製發頒授志願服務隊旗,志願服務大隊及總隊旗由內政部製作頒發。

(2)由內政部統一製發志工服務證、志願服務記錄證、志工服務背心、志願服務隊幹部聘書。其中志工背心及志願服務證由內政部統一規定規格，由各縣市政府製發，各機關與機構自行登錄。

(3)志願服務週：每年十二月第一週配合「國際志願服務日」，訂為「志願服務週」。

(4)建立「志工人力銀行」，對於參加受訓者利用電腦建檔，以平衡志工人力之供需。

5.教育訓練：訂有志願服務教育訓練課程，分為認知訓練（三十六小時）、進階訓練（七十二小時）、成長訓練及領導訓練四階段訓練，每一階段都有其目標及課程標準，是一種循序漸進的課程安排，能夠依照志工的需求作調整。其中認知訓練及進階訓練由各單位自行辦理，成長訓練及領導訓練由內政部社會司統籌規劃辦理，訓練完畢並頒發結業證明書。

6.獎勵：個人方面製發志願服務證明書、頒授志願服務獎章及舉辦志願服務楷模「金駝獎」選拔；團體方面經評鑑成績優良者，由內政部予以獎勵並公開表揚。

7.福利：中央統一補助志工平安保險費用，其他福利如聯誼活動、志工刊物等皆授權由各單位自行辦理。

8.經費：推展所需經費由中央與地方共同分攤，內政部並補助推動祥和計畫所需相關費用，以協助各團隊之運作。

祥和計畫管理制度除了配合志工人力資源管理的理念，規劃以志工為中心的各項措施之外，並且也是政府介入成立大隊與總隊，以整合建立機構間網絡，這樣一個政策性的制度包含了機構內志工管理與政府角色適當地介入，一方面授與彈性，以利機構依實際狀況調整，另一方面發揮整合的功能，透過建立志工管理制度，讓運

召開志願服務會議，研討志願服務理念和做法。
圖片提供：中華民國志願服務協會

用統一及凝聚所有志工機構。其全面性推動制度化的工作，透過鼓
勵組隊增進機構間的聯繫及合作整合、階段性訓練以提升服務品
質、選拔獎勵給予肯定，並且期待志工人力能夠透過人力銀行的媒
介，達到隨時調整人力運用的功能，以便更有績效地完成服務的使
命。

三、「祥和計畫」志願服務實施之潛在困境

「祥和計畫」推動一年之後，內政部邀集專家學者走訪各縣市
進行評鑑工作，從學者專家的評鑑報告中可發現，許多縣市因資源
不同、人文背景不同而有不少創新的方案，值得鼓勵，但也發現有
相當多的爭議及困擾。總歸學者專家之意見，目前推展志願服務的

瓶頸可歸納如下（陳武雄，1997；劉香梅，1997；潘中道，1997；萬育維，1997；林萬億，1992）：

(一)社會大環境

第一，志願服務是一項人力資源運用的工作，國人參與志願服務的動機、對志願服務工作所抱持的價值觀，亦是影響志願服務推展的重要因素。早期林萬億（1992）調查發現大多數國人對於志願服務仍抱持傳統慈善的觀念，民眾對參與志願服務的公民社會價值觀念多與慈善公益觀念混淆一起，並且缺乏投入志願服務之方向，造成一窩蜂參與宗教性志願服務組織。但是這些年來國內民主社會風氣進展快速，志願服務的參與動機和持續性是否已經有所轉變？如何建立國人針對現代社會需要而做反應的志願服務，並且成為全民的運動，當是推展志願服務之際必須仔細思考的。

第二，中央政府各個部會各行其是，無整合性的志願服務政策方向，缺乏制度的整體規劃及法令依據，而且各部門之做法差異亦大，似乎影響到志願服務之基本精神。

第三，城鄉差距大，資源分布不均、志願服務團隊不多，志願服務工作的推展僅止於機構層面的工作，未依地區生態觀點與當地工作需要來規劃如何運用志願服務推展服務工作。

(二)機構外部因素

第一，各機構只重視本身的發展，忽略網絡關係的建立，使志願服務只限於機構內而無區域觀，不僅造成重複訓練，甚至重複提供服務，顯示出彼此爭取有限的志願服務人力資源。這對志願服務工作之推動成效有不利之影響（郭登聰，1997）。

第二，志願服務組織和地方政府不積極整合及動員當地資源，常期待中央政府提供經費。志願服務組織之結構功能對現代社會有相當大的重要性，志願服務組織和企業及政府之間的互動關係中，志願組織對外應與政府、民間企業保持何種關係而不影響其自主性，對內防止組織被少數人所把持而成為菁英主宰或利益團體的牟利工具，事實上並不容易（王順民，1994；郭登聰，1997）。

(三)機構內部因素

第一，運用志願服務的目標常只是希望節省經費，而且缺乏培養專業專責人才規劃。由於專業知能不足，未能妥善規劃志願人力工作內容及工作方式，常使志願服務工作之推動事倍功半。

第二，在運用志願服務人力上，管理是一個很重要的概念。管理的普遍性定義為「是一種為了達成組織目標，運用資源從事計畫、組織、指導與控制員工的活動」。管理的效果決定於情境，所以管理者必須瞭解情境（Lucas, 1996）。Stenzel（1976）指出，志願服務者與機構專職人力不同，這些差異使志願服務工作人力運用規劃與管理應該成為一特殊領域，因此，Heidrich（1991）認為對於運用志工應走向專業化（professionalization）的管理。

管理在志願服務中是很重要的過程，志願服務是建立在人與機構的明確關係上，其與慈善事業最大的不同之處，在於具制度化及系統化的管理，並且從過去短期志願服務者的概念發展成為持續性的終生志願服務者理念，因此，機構在志工人力資源管理上的完善與否，不但影響志工對機構的滿意度，並且也深深影響服務的成效（曾騰光，1996）。目前志願服務機構大都缺乏一套完善的推動志願服務的管理制度或管理不善。

總體說來，詳和計畫初步評估呈現的結果是，目前我國志願服

務之困境大致上是國人慈善性的參與觀、缺乏參與之動力、組織之
間缺乏網絡之建構、缺乏整體地域觀、缺乏專業化管理、缺乏資源
募集力。

四、有效推動「祥和計畫」所需探究之問題

　　在國人對志願服務觀念上可能存在的落差，以及社會對志願服
務仍有極大需求下，未來我國推動志願服務在走向上、方法上與制
度上的改變相當重要，如此才能有助於達成公民參與民主理想的志
願服務目標。因此，在當前社會環境中，政府為了規劃適合社會發
展之志願服務推展策略，並有助於健全志願服務制度，需要瞭解當
前國人對於志願服務動機之內涵及持續參與服務的期待，提供適合
志願工作管理之方針與制度擬訂方向，以為提升志願服務品質之參
考。除此之外，還需要確認政府在推動志願服務上可能扮演之角色
功能，並制定志願服務法規之可能方向和重點，以及討論志工教育
訓練守則及人力資源發展策略，以便提高志工對志願服務的認知及
對志願服務的承諾。就此而論，這些應探索的問題可歸結如下：

1. 在政府與民間機構的角色方面，民間力量的來源是基於對價
   值的共同認定，其本質是自主性的組織，潛在存有不被支配
   的意向。祥和計畫是希望透過政府主導的方式，建立整體志
   願服務的網絡體系，其前提是必須有民間的支持配合。近年
   來二者有發展為夥伴關係的趨勢，應瞭解在推動志願服務
   中，政府應扮演何種角色、主導的方式及程度應為何，才能
   在尊重民間組織發展的前提下，成功推動祥和計畫。
2. 志願服務是在激勵國人奉獻利他的服務精神，希望是長期而

連續性的服務。但就現況而言,國人多傾向於擔任短期志工,而祥和計畫的目標亦是鼓勵長期性的志願服務工作。目前志願服務工作所面對的問題與需求是:志工參與志願服務的管道為何?吸引志工參與的影響因素為何?志工期望從參與中獲得什麼?影響志工持續參與因素為何?此外,社政單位及志願機構長期性及短期性之志工管理策略又是如何?

3.前面已指出,當前志願服務發展的趨勢是要走向全民的運動和專業化的管理。曾華源(1997)、張英陣(1997)、萬育維(1997)在評鑑各縣市推展志願服務現況時,發現各機構普遍缺乏以專業化管理志工,值得深思的是:究竟祥和計畫中社會福利機構應採取什麼方式來管理志工;如何將其管理理念落實在志工招募、工作內容、教育訓練、組織章程、人力資源管理及激勵措施上。

五、參與及推動「祥和計畫」相關人員之認知

為能瞭解上述問題,曾華源、鄭讚源(1998)透過問卷調查,調查樣本有志工二百一十六位、志工管理者一百四十七位和政府承辦人七十位。所得樣本成分大致如下:政府部門中志工業務承辦人員女性多於男性,教育程度以大專居多,且工作年資不深,志工業務以兼辦為多。各志願服務團隊的志工業務承辦人,人數少且以兼辦為多,女性多於男性,教育程度以大專居多。志願服務團隊大多會參加當地的志願服務協會,團隊經費大半是所屬單位編列,少部分是由企業組織補助,其他經費來源大多是以服務方案向政府申請補助者最多,不過仍有近五分之一的團隊沒有接受政府補助。至於接受調查的志工女性是男性的二倍;三十歲到五十歲最多,占四成

半；退休人員或六十歲以上的人占五分之一，主管和專業人員占三分之一，半數是高中職的教育程度或曾經擔任過幹部，其中有三分之一的人還參加其他團隊，目前有一半的人擔任志工團隊中的幹部。

　　除了調查之外，也分別舉辦四次座談會，參加的人士則包括了專家學者、政府承辦人、志願服務協會代表、志工管理者代表與志工代表等五十八人次。

　　調查與座談所得結果，分項簡述如下（曾華源、鄭讚源，1998）：

(一)「祥和計畫」中運用志工面臨的問題

　　志工不認為運用志工提供服務會妨礙專業之發展，他們彼此和諧工作，依照機構政策提供服務，可以接受機構的督導和呈現服務工作之成效，並且能夠表現出有責任擔當和繼續服務的承諾。志工也關心志工的服務品質及服務經費來源和機構之間的整合和合作。

　　志工管理者認為志願服務團隊間的協調、合作與整合，以提供完善一致的服務品質，乃是當務之急。此外，如何有效滿足被服務者的需求，募集更多的經費，並獲取政府的支持，也是志願服務團隊目前要努力的課題。志工管理者對於志工的服務仍然持肯定的態度，他們認為志工可以彌補專業人力之不足，並且和專職工作者配合，不會增加專職人員的負擔，也不會妨礙專業發展。志工可以表現出有擔當和看到志工服務的成效，不過認為志工服務過程上會出現忽視機構政策和發生彼此不和諧的情形。

　　政府承辦人員的看法和機構志工管理者的看法差不多，唯一有差異的是政府承辦人員認為志工持續參與服務的比率較低。此一問題正是當前運用志工所面臨的問題，也是祥和計畫所期望能解決

的。

(二)「祥和計畫」因應上述趨勢的積極性作為

就調查顯示，祥和計畫產生許多積極性作用，諸如已經喚起志願團隊正視志願服務中協調整合與服務品質的問題，由於接受調查的對象均曾參與祥和計畫，認為協調整合與品質提升的成效仍有待繼續努力和時間來證明。此外祥和計畫希望處理的重點之一是增進志工之參與率，雖然志工不認為有參與問題，但是政府志工業務承辦人認為志工持續參與率有偏低的情形。因此，志工離職率高低會影響機構的效能問題，值得關注。

(三)推展志願服務工作的方向

■加強創造志工投入志願服務之動機

志工表示參與志願服務時大都有自己的想法或目標，參與服務的主要期望是個人的成長得到助益，包括知識與技巧的學習、自我價值與能力的肯定，同時希望能夠貢獻個人力量，確實使需要幫助的人受益，他們比較不是想獲得社會的讚賞或打發時間，也不是在實踐個人的道德意識。由此可知，志工在參與的動機上，個人之成長收穫多於社會道德意識的宣示。有相當多的研究認為，影響志工持續參與服務的因素，著重在個人自我與能力的成長，人際關係能力的強化，以及個人自我實踐，俾能真正為社會的發展有所奉獻，感覺人生有意義和榮譽感，並看到有實際的成效，這可說是個人自我價值的追求。當然，機構的形象良好，工作內容與方向明確，工作有成效，並能強化人際關係網絡，是可以強化志工為志願機構持

續服務的動機。志工不認為家庭或工作會影響到他們持續參與服務。綜上所述，結合志工參與服務的基本原則是個人在工作中得到成長，工作有意義，而且人與人的相處有情誼。

■擴大志工參與管道與宣導重點

志工參與志願服務的管道大多是透過個人人際關係的管道而來，運用媒體之比例不高，而一般的志工管理者較不認為機構形象和志工人際網絡是重要影響因素。因此宣導工作的重點應該放在教育社會大眾認識志願服務的本質和提倡志願服務的觀念，而招募志工應強調如何經由機構的良好形象與社會貢獻及現有志工的人際網絡管道，提高社會大眾參與志願服務的行動。

■依運用和管理志工的哲學基礎，滿足志工需求

一般志工認為機構吸引志工參與服務的措施與作法，必須以情感與尊重為主，包括：(1)有好的督導體制與人選，使他們在工作上能夠適時得到協助和有所表現。(2)機構應提供教育訓練與聯誼活動，使他們有更多知能上的成長與情感上的連結。(3)志工並不在意個人工作績效的呈現以及一般性的獎勵，包括升遷、表揚、旅遊等，志工反而重視跟機構的整合性和一體性，要被視為機構的一份子。(4)在工作上，除了工作順利少有挫折外，也重視人際關係的和諧和擴大。

有些志工管理者認為志工可以提供更多的服務，可以明顯呈現服務成效，不會增加專職人員的工作負擔，但也有些志工管理者認為志工參與服務的理想性降低，以及提供服務時會忽視機構政策，其意並非認為志工不投入或不努力，而是要兼顧工作績效與情感連結。依據調查顯示，在管理上，志工較傾向人際間的情誼，而機構則認為對志工的管理一方面要強調情感，一方面也要重視制度的建立和責任的劃分，是強調工作與情感要兼容並蓄。

根據調查顯示，機構志工管理者認為為因應社會發展的需要，應建立志願服務制度，並且要確立政府、志願服務機構與志工之間的關係，不認為專職人員可以替代志工。政府承辦人與機構管理者在運用志工的觀點上強調應重視獎勵、升遷制度、工作績效、服務承諾、培訓制度、工作程序，以及強調情感的增進。但是志工比較重視與機構的和諧關係、提升工作能力與態度、強化工作品質，以及具體而清楚的工作角色與工作方式。此次調查的志工比較不同意聘用專職人員來代替志工和講求工作績效與建立升遷制度，顯示志工並不是很重視獎勵，期待機構運用和管理志工的哲學是尊重、自主與情感。志工重視個人在工作崗位上的良好親和關係與個人成長，而機構志工管理者則比較重視制度的建立和情感的連結。

■健全志願服務團隊之管理

運用志工提供服務的管理上，無論志工、志工管理者或政府業務承辦人均認為應走向制度化、專業化和合理化，以提升服務品質和績效。亦即在目標上，要強調品質，反應社會需求，促進社會發展；在實際運作上，應該重視人力素質的提升，妥善規劃工作分工，並且落實志工服務績效考核。因此，運用志工要有管理的專業知能。此外，志工、政府承辦人和志願機構對志願團隊的功能各有不同的看法；政府業務承辦人不認為志願服務能取代政府的服務，滿足社會的需求，也不認為志願服務能刺激政府修訂不合時宜的法規。另外，三方面的樣本中，有相當多的人認為運用志工無法取代專職工作人員，運用志工也不能減少人事成本，這和政府期望運用志工來取代日益龐大的專任人力負擔之想法，有落差存在。

前已述及志工參與志願服務的動機與持續參與之主要影響因素，均已不是以奉獻社會、實現社會理想或對他人有所幫助的社會利他性為動機，而是結合自我成長、增進為人處事能力等直接利己

的因素，以及人與人相處和諧的情誼為共同主軸的複合動機。因此，運用志工提供服務，已無法利用社會的道德性理想做為結合的力量，使志工參與和有持續服務的承諾。機構必須為志工辦理教育訓練、創新活動、聘用專職人力來督導工作，調和工作士氣與辦理聯誼來增進情誼。志工不再是免費或沒有成本的人力資源，聘僱專職人力，專業化管理制度的建立與運作，以及精神與物質的誘因等等，都必須投入相當的成本。所以，運用志願服務人力的新時代已經來臨，機構必須適時調整運用志工的心態與作法。

■志願服務工作是現代社會發展之重要基石

在性質上，志工人力與專職人力之間雖有差異存在，但如能有效運用志工人力資源，對社會的發展必有助益。

首先，要釐清機構與志願工作者的權責。機構規劃志工服務內容時，必須配合志工的能力和時間，還要提供訓練與督導，以維護被服務者的權益和確保志工服務的成就感。

第二，要訂定志願服務倫理守則，作為志工服務行為的規範、導向與鼓勵之指導原則，避免志工的服務行為受個人價值觀、人格特質與工作經驗所影響。

第三，強化志願工作者管理階層的教育訓練，以加強機構募款能力和經營管理能力，確保服務品質與效能。

第四，建構志工基本福利與保障制度，諸如保險、獎學金和急難救助。

第五，獎勵不應過於複雜化，比較性不應過高，機構間不要有重複的鼓勵，應該重視一般性的鼓勵，不要因為獎勵太多與不當而帶來紛爭和形成製造「好人」的現象，而且獎勵標準應以實際服務時數及績效為主。

第六，志願服務記錄證的登錄要標準化，可以制定志工服務工

作手冊或工作說明書，並請志工簽訂契約。

第七，機構運用志工的基本心態應是提供民眾社會參與，而非利用志工以節約經費，所以應聘用專職人力妥為規劃志願服務，而不是以志工來代替專職人力。

第八，為確保機構運作的自主性和理想性，以及增加資源流通，避免資源重複浪費，志願服務團體應該成立地區性志願服務聯合會，取代現存的志願服務協會，以建構網絡協調服務工作和共同辦理活動，統籌規劃人力招募和募款工作，並分配和監督各種資源之運用。

(四)政府推動志願服務被期待的角色與功能

■扮演推動志願服務工作之多元角色

一般說來，政府部門在推動志願服務上，全國性與地方性政府之權責應劃分明確。綜合而言，志工、志工管理者與政府承辦人三者均認為政府宜扮演的角色和工作重點如下：

1. 規劃者：包括策劃志願服務觀念的宣導工作，規劃志工教育訓練制度，制訂志工服務績效指標，統一政府各部會的獎勵標準與辦法，制訂全國性志願服務工作手冊，規劃志願服務創新內容等。

2. 執行者：籌辦志工人力運用服務方案觀摩活動，培訓志工管理幹部與教育訓練工作幹部，出版志願服務專屬刊物，宣導志願服務觀念，提倡志願服務風氣。但不宜直接支援督導志工的人力，以及執行一般性志工教育訓練工作。

3. 催化者：鼓勵企業建立員工參與志願服務的獎勵制度，建立機構之間的志工人力轉介網絡，協助志願服務聯合協會發揮

功能，協助社區的志願服務人士組隊，協助志願服務團隊的籌組。

4.研究者：有專責單位調查志工人力概況與需求，定期統計分析志工人口群特質與發展趨勢，研究志工制度與服務效能評估指標。

5.資源提供者：針對特定項目提供經費補助，提供志工訓練和集會之活動場地，以及對志工的表揚與獎勵。

6.監督者：瞭解志願服務團隊之實際執行情形與評估工作績效。

在上述的角色中，中央政府之權責應著重規劃、研究與補助等方面，包括政策制訂、志願服務制度準則擬定、經費補助與研究；而地方政府著重在催化執行與監督等方面，包括成立人力銀行、評估當地志工團隊績效、協助建立地區性志願服務網絡和統合志工急難救助工作等等。

■協助志願機構訂定志願服務制度及規章

民間機構與團體認為為因應未來志願服務工作的發展，期望政府在志願服務制度的規劃上應朝制度明確化、管理合理化和服務品質化三個方向發展。

在制度明確化方面，強調應確立機構服務目標與服務項目之一致；明確規範機構運用志工的職責，明訂志工提供服務項目、程序、職責與志工服務倫理守則；志工提供服務時的基本福利與保障；適宜的獎勵措施，以提升志願服務的服務品質和強化權責觀念。

在管理合理化方面，機構運用志工的管理哲學，必須對志工服務的管理不只是要講求績效，更要表達出尊重，著重情感取向，以激勵其服務精神和服務承諾。因此機構管理哲學不可為了求取志工

服務績效，而採取行為學派（Behavior Approach）的管理哲學，制定許多制度規定，在執行上彈性低及不重視人情。因此，機構必須設置督導制度，選定專業能力良好的適當人才就任，不宜由資淺者擔任，以充分發揮行政、教育與督導功能（曾華源，1995），並且也要考慮志工不同的參與類型（馬慧君，1997），以研訂管理方式與原則。

在服務品質化方面，志願服務並非是一種社會大眾慈悲情懷的服務工作，只要提供服務者可以提供的服務就好。志願服務工作應該是對被服務者和整體社會有具體貢獻，其資源應做有效運用。因此，針對志工要有訓練計畫，除此之外，服務的流程要以接受服務者的需求為考量中心，以可近性、方便性、舒適性和安全性為規劃原則；而且志願服務工作更要有一個明確具體的評估指標與考評方式，以具體呈現出志願服務對社會實際的效用或產值，以及機構運用社會資源的績效責信（accountability）。

■整合志願服務團體之區域性發展策略

就調查結果與座談會的意見，除了顯示民間機構與團體認為現有的志願服務工作重疊性過高、品質參差不齊、獎勵標準不一而引發爭執之情事，有礙志願服務的發展之外，如何降低政府機構志工與民間機構志工在福利與獎勵上的差異性，也是重要課題，以免影響民間機構運用志工人力受到排擠結果。

此外，志願服務團隊認為彼此之間需要協調合作，而且合作意願比以前高。然而，祥和計畫最初之構想是希望能夠在政府的主導下，扮演推動者和催化者的角色，以建構志願服務網絡之體系。目前已達到的初期目標雖然有較多的機構有整合的意願，但是仍然有不少團隊並未加入祥和計畫。研究結果呈現民間團體對政府期待或依賴相當大，就祥和計畫之重點與精神而論各縣市的差距頗大，實

際走訪縣市推動情形，發現仍然有許多志願團隊無法加入或不願加入。另外在政府主導情形仍強的情況下，祥和計畫中的志願團體之主動性仍有待提升。

至於志願團隊整合方面應先從去除政府各部門各自為政的作法開始，最好有統一的志願服務預算科目、獎勵辦法和補助標準，而這恐怕是要經由行政院核定的實施辦法才有可能達成一致。此外，要發展志願服務團體之區域性整合策略，許多人均提到應一方面先從情感建立和觀念溝通著手，可透過加強召開地區性協調聯繫會報，以溝通觀念和彼此的情誼；另一方面政府要妥為規劃補助經費，重點支持受忽視的服務需求。但是，必須要有專業規劃人才，方能達成服務資源整合而滿足社會需求的目標。

■協調政府與民間志願團體合作之形態

對於政府與民間應採取何種配合之型態，在財務來源方面，志工、志工管理者與政府承辦人三者都認為應採政府與機構「均衡合作」的型態，但政府承辦人比較趨向於「機構完全自主」的型態；而志工與志工管理者比較趨向於「政府完全主導」的型態。在服務輸送方面，「均衡合作」的型態仍是最受肯定的，但有點偏向於機構自主的傾向。在志工人力資源方面，則要求機構自主的型態更為明顯。至於服務方案管理方面，志工與志工管理者認為應由機構自主，尤其是志工的看法更為強烈，但政府承辦人則傾向於政府主導的型態。所以，在財務來源方面比較依賴政府，其餘項目都期待要有相當的自主權。

有關政府協助志願團體的經費方面，志工、志工管理者和政府承辦人三者都傾向於不同意由政府直接辦理活動，但對於政府提供經費補助，志工和志工管理者卻是充滿期待的，傾向於補助「職前訓練費」、「平安保險費」、「在職訓練費」與「專案服務活動費」

等方面，但對「服務交通費」、「誤餐費」與「福利費」等項目的同意程度則低一點，政府承辦人傾向補助「平安保險費」，而較不同意補助「福利費」。對於「專職人員人事費」的補助上，志工管理者傾向贊成而政府承辦人較不同意。

　　基本上，政府與民間的關係是互補與互賴，民間志願服務團隊著重在即時服務的提供，並且具自主性和自發性的反應社會需求。而政府著重在輔導、資助、監督、諮詢、考核志工團隊，以確立各團隊依照服務宗旨及能力來提供服務，並透過經費資助、活動補助和培訓志願服務管理人才等方式，引導與監督志願服務朝高品質的方向發展，以協助推動志願服務。此外，為避免志願服務機構過於依賴政府經費補助，應明確規劃補助項目和原則，目前政府所編列的預算均未用完，顯示民間是被動等待補助和未能主動開發創新之服務方案，甚至是機構無專職人才及能力提出服務方案補助之申請。因此，政府公部門有必要為志工業務承辦人和管理階層舉辦行政管理之教育訓練。

　　所以，志願服務之推動方式可以由公部門帶頭，以鼓勵民眾參與，再由專家學者以及媒體之配合來推展。公部門資源豐富，整合的問題由公部門出面較能順利，而民間志願人力的積極參與，則是志願服務持續發酵的種子。至於專業者與學者不是扮演主導的地位，只保持協助引導的角色，最後，傳播媒體則可以適時地提供宣傳與深化服務價值的助力。但由公部門帶頭進行的最終目標，仍是要交給民間自己經營管理自己的團隊，否則政府過度介入志願服務團體之運作，將因政府掌握有豐沛資源，而與民間競爭志工人力資源，最後將危害民間志願服務的發展。因此，促進民間志願服務團體的組織性與自發性是政府介入的基本原則，最後公部門在健全志願服務團體時就應該退居幕後擔任資源協調的角色。

六、推動志願服務工作之建議

就參與祥和計畫之各機構團體志工、管理者與政府負責業務人員的調查結果來看，對志願服務法規的研訂上應同時考量政府與民間、中央政府與地方政府之間在工作權限和職責上要有妥善之分工。中央政府負責訂定法規、規劃、補助與研究，地方政府負責整合、監督與支援。地區性民間團體應籌組聯合會，各志願團隊採報備制加入，以統籌地區募款和人力資源之組訓與運用等業務。為能符合人民團體法之規定和民主社會發展之需求，人民團體法應適時做修正，允許民間團體採取報備制，放寬報准管制之規定。

志願服務法規之精神應著重整合統一中央各部會的作法，鼓勵、尊重民間團體自由發展為主軸，強調政府推動志願服務旨在提供民眾之社會參與管道，而非免費人力資源的運用，尤其公部門運用志工之同時不可造成排擠民間志願服務人力資源的情況。未來志願服務工作之推廣應顧及下列幾項原則：

(一)補助公平性

經費的補助對志願服務方案之走向具有引導作用，提供補助款應著重在訓練、人事與服務方案為主，對於新成立之團隊或地區性聯合會應給予較多的補助。補助各團隊訓練、人事與服務方案之經費，應透過地區性自行組成的聯合會來掌控，對於不積極申請補助之單位或配合款不足之縣市應有補救和配套措施（黃源協，2001）。再則，不論是政府單位經費的編列，或對民間單位的補助，都應該要以績效為依據，並且要盡量避免政治力的干擾。

(二)服務品質性

目前志願服務團隊仍以育樂活動和活動支援為主，缺乏專業性之服務，而且督導體制不足，服務績效和品質不易彰顯（施教裕，2001）。除針對被服務者需求擬定服務項目與作法外，應強調志工與管理階層的在職訓練（林勝義，2001）和督導工作，並且不論公私立的志願服務團隊，均應該定期接受服務輸送與效能的評鑑，以落實志願服務工作。因此，應該訂定包括機構與志工兩方面的志願服務倫理守則，以落實志願服務的理想。

(三)管理合理性

管理哲學上應避免走向營利機構的效率至上與行為學派的人性管理觀，而對志工人力資源運用與管理應兼具情誼與績效，提倡量力而為的志願服務文化，不能一味地強調奉獻，甚至是犧牲。因此，機構給予志工的待遇應讓志工覺得被接納和有尊嚴。機構不僅要建立志工督導制度，更要聘用具成熟人際關係能力的適當人員擔任。此外，亦應聘用專職人力推動工作，且明訂志工與專職管理人力的比例，例如志工團隊人數每一百人（或更低的比例）應有專職人力一人。

(四)組織合法性

為使志願服務團隊為能穩健發展並建構服務網絡，增加資源流通，避免資源重疊浪費，社會資源的募集與運用有責信，以配合志願服務未來專業管理、重視績效、整合化等發展趨勢，地區性志願

服務團隊應向當地政府認可之組織報備登記。

(五)獎勵榮譽性

志願服務之本質不在獎勵，而在於互助與參與。重複或過多的獎勵會造成競爭和降低志願服務之價值。如果實質獎勵過多又無實質工作意義，將造成過度辯證效果（overjustification effect），消除內在的誘因，使個人喪失實際行為之動力。因此，應強調志願服務價值與經驗對個人的幫助，並以非物質性的精神獎勵為主。最好成立評選小組，使獎勵符合公平公開和公正之原則（黃源協，2001）。必要時，認定其志願服務之經驗，作為在申請獎學金和就業上必要條件之一。

(六)志工保障性

志工提供服務過程中，被服務者與服務者的安全性應受到保障，並且在有急需的情況時，可以獲得支持。因此，志工應有不慎傷害到他人或受到傷害時的保險，以及籌措志工急難救助基金，以達到志願服務互助本質。

(七)宣導教育性

當前志工活動的推廣應著重在志願服務觀念的認識與培養，而非僅志工的招募或道德性的呼籲而已。因此，政府可透過舉辦地區性大型的觀摩會、博覽會以及規劃運用媒體傳播志願服務理念，如製作宣導短片在有線與無線電視、公眾場所、大眾運輸工具上播放。

(八)招募誘因性

招募志工應透過組織內現有的志工人力的網絡來傳播消息和號召參與，並且讓擬參與志願服務者瞭解參與後個人可以獲得的自我成長和價值，以激發參與的動機和行為。政府亦可考慮規定志願服務年資之認定標準，以及未來接受社會福利服務的優先性。

(九)團隊合作性

志願服務團隊應該互相支援辦理各種服務活動並妥善協調分工，避免資源過分集中或分散力量，而造成競爭提供服務或有需要者未能得到照顧。目前多數縣市已成立志願服務協會或志願服務推廣中心，但聯繫會報功能僅止於行政協調、資訊交換、經驗分享，缺乏服務分工、聯合勸募的功能，並且各縣市志願服務協會並未做好年度計畫，設定如何整合和協調資源，所以應積極擴大聯繫會報功能（施教裕，2001）。

(十)項目平衡性

祥和計畫列出十大項之服務工作，推展至今，許多縣市各有所偏，有些以醫院服務為多，有些縣市以老人和身心障礙為主，兒童、少年和婦女之志願服務仍有待積極開拓（林勝義，2001；施教裕，2001）。

七、結語

　　在志願服務法公布以後，有許多祥和計畫推動之重要目標和精神已包含在該法中，但是就祥和計畫實施所得之經驗，並未全然受到普遍的認識與重視。未來仍需要針對下列問題繼續探究，諸如：「如何建構良好的志工督導制度」、「如何建立志工服務績效評鑑制度」、「如何建構地區性志願服務網絡體系」、「如何整合中央部會推動志願服務之作法」、「如何透過經費補助志願服務團隊提高服務效能」、「志願服務倫理守則內涵」、「機構志願服務管理體制與績效之建構」、「志工對獎勵制度期待之研究」等等。

第四章
對志願服務法規之評析與建議

一、前言

　　人們對於群己關係互賴依存的需求始終是不變的，一個社會要能和諧發展，要民眾體認集體社會生活之共存共榮、具備彼此互助合作的公共服務意識，才能主動關心社會需要，才願意付出實際協助之行動。因此，推展志願服務無非是提供參與機會，並催化大眾對群體及社會付出關懷與愛心，是實踐「生命共同體」（community）的重要途徑。透過社會參與，志願服務者在組織中與其他成員互動，共同行動，不但可以增進人際關係、降低社會疏離感（曾華源，1996），而且是一股社會改革的重要動員力量。就此而論，要發揮志願服務的功能，必須要讓志願服務者有充分參與和自主。在政經結構急劇變遷的今日，志工及志願服務組織甚至已成為維繫人與人、地區與地區，乃至政府與民間關係的重要機制。

　　由於社會政經結構急劇快速變遷，社會問題日益嚴重、社會需求日漸增加，必須借重民間機構與團體力量的投入，協助政府共同處理社會問題，另一方面，在自由民主社會的發展中，第三部門地位的提升及志願主義興起的趨勢，提供了人民實際參與社會服務的機會，同時也共同分擔了社會責任（Weisbord, 1990）。在民主體制下，社會功能的發揮，主要仰賴人民能參與，並且要避免特權的存在。組織與志願成員之關係並非立基於以酬賞為結構以推動專業性服務，而是基於非經濟性的互惠關係提供協助，亦是基於人類社會生活共同需求之直接行動反應。而社會性參與不僅可以表達權利，強化社區功能，以滿足社區民眾社會生活需要，另外，志願服務基於人性上的相互關懷與互助，可以降低社會疏離感，因此，志願服務務在滿足人們需求上，具有自主性、可接受性和較高的立即性。以

目前臺灣社會之經濟狀況，除了努力追求社會福利制度與資源分配的公平性與正當性外，同時對於如何透過民眾參與互助互利來增進社會和諧及凝聚力，亦不可忽視。

目前政府加速推動志願服務相關法令立法的工作，希望藉此建立正確的服務觀，帶動全民共同關懷社會，並提供志工安全保障，增進志願服務的服務水準。為呼應聯合國發起的二○○一年國際志工年，我國立法院在民國九十年一月四日通過志願服務法，對於台灣志願服務工作之推展已有明文規範，但是志願服務法對志願服務發展有何助益，有無需要改善之處，實在值得探討。本文擬從有效推動志願服務工作之需要性上，探討制定法規之可能精神與內涵，並據之以審視志願服務法令未來需要修改之內容。

二、國人參與志願服務的情形

我國政府對志願服務概況之統計並不一致。根據行政院主計處（1995）「八十三年度台灣地區國民休閒生活調查」，當年參加志願服務工作者僅占總人口的7.75％，而有意願選擇在自己社區做志工者僅3.9％。據內政部「台灣地區國民生活狀況調查報告」指出，八十三年國人從事社會公益活動（含捐血與捐贈）的比例是45.7％。上述幾個資料的統計基礎是不相同的。

近年來，從內政部所作的國民生活狀況調查報告資料顯示（如**表4-1**），國人最近幾年曾經參與社會公益活動之比率逐年下降，其中八十六年到八十九年調查採取複選統計，就捐贈方面而言，以捐贈財物最多，捐血次之；而實際參與提供服務者，則以公益慈善及宗教團體為最多，社區服務次之，其餘學校義務服務、參與社會福利機構（如育幼院、養老院）、康樂服務、衛生保健服務、義警、

表4-1　國人參與公益活動概況表

單位：%

年別	國人參與社會公益活動比率	參加項目									
		捐贈財物	捐血	宗教服務	社區服務	學校義務服務	訪問照顧孤老殘障	康樂服務	衛生保健服務	義警、義消、民防	諮詢輔導性服務
81年	41.7	21.4	12.6	9.1	9.1	3.4	4.8	2.5			
83年	45.7	24.4	12.4	11.2	11.2	4.1	4.1	2.5	2.1	2.0	1.5
86年	48.3	24.0	14.7	12.3	12.3	6.8	4.7	2.8	2.0	1.9	1.4
87年	42.8	47.8	30.7	27.1	20.7	11.5	4.7	27.1	3.6	3.7	3.2
88年	25.6	75.2	28.7	47.6	30.0	21.6	27.5	21.2	11.5	5.2	5.8
89年	24.7	86.2	13.8	67.2	43.6	32.5	27.8	25.3	14.6	6.0	14.5
(以下各項目不完全相同)	國人參與志願服務活動比率	交通服務	科學服務	志工人力開發	環保社區服務	教育服務	社會福利服務	文化休閒體育服務	醫療衛生保健服務	消防及救難	諮詢輔導性服務
90年	10.5	5.5	0.2	2.7	33.4	27.0	29.3	7.1	12.8	5.0	4.4

資料來源：內政部「台灣地區國民生活狀況調查報告」，空白爲該年無資料。

義消、民防隊、諮詢性服務、輔導性服務等項目比率偏低。民國九十年（2001）採單選統計的方式，項目則依照志願服務法定義而與過去統計不同，將宗教性服務、捐贈財物和捐血剔除，志願服務參與人數比例降低，其中都市地區環境保護最多人投入，而鄉村地區環保和社會福利較多，大學與研究所人力參與志願服務比例較低。

　　整體說來，依據政府的統計，國人對於投入社會公益仍以慈善捐贈占多數，並且志願服務之投入和宗教性之慈善服務有密切關係，此與台灣社會經濟發展和社會公益參與及參與類型息息相關。就志願服務之現代意涵來看，政府的統計應做改變。

落實法令宣導與執行工作，確保志願服務法品質。

圖片提供：台中市政府社會局

三、制訂志願服務法需求面分析

　　法規之基本功能在於有方向和可遵循之依據，也是一種落實政策之工具。而法規內容也反映政策背後所隱含的價值或判斷，代表當前制訂者對法規相關議題之認識程度或理念。因此，訂定法規上能否兼容各方意見，並且確實顧及現實環境的條件和需要，才能達到法規的完整性、周延性、發展性、有助益性和可行性。

(一)要保障志願服務自主性之需求

　　前已述及志願服務具有多種功能，但當志願服務組織依賴外來經費支援工作時，志願組織則容易成為既得利益者維持其利益之工

具。至於政府對志願組織採取論件式的補助或購買服務,也容易使
志願組織缺乏整體性和計劃性的服務方案來反應社會問題與需求。
在此情況下,志願服務常只是被視爲偏向社會模式維持之功能。
Bremner(1988)指出,許多人們的志願行爲是源自結構性問題壓
力過大之後才產生的,而慈善志願服務有可能被濫用和無效果。所
以要能激發或協助自願組織發揮自主性,才有助於志願服務功能之
發揮。

　　一般而言,志願服務發揮正向功能之主要前題,在於人們是否
能充分參與社會,以及志願服務是否具有行動自主性,所以志願組
織必須與政府和民間企業之間保持互惠平等之關係,才不受其主
宰、操控或利用。爲能充分發揮志願組織之正向功能,志願組織團
體如何因應當前社會政治經濟體制下的特權與不公平,避免淪爲既
得利益階級之工具,是一值得關注的問題。

　　曾華源等人(1998)研究指出,經費的補助對志願服務方案走
向具有引導作用,除了要兼顧補助之公平性、創新性和發展性之
外,補助款之使用應著重在訓練、人事與服務方案爲主。對於新成
立之團隊或地區性聯合會應給予較多的補助,並且對於補助各團隊
訓練、人事與服務方案之經費,應透過地區性自行組成的聯合會來
掌控。其次,不論政府單位經費的編列,或對民間單位的補助,都
應該要以服務績效爲依據,並且要盡量避免政治力的干擾。

　　爲能協助志願服務機構之發展與建構服務網絡,增加資源流
通,避免資源重疊浪費,志願服務組織之間應該互相支援辦理大型
活動。而各機構之志願服務內容、服務地區與服務對象應相互協
調,避免資源過分浪費或集中,而造成競相提供服務或有需要者未
能得到照顧。志願組織爲利組織發展向社會募款的確需要,但是社
會資源的募集與運用要有責信,並配合志願服務的專業管理、重視
績效、整體發展,所以志願組織活動之合法性相當重要,地區性志

願服務團隊應向當地政府認可之組織報備登記。

(二)要增進志願服務效能之需求

雖然志願服務可以反應多元社會問題之需求，可彌補政府服務功能不足之處，然而志願服務亦被視為政府逃避責任之手段，因而有提供劣質服務之批評。從美國社會工作專業發展歷史觀之，在初期發展上志願服務與專業服務是有對立性存在的（Perlmutter & Cnaan, 1993），尤其當經濟發生不景氣，社會福利保守意識抬頭以及政府削減預算時，對於志願組織人力經費限制所帶來的威脅，更容易視推動志願服務工作為取代專業性服務之不當措施，常被質疑推動志願服務的動機是為省錢，和不重視提供服務的品質，因而推動志願服務被批評為是一種社會發展倒退的現象。

然而，值得深思的問題是：運用志願服務者提供社會服務，是否一定會阻礙專業發展，或是二者是可以相輔相成，而不是必然對立的，其答案是後者，因為志願服務者的服務品質是專業服務品質不能相互取代的，尤其志願服務所蘊含之人性與情感互動，卻不一定能從專業服務中所獲得。

為能強化服務品質，曾華源等人（1998）建議志願服務應該重視機構管理和服務品質：在機構管理方面，對機構所屬志工的管理必須要合理性，志願服務者與機構專職人力不同，所以管理哲學上應避免走向營利機構的效率至上與行為學派的人性管理觀，而對志工人力資源之運用與管理應兼具情誼與績效，提倡量力而為的志願服務文化不能一味地強調犧牲奉獻。因此，機構對待志工應讓志工覺得被接納和有尊嚴，要建立志工督導制度，聘用具成熟人際關係能力的適當人員擔任。此外，亦應聘用專職人力推動工作，且明訂專職管理人力與志工的比例，例如志工團隊人數每一百人（或更低

的比例）應有專職人力一人。在服務品質方面，除了應針對被服務者需求擬定服務項目與作法外，應強調志工與管理階層的職前與在職訓練，並且不論公私立的志願服務團隊，均應該定期接受服務輸送與效能的評鑑，以落實志願服務工作。因此，爲落實志願服務的理想和品質之要求，應該訂定包括機構與志工兩方面的志願服務倫理守則。

(三)要激發志願服務潛在資源之需求

依調查指出，國人從事志願服務人數占總人口的7.8％，表示有意願參加者約占三分之二人口，而行政院主計處統計發現，國人休閒活動大都以觀賞電視等靜態活動爲主，顯示志願服務潛在之人力資源充沛。人的動機本爲個人依興趣與需求而表現追求滿足之行動。因此，個人評估可以獲得滿足時，個人就會有動機，然而，動機轉化爲實際行動之可能性，會受許多因素之影響。

一般而言，如果要能誘發更多社會大眾投入志願服務，有錢的人出錢，有力的人出力的話，應考慮時間、地點之方便性與彈性、機構公眾形象、工作項目的多元性，或預估參與志願服務可以獲得友誼、榮譽等等。曾華源等人（1998）建議志願服務宣導要建立暢通的管道並具有教育性，對志工活動的推廣應善用社會行銷之策略，著重在志願服務觀念的認識與培養，而非僅限在志工的招募或道德性的呼籲。因此，可透過舉辦地區性大型的觀摩會、博覽會，以及規劃運用媒體來傳播志願服務理念，如製作宣導短片在有線與無線電視、公眾場所、大眾運輸工具上播放。

加強橫向溝通協調，有助區域性服務工作整合。
圖片提供：中華民國志願服務協會

(四)要激勵志願服務者持續參與之需求

志工在機構並非都是給機構正向的協助，志願服務機構也並非都能充分合作，許多志工或組織無法有效得知志願服務機會或提供有效的志願服務方案。另外志工要能持續在機構服務，獲得滿足相當重要。依研究顯示，志工在機構中服務，並非都能給機構發揮有效的正向功能，甚至有時會帶給機構許多困擾，諸如參與服務缺乏穩定度，不依照程序提供服務，越逾職權干涉機構政策等等（李鍾元，1993；林勝義，1990）。另一方面，志願服務機構之間也並非都是充分合作的，彼此之間缺乏資訊交流，無法充分發揮資源彼此共享共榮之效果。因此，如何透過立法或協調以增進機構志願服務效能實有其必要。Heidrich（1991）認為運用志工應走向「專業化（professionalization）的管理」。管理在志願服務中是很重要的過程，志願服務是建立在人與機構的明確關係上，其與慈善事業最大的不同之處，在於具制度化及系統化的管理，並且從過去短期志願

服務者的概念發展成爲持續性的志願服務者理念。

曾華源等人（1998）建議在志工提供服務過程中，對於被服務者與服務者的安全應受到保障，並且在有急需的情況時，可以獲得及時的支持。因此，志工應有不愼傷害他人或受傷害時的保險，以及籌措志工急難救助基金。要重視志願工作獎勵的榮譽性，但重複或過多的獎勵會造成競爭和降低重要性。招募志工要有誘因性外，並應透過組織內現有的志工人際網路來傳播消息和號召參與，並且讓擬參與志願服務者瞭解參與後個人可以獲得的自我成長和價值，以激發參與的動機和行爲。

政府亦可考慮規定志願服務年資之認定標準，以及未來接受社會服務的優先性。必要時，認定其志願服務之經驗，作爲申請獎學金和就業上必要條件之一。不過要注意的一點是，實質獎勵如果大於工作本身的意義時，將會造成過度辯證效果（overjustification effect），而消除工作本身內在的誘因，會使個人喪失實際行爲之動力。因此，應強調志願服務經驗對個人的幫助和社會貢獻，並以非物質性的精神獎勵爲主。

四、志願服務法應有的精神與內涵

在陸光（1989）所草擬的志願服務法案中，主要內涵分爲以下七點：(1)宗旨；(2)範圍；(3)機構；(4)實務；(5)人事；(6)經費；(7)賞罰；而將法規分爲以下八章：(1)總則：相關名詞及主要任務定義；(2)組織：組織類型、服務範圍、組織間聯繫、服務對象及服務方式；(3)人力招募：招募方式及時間、職前及在職訓練；(4)人力運用：實習、考核、分派、授證、獎勵、職務中止或調整；(5)配合事項：免費健診、服務成績推薦、工作保障；(6)人員：配

置原則、服務守則；(7)經費：志工服務津貼、地方募款、中央專款預算；(8)附則：施行細則由中央行政主管單位訂之，志願服務法自公布日起實施。其中規範重點多著墨於組織類型及基本功能與志願服務工作者相關事宜，對於政府和民間機構與志願服務團體之積極性作為少有規範。劉香梅（1996）依個人實務工作之體驗，指出志願服務工作推動政策應考慮之重點，如(1)製發全國各類服務通用之服務記錄證，以為獎勵表揚或扣減稅捐之參據；(2)統一全國表揚標準；(3)編印宣傳單張，製作宣導短片，加強運用大眾媒體；(4)研訂志願服務工作守則與倫理守則；(5)於國民教育及大專院校開設志願服務課程等。因此，建議志願服務法規之章節應包含：(1)宗旨；(2)範圍；(3)組織；(4)管理訓練；(5)人力規劃；(6)保障；(7)評鑑；(8)獎懲；(9)經費等。此項建議也是較為偏重志願服務有效管理上之議題，對於上述志願服務推動上所需反應較少。因此，本文就上述分析志願服務推動之所需，歸納志願服務理想上應有之內涵，並詳述之。

(一)志願服務法的主要精神

志願組織具有社會動員能力，不僅可以發揮社會媒介功能，亦可促進社會整合。推展志願服務是為催化大眾對群體及社會實踐社會責任的關懷，以利「生命共同體」的形成。志願服務是民眾體認集體社會生活共存共榮，彼此互助合作的公共服務意識下之產物，才能在公民參與（civil participate）下，建構全民共有的民主社會。志願服務者是一群不支薪的人基於對社會的關懷，而在自願的、不求回報及善用餘暇的理念下，期待藉由實際行動的參與提供服務，以實踐自我之理想與責任，並且協助政府和社會因應複雜的問題與多元的需求，和有助於機構工作的推展。因此，志願服務法

之精神與目的,在於強調社會參與和社會互助責任之意識。

　　民眾可以參與的志願服務層面十分廣泛,包括提供服務於健康、教育、福利及文化等公共及私人機構等等。曾華源等人(1998)建議志願服務法規的研訂上,應同時考量政府與民間、中央政府與地方政府之間分工上的主要工作權限和職責。Anderson和Rasmussen(2001,引自張淑媚,2001)提出政府推動志願服務政策的幾個基本原則:(1)確保社會福利的廣泛性;(2)保障志願服務組織的自主性;(3)對志願服務組織經濟支援的同時,必須尊重其多樣性;(4)提升主動的公民權利義務;(5)不同的社會角色應共同合作。政府提倡志願服務的方法有:(1)提供財務上支援;(2)減稅;(3)提供訓練機會;(4)消除志願服務的障礙;(5)加強提供有關志願服務相關資訊;(6)支持志願組織募款活動。所以中央政府方面負責法規、規劃、補助與研究,地方政府負責整合、監督與支援。地區性民間團體應籌組聯合會,各志願團隊採報備制加入,以統籌地區募款和人力資源組訓與運用及其他相關業務。其中為能符合人民團體法之規定和民主潮流之發展,人民團體法應做修正,放寬報准管制之規定,允許團體採取報備制。

　　政府需要從志工團體中獲得更多靈感與新意,以為瞭解民意脈動及政策制定之基礎,在公民社會中,每個個人都必須有發展創新的自由。若政府無法顧及社會中的志願服務團體,企業應可彌補該空缺,但企業也應該要面對因協助創新團體隨之而來的挑戰。各級政府應接觸社會上各種志工團體,運用他們所創造出來的精力充沛的動能,而避免與特定的機構有排他性的關係。政府可以設計更為便利的補助程序,並提供其他協助的工具,減少沒有彈性的官僚化,但卻仍須保持責信度。若有創新的行動方向,舊的志工團體可以和新的志工組織連結成網絡與聯盟(廖碧英,2001)。

相互觀摩學習可提升志願服務品質。
圖片提供：中華民國志願服務協會

(二)志願服務法的內涵

　　法規之內涵應著重整合統一中央各部會的作法，鼓勵並尊重民間團體自由發展為主軸，強調政府推動志願服務在提供民眾社會參與，而非免費人力資源的運用，其中公部門運用志工不可造成有排擠民間志願服務人力資源的情事發生。

■增進志願服務機構自主性與合作性

　　上述討論中可知，經費來源及經費運用的自主性占相當關鍵之地位，因此，需要透過立法保障志願組織之自主性，諸如政府補助志願團體「不限用途」之經費，或透過擴大對「一般民眾」而非大企業家捐款之免稅額，使志願組織經費來源廣泛且持續，而能有工作之自主性。另一方面，為求能避免大眾捐款之濫用，應強化志願

組織內部之稽核功能，或透過建立外在組織的公正評鑑制度來達成，如此才能使志願服務之參與有積極性意義。

此外，志願服務機構之間應如何加強交流與合作，俾能有助於開發與運用志願服務之資源，也是很重要的問題。

■增進志願服務參與與服務品質

志願服務可以鼓舞社會互助之情操，但是不應受到傷害。為了能有效推展志願服務，去除政府被批評為推卸責任，並且強化志願工作服務社會的功能，以及重視志工服務品質，保障被服務者，應立法明確規定下列幾點問題：(1)應區別志願工作與專業服務功能上的層次差異；(2)應明確要求機構制定志願工作服務手冊，載明志願工作者角色與職責；(3)應明確規定機構要確立訓用合一之原則，提供職前與在職訓練；(4)應建立督導制度，規定機構專職人員與志願工作者人數比例外，以確定志願工作者能遵守機構規定，並有足夠知識和支持來執行角色功能；(5)應建立服務者與被服務者受害時的保險制度，以保障不當服務的利益受損和服務中受到傷害。

■激發志願服務資源

由上述討論可知，在開發志願服務人力資源上，政府與民間各有其職責，立法上給明確規範應有助於工作之推動，而不必事事均由政府負責。

在中央政府方面之職責可包括：(1)培植志願服務工作規劃與推動人才；(2)宣傳志願服務價值，導正社會風氣；(3)獎勵機構開創志願服務工作及工作類型；(4)舉辦全國性志工獎勵；(5)獎勵私人企業員工參與社區志願服務等。

地方政府之職責包括：(1)確實督導志願組織之運作符合規定，保障志工與被服務者之權益；(2)編列經費支持表現良好而經

費困難之志願組織；(3)協助成立地方性志工中心，有效協調各機構間的資源與服務輸送；(4)舉辦地方性志願服務獎勵，包括開創性服務工作與績優之服務組織與志工。

　　至於民間志願組織方面的職責可包括下列幾項：(1)成立全國性與地方性志工中心，以結合社會福利機構推動民眾參與社區志願服務；(2)規劃開創性志願服務類型；(3)吸收擁有不同資源之志願工作者，依其專長開發可參與層次之服務方案；(4)獎勵企業員工參與社區志願服務。

■增進志願服務持續參與

　　參與志願服務可以接受奉獻的情形，但是不應犧牲自己來參與。為能增進志工參與志願服務之持續性，在立法上應包括下列幾項：(1)規範機構對志願工作者權益之保障，諸如工作上的安全性、傷害保險；(2)要求機構人性化管理，如建立良好福利制度與聯誼活動，督導要有親和性，增進志願服務者之間情感交誼等，以使志願工作者感受到被尊重；(3)榮譽性獎勵制度之建立，使志願服務者有榮譽感；(4)辦理各種在職訓練，以提升服務品質；(5)推動設置志工中心，增進機構間彼此相互認識和信任，增加彼此協調合作共事的可能，使機構資源充分交流與運用，形成志願服務網絡，以便相互轉介和邀請參與服務工作；(6)推動非營利機構的評鑑，以確實掌握志工實際服務之品質和效能。因此，在立法上應規範各縣市政府推動成立志願服務中心或工作委員會之組織，除了規劃辦理志願機構聯誼活動，以增進感情外，亦應包括如何建立志願服務者人才庫，共同舉辦志願服務者基礎訓練及其他同性質之活動。

考察他國志願服務情況，做爲我國修訂志願服務法和推動志願服務工作的參
考。

圖片提供：中華民國志願服務協會

五、對志願服務法精神與內涵之評析

　　雖然剛通過的志願服務法讓我國志願服務發展開啓新頁，但是
其中的許多規定似有所不足，甫通過即受到許多批評（陳金貴，
2001；陳武雄，2002；曾華源，2001；蔡漢賢，2001）。這些批評
可以歸結爲下列幾方面：

(一)志願服務法制訂過程草率

　　立法院衛生環境及社會福利委員會第十四次全體委員會議紀
錄，委員們意見有出入者如「服務時數可否儲存抵用」、「服務時
數可否抵稅」、「績效良好服務人員可否轉爲職業」、「志工、義工

可否併稱」等，都在趕業績下沒多討論就作成決議，美其名是配合
國際志願服務年。所以這是為通過而通過的法案，導致立法院公報
元月四日的版本和總統府元月二十日公布的版本，修改之處相當
多，包括有刪項、加字、刪字、改字、改格式、改標點。

(二)立法精神窄化和扭曲志願服務功能與本質

1. 未能朝實踐福利多元化之趨勢發展，仍是循守官方和機構主
   導志願服務的傳統，明訂志願服務為「輔助性」服務（第三
   條），志願服務被窄化為受支配的資源，志願服務功能發揮
   仍受侷限，政府不鼓勵公民參與，志願服務被視為不是公民
   參與途徑之一。

2. 內政部在審查會中提出志願服務法之管理政策是「低度管
   理、高度自治」的口號，但立法院所通過法案，卻指示「公
   部門運用志願服務只要經主管機關或目的事業主管機關經其
   『備案』和事後『備查』是否符合公眾利益之服務計畫」（第
   七條第四項、第二條），而私部門在運用前，須檢具計畫和
   立案登記書做事前「備案」計畫，和運用完二個月之內要報
   告辦理情形（第七條第三項），除成為績效考核依據之外，
   還可以不予補助經費。由此看來，雖然政府有意秩序化志願
   服務活動，但是如果備案與備查所指是要事前報准，事後要
   查是否依計畫辦理，那麼這種作法不僅有嚴格管理私部門、
   信任公部門之意，而且像是運用「紅蘿蔔趕驢」的思考與伎
   倆，私部門仍舊受公部門宰制，不受信任和尊重，而非真正
   鼓勵非營利組織部門在志願服務上自主性地發展。所以這是
   管制志工之運用而非輔導運用志工。其實已有第二十二條規
   定，再加上有績效考核志願組織或團體，所以何必多此一

舉。行政院衛生署提及此一部分困難，認為運用志願服務計畫備案與備查實際執行是困難重重，不僅定義不明，審核標準不易訂定，報備程序繁瑣，而且核准同意權權責不清（內政部，2002）。

3. 除此之外，志願服務法規定主管機關和目的事業主管機關之主管單位應置專責人員辦理志工業務，但人數由機關自行視業務決定，而內政部（2002）「推動志願服務成果報告彙編」中各縣市所提及推動志願服務之困難，大都提及經費與人力不足之問題。所以志願服務法所規定之管理業務主管機關和目的事業主管機關是否真有能力做到上述「備案」和事後「備查」的工作，令人質疑。

4. 志願服務法第六條規定，集體從事志願服務，應與運用單位簽訂「服務協議」，看似有所保障，實則侵犯了參與者的自主權。就文字看，團體簽約與服務者參與並沒有必然的關聯，也看不出有表達意見的管道和實際的保障。那麼運用單位不確實事先言明，則會發生被矇蔽或是被操控，使得志願服務者在參與過程中有身不由己、無可奈何的處境。

5. 志願服務法第十五條規定，「倫理守則由中央主管機關會商有關機關訂定之」，是否妥當值得思考。倫理守則是參與者凝聚共識經研商討論而訂，有自發性和教育性之意涵，所以應由全國志工協會訂定之。但是如果中央機關及目的事業機關運用志工時，需要有注意事項，由政府機關來作通案之規定，則無不妥，但也只限於對政府機關之要求，而非對參與之志工。

(三)激勵參與志願服務方法不當與不足

1. 立法委員與政府官員都認同志願服務的崇高性，卻承認道德性無法激勵持續參與，所以推動志願服務宜有嘉許、獎勵的作為，而在志願服務法中有替代役、優遇升學和就業，以及其他各種優待的誘因。但是這種規定之目的為何？就優遇升學來說，因其涉及升學之權益，是否會導致參與者計較利害得失，而有權勢者將會動用關係來獲取不確實之證明，替主辦單位滋生困擾？特別是訂出「志工之權利及義務」章，卻在權利義務章對已有的權益條款又隻字片語不提，這難免會讓人質疑這些規定扭曲志願服務的崇高性。

2. 各項獎勵重視參與服務時數，雖然這是重視持續參與精神，但這是重視量的計算，最後獎勵將針對勞力和勞務性志願服務，而且是退休者或家庭主婦會比較多，而無法鼓勵專業人員運用專業知識參與志願服務或不定時提供志願服務的人。此一規定沒有顧及鼓勵各階層對社會貢獻之價值。

3. 志願服務法第十條、十四條重複提及要「確保志工在符合安全及衛生之適當環境下進行服務」，但是許多志願服務是進入災難情境提供協助，如山難救援或義消的滅火工作，所以提及注意安全相當重要，但要求衛生，是否會阻礙關心貧病老弱人士？

4. 志願服務法第十八條規定「將汰舊之車輛、器材及設備無償交相關志願服務運用單位使用」，雖然這一法規有善意，但是容易造成誤解。如果是堪用又具經濟價值之車輛器材，恐怕被人批評私相授受，而且，陳舊器物不僅易使人陷於危險而且故障頻仍，將這些物品交給志願服務人士使用，是否志

願服務者的生命較不值錢？

(四)執行困難之規定太多

1. 志願服務法第五條規定，主管機關及目的事業主管機關為整合、規劃、研究、協調和開拓社會資源等事得召開志願服務會報。這一規定有二個問題，一是「得」辦理而非「應」辦理，所以對社會資源有效運用難有功效，其二是不設統籌分工單位（委員會），而以橫向平等組織（主管機關和目的事業主管機關）來取代，甚至未提及誰是會報出席人，如果召開會議，出席代表之權責不一的話，將形成出席者各說各話，最後或許只有宣導功能，難以達成分工合作的功能。

2. 不訂施行細則的決定可能導致許多構想無法執行。志願服務法中明定須擬之辦法至少就有「為志願服務證及記錄冊管理辦法（第十二條）」、「志工倫理守則（第十五條）」、「志工獎勵辦法（第十九條）」、「志工優先服替代役辦法（第三十一條）」，另外志願服務法中雖未明定，但需要訂定辦法的，如設備、器材、車輛無償撥交志工單位使用辦法（第十八條）、志願服務單位評鑑辦法（第十九條）、志工憑卡進入文教設施免費辦法（第二十條）等有七種之多，這些項目有的涉及不同目的主管機關，有的屬於通案。目前已知志願服務法第十二條有規定要發「志願服務證及服務紀錄冊」一事，由於事涉印製經費，就有許多縣市政府並無意願執行。

3. 志願服務法第四條主管機關排除了台灣省政府，雖然法律上已將省府定為行政院派出單位，行政上已將之架空，但在志願服務活動上，過去已經成立的省級團體、省級基金會應由所在縣市或內政部為輔導單位，並不確定。

4. 志願服務法中的某些規定，如第十七條「發績效證明書」及第十九條「對服務表現優良者，應給予獎勵，並得列入升學、就業之部分成績」，容易發生流弊。例如就業之部分成績是否包括民營單位聘用時亦必須計算。至於就業之獎勵辦法是由勞委會或經濟部訂定都不易執行，將來勢必迫使到行政院層級來訂定，而這又因牽涉到人民的權利義務，現有立法可以兼顧，否則豈不是又要再另立法。

5. 志願服務法第二十條的規定為「發榮譽卡，並免費進入公立設施」，這一規定是否一次擁有終身免費或是上年績效次年享用，志願服務法中則未提出明確辦法或原則。此外，如果是地方政府所發，是否全國通用，抑或是只限於發放單位所轄的地方，志願服務法中亦無明確規定。

6. 志願服務法第廿二條規定志工「因故意或過失不法侵害他人權利者，由志願服務運用單位負損害賠償責任」，給運用單位難以承受之重，雖說運用單位對之有求償權，轉彎抹角，殊無必要。倘改為服務者故意或不法侵害他人應負賠償責任，但情形特殊者，運用單位應提供法律扶助則較合情理。

六、結語

在民主社會中，政府是依法行事，所以志願服務法對國內志願服務工作之推展有深遠的影響。本文主要重點在於強調推動志願服務工作中，需要注意的立法精神和面向，並分析面對未來發展潛在的爭議和現存的問題，而需要明確立法規範以為指引之重點，期能建構當前社會所需之志願服務法，而有助於國內志願服務推展。志願服務法中有許多執行上的問題，而許多現實需要規定之法條，卻

未能包含在內，作一明確規範，未來應盡快修法，以利志願服務之發展。

第五章
我國志願服務新世紀的發展趨勢

一、志願服務是民主社會發展之重要力量

在一個民主自由與經濟繁榮的社會裏，民主國家人民之自主性增加，社會有更大的空間讓人民參與他們自己事務的發展和監督，不僅容許而且鼓勵人民依其意願從事各類志願服務活動，以培養其成員的自發性，讓成員從互助的過程中，獲得自我成長的滿足感。另一方面，在社會快速變遷下，政府無法有效反應社會需求，如何結合民間資源，擴大社會參與，實爲社會發展之契機。

在美國，有許多職業婦女、高中生與大學生、退休人員組織透過人力銀行（talent bank）和資訊網絡，以及企業受員工鼓勵而擴大參與志願服務之比例。各級政府對志工工作也受到刺激而尊敬志願服務，甚至志願服務者成爲重要決策核心。以加州癌症防治組織爲例，該組織的志工來自各階層的社會菁英，不僅有學校教師、醫師、社會專業人士，也會挖掘各種具有專才的大學博士生加入服務，因此，志工是組織運作的中心，而不是職工之延伸。基於他們的專業知識、經驗、技術、奉獻、熱情和擁有的能力，對組織向外服務提供很大貢獻（李欽湧，1996），美國許多民間組織也是如此（孫碧霞、廖秋芬、董國光，2000）。Smith（1992）二〇〇〇年志工調查「把志願主義帶進二十一世紀」的研究中顯示，任何志願服務方案要成功，必須依循下列原則：(1)以有倫理但包容性態度定義誰是志工。(2)要去除志工參與之障礙，以擴大潛在志工人力。(3)要認識志工不是「免費的」，要賞識志工超乎整體勞力所做的貢獻。(4)要去除志願服務是業餘性的看法。(5)要確定志工和組織之間期望相符合。(6)要發展而非「使用」志工。(7)要讓志工參與管理工作。(8)不只是重視志工人數，更要注意志工服務品質。(9)要

注意非營利組織之間的聯合爲極大化志工機會和效能。

　　如同美國志願主義的蓬勃發展，我國近年來志願服務亦有漸漸盛行的趨勢，志願服務對社會、政治、經濟發展之動力日益受到重視。目前我國社會各層面如雨後春筍般紛紛成立具有自主性的志願性組織（voluntary organization），這些組織被視爲補充、競爭或替代政府的力量。社會大量運用民衆參與志願服務，使人感受到公民社會的動力，經由志工的努力產生更大的社會資本，將有助於社區意識的培育和社會責任感的實現，積極反應社會生活之需要和社區問題，進而建立社會支持更堅強的社區。本文之主要重點除提出影響志願服務發展之內外在可能影響因素之外，並指出我國志願服務可能發展之趨勢。

二、我國志願服務的發展

　　社會互助是一個重要的支持力量，有助於社會秩序之穩定。回顧史實記載，家族互助的「義莊」、糧食互助的「社倉」、人際互助的「鄉約」，以及經濟互助的「錢會」，可以說均是源於人類互助情感所表現出來的自助互助之精神。我國最早的志願服務可說均以對弱勢者濟助行善爲主，例如對渴者施茶、飢者施粥、寒者施衣、無力安葬死者施棺以及濟貧或關心社區鄰里生活需要，參與修橋舖路，均是志願服務的具體表現。現將我國志願服務從民國初年至今的發展分爲幾個階段加以說明（陳武雄，2002；陸光，1994；施建矗，2001）：

(一)醞釀期

自民國二十年左右，即制定「國民義務服務勞動法」鼓勵民眾參與社會建設，但那是一種具有某種強制性程度之辦法。至於民間推動志願服務較早，在民國四十一年農業推廣體系有「義務指導員」制度。該年救國團成立也同時建立志願服務體系，要運用義務幹部做為推動工作之核心，將志工分為輔導幹部和服務員二種，並強調多用義務幹部不是要省錢，而是要做為人才培育之方式，不僅達成社會參與，有效借重社會資源，而且更能培養適應地方之人才，以提升青年工作之價值（楊極東，1983）。

公部門推動志願服務較早的是警政部門，亦將日據時代即已沿用之「義勇團」組織改制，於民國五十二年起陸續成立「義勇消防隊」、「義勇警察」、「義勇交通」、「山地義勇警察」等，成為國內最早的公務機關使用志工的典範，也是國內使用志工最多的公共部門。民國五十四年，政府提倡社區發展工作以來，志願服務即被大量地運用於協助社區發展的推動，尤其以台北市最為活絡。五十九年地方法院所聘用的榮譽觀護人，以及民國六十二年將大專學生納入擔任輔導員，也是歷史較為悠久的志願工作團隊。

中國國民黨台北市委員會於民國六十年底成立「義務服務工作團」，自六十年在台北市古亭區南機場展開示範性、實驗性的義務服務工作。此一工作聘有專人負責指導，希望能對該地區民眾同胞的生活環境有所改善，不過此機構因遭到議會批評而結束。爾後中國國民黨在各直轄市、縣市之鄉、鎮、市、區均陸續設有民眾服務站（後改為民眾服務分社），作為國民黨服務民眾的據點，吸收義務工作人員提供服務，唯此時的志願服務難免會摻雜一些政治性色彩在內，但也處理許多社會服務工作。

(二)萌芽期

在政府部門方面，台灣省政府社會處爲廣結民間力量，協助推動社會福利工作，自民國七十年訂頒「台灣省推行志願服務實施要點」之後，陸續在民國七十一年頒布「台灣省加強推行志願服務實施方案」，七十三年頒布「台灣省優秀志願服務人員獎勵規定事項」，七十五年頒布「台灣省加強推行志願服務實施方案」，七十六年頒布「台灣省社會福利志願服務工作人員平安保險實施要點」，這些法規使得台灣省政府的志願工作進入有系統的工作階段，以積極推展志願服務工作。此後，又爲加強民間資源的整合與運用，作爲強化志願服務工作推展之依據，再於民國七十八年六月訂頒「台灣省加強推行志願服務方案」。

台北市政府社會局也在民國七十三年九月訂定「台北市政府社會局推展志願服務實施原則」，開始招募志工在各社會福利服務中心及老人文康活動中心提供服務。高雄市政府方面，自民國七十三年開始陸續訂定「高雄市政府社會局志願服務人員管理要點」、「高雄市政府社會局志願服務工作團組織要點」、「高雄市政府社會局志願服務工作團幹部選舉辦法」、「高雄市政府社會局志願服務工作團幹部職掌」等，據以推展志願服務工作。

除了社會福利領域之外，文化與教育類的機構最早使用志願服務者來提供服務的是民國七十一年台北市圓山動物園組成義工隊，以及民國七十五年間國立自然科學博物館、科學教育館、高雄市立文化中心及台灣省立美術館等文教機關，而觀光旅遊、休閒活動部門亦於民國七十五年起由玉山國家公園首先聘用義務解說員，隨後陽明山等國家公園亦陸續加入。至於環保部門不久也成立了「環保媽媽」，大力推動社區環保工作，成爲志工界的新血。

民國七十八年內政部訂定「志願服務記錄證登錄暨使用要點」，使每位志工的服務時數均得以登錄，以供作獎勵表揚之依據。另行政院勞工委員會為激發勞工對社會之責任感及奉獻心，增進勞工工作生活品質，進而結合勞工服務力量，推廣助人美德，促進社會和諧，亦於民國八十年九月六日訂頒「加強勞工志願服務推行要點」，作為政府推動勞工志願服務的準則。

民間方面，除了原有的一些民間非營利組織和非政府組織運用志願服務之外，在民國七十一年八月五日台北市首先籌組成立「台北市志願服務協會」，由秉持「志願服務、捨我其誰」的有志之士組成。該會自創立後，除致力貫徹實施章程宗旨及任務，積極推動志願服務外，並自七十三年起，配合每年十二月五日「國際志工日」，首創志願服務楷模「金駝獎」選拔與表揚，又自八十年起創辦「志願服務獎章」頒授，且於八十年四月創設「志工學苑」，八十年六月經「全國志願服務聯繫會報」第五次會議討論通過「志願服務團（隊）組織準則」參考範例和「志願服務——志工守則」。從此對於志願服務的任務編組、教育訓練及獎勵表揚等逐漸建立制度，同時更激發各縣市陸續成立民間志願服務團體。

基督教兒童福利基金會台灣分會與台灣世界展望會均創立於民國五十三年，其中基督教兒童福利基金會台灣分會於七十二年成立展愛隊等志願服務團隊。

由上觀之，志願服務在我國係自民國七十一年始由政府著手介入、主導規劃，並自七十一年「台北市志願服務協會」成立後，經由政府主導，民間全力配合，兩者相輔相成，才使志願服務更有計畫、有步驟地陸續展開。此一階段雖然比過去有更多志願團體成立，但仍不普遍，且傾向以輔助性質居多，應是我國志願服務推展的倡導時期。

(三)成長期

　　八十年九月起推動勞工志願服務，由勞工志工輪值勞工服務中心服務。台北市政府為能擴大志願服務層面，又於八十二年七月修正訂頒「台北市政府推展志願服務實施要點」，作為台北市政府各局處推展志願服務之依據。民國八十四年六月二十八日，內政部為激勵社會大眾秉持「施比受更有福，予比取更快樂」的理念，發揮「助人最樂，服務最榮」的精神擁抱「志工情」，展現「天使心」，胸懷「燃燒自己、照亮別人」之德操，踴躍投入志願服務行列，積極散播志願服務種子，共同為協助拓展社會福利工作及增進社會祥和而奉獻心力，特訂定「廣結志工拓展社會福利工作──祥和計畫」，函頒省、市及縣、市政府自八十四年七月一日起全面實施。自此，政府對於志願服務的任務編組、教育訓練、實施方式及獎勵表揚等開始予以統一規定，亦促使志願服務工作能在有計畫、有步驟、有方法、有目標的制度下，更加逐步擴大推廣，蔚為風尚。

　　行政院為有效運用社會人力資源參與公共事務，以避免公務機關員額過度膨脹，節約人事經費支出，提升政府行政效能，於八十三年實施員額精簡政策，凍結機關員額增加，並逐年裁減百分之五的員額，民國八十五年三月二十日訂頒「行政院暨所屬各機關實施志願服務要點」，該要點對於各政府機關實施志願服務，如何招募、遴選志工，及對志工管理上應如何訓練、督導、考核、獎勵表揚與福利保障等均有明確規定（李淑娟，1995）。當時此一要點可說是政府機關推展志願服務工作之最高依據。

　　行政院青年輔導委員會為能培養青年樂觀進取、積極奉獻、關愛社會的服務人生觀，激發青年對國家之使命感及熱愛鄉土之情感，亦於民國八十六年十月十五日訂頒「中華民國青年參與國內地

區志願服務實施要點」，且為推展青年參與志願服務，鼓勵青年積極參與，並激勵其服務士氣，於八十八年一月十五日訂頒「行政院青年輔導委員會表揚青年志願服務績優團體暨志工實施要點」。另內政部消防署為廣結志工參與緊急救護工作，於民國八十八年九月二十一日訂頒「鳳凰計畫」，且為凝結民力參與緊急救援工作，於八十八年十二月十日訂頒「睦鄰計畫」。又行政院環境保護署為充分運用民間環保資源，鼓勵全民參與，並獎勵有功人士及團體對環保的貢獻，於民國八十九年十月二日訂頒「推動環境保護有功團體、環保義工人員及環境保護局人員遴選表揚要點」。行政院文化建設委員會為激勵志工工作士氣，亦於民國八十九年十月十七日訂頒「行政院文化建設委員會表揚文化機關（構）績優義工辦法」。經濟部民國八十五年實施「中小企業榮譽指導員（企業服務志工）制度」，並於八十七年度協助各縣市成立榮譽指導員（企業服務志工）協進會或聯誼會自主性組織，以落實協助輔導中小企業的經營、發展科技、推動策略聯盟等各項目標。

民間方面，民國八十一年八月五日，以「台北市志願服務協會」為基礎，並擴大結合熱愛志願服務的新秀，所共同籌組的「中華民國志願服務協會」正式成立，這是我國名副其實的第一個全國性民間志願服務團體。該會自成立以後，與「台北市志願服務協會」密切配合，協力運作，讓我國志願服務的推展如虎添翼，有關志願服務的制度規章、教育訓練及獎勵表揚等，開始陸續建立了全國一致遵循的規範，更促使志願服務的推廣工作逐漸普遍。

為推動「義工元年」的誕生，包括社會大學文教基金會、董氏基金會、婦女救援基金會、主婦聯盟、中華血液基金會、心臟病兒童基金會、兒童福利聯盟、佛光總會、基督教救世會等二十一個社團，於民國八十二年九月十五日推舉「全國志（義）工總會」榮譽會長的內政部長吳伯雄，聯合發起「全國義工總動員」活動，除徵

召一百位國內意見領袖擔任全國各社團基金會義工外，並呼籲國人一起來當義工。勞工志願服務協會於民國八十五年成立。另外中國青年和平團也在八十五年正式成立，隔年在大台北地區推動「食物銀行」，號召熱心廠商捐贈過季但未過期之產品，以統籌分送各服務弱勢團體之福利機構。

除此之外，另一項值得重視的就是許多民間自發性團體，諸如「XX權益促進會」、「XX家長協會」、「XX主婦聯盟」亦在解嚴之後紛紛成立，屬爭取權益之志願性團體，使志願服務更加多元，並且更具公民參與之精神。另一方面，宗教性志願服務參與比例增加，尤其是佛教團體所成立的慈濟基金會、法鼓山基金會等推動宗教性志願服務，使志願服務更為多元。

再則，非營利組織的社會發展功能受到更多注意，有關非營利組織、志願服務和公民參與之學術研究與專題著作越來越多，有關志願服務之學術性研討會也越來越多，諸如八十五年內政部舉辦「迎向二十一世紀志願服務會議」、文建會八十六年舉辦「全國文化機構義工業務研討會」和八十九年舉辦國際性「千禧年文化義工研討會」。而青輔會在推動青年志工上更是不遺餘力地舉辦國際性志工會議，派員參加國際志工協會會議，推動成立志工中心和中學學生「服務學習」等活動。

八十九年大專聯考作文題目就是「義工」，考生以此自訂題目寫出自己的看法。目前台灣各級學校相繼推動勞動教育、服務課程、公共服務教育等措施，讓學生在勞動服務或社區服務過程，獲得服務經驗，體會學習的意義，其中台北市率先於民國八十八學年起在國中以上學校推動公共服務，八十九年十一月修正為服務學習，而其他縣市也有部分學校開始推動學生服務學習方案。

綜上所述，可以看出中央政府對於志願服務的推展，係自八十四年起才逐漸訂頒相關法令規章據以執行，而民間卻自八十一年開

始即已相當活躍。由此難免令人感覺到政府不得不對志願服務的議題予以關注，好像是來自民間的壓力所致。雖然如此，自八十一年至八十九年這段時間，應是我國志願服務的發展時期，因為在這一階段除民間外，政府對於志願服務的議題，亦均逐漸普遍予以重視。

(四)發展期

「志願服務法」的公布施行，可視為我國志願服務推展邁向顛峰的轉捩點。吾人深知，政府為整合社會人力資源，使願意投入志願服務工作之國民力量做最有效的運用，以發揚志願服務美德，促進社會各項建設及提升國民生活品質，特配合二○○一「國際志工年」，制訂「志願服務法」，民國九十年一月四日經立法院三讀通過，並奉總統令於同年一月二十日公布施行。

該法之制訂，對於：(1)志願服務的主管機關及目的事業主管機關之權責；(2)志願服務運用單位之職責；(3)志工的招募、甄選；(4)志工的教育訓練；(5)志工的權利及義務；(6)志工的獎勵表揚；(7)志工的福利、保障；(8)志工的倫理守則，志工的法律責任等，均有明文規定；自此開始，促使我國志願服務的推展付諸法律規範。

自「志願服務法」公布施行後，內政部陸續依該法之規定訂頒各項相關子法，計有：(1)「志願服務證及記錄冊管理辦法」(90.4.20) 訂頒；(2)「志工基礎教育訓練課程」(90.4.24) 訂頒；(3)「志工倫理守則」(90.2.24) 訂頒；(4)「志工服務績效認證及志願服務績效證明書發給作業規定」(90.2.24) 訂頒；(5)「志工申請志願服務榮譽卡作業規定」(90.2.24) 訂頒；(6)「志願服務獎勵辦法」(90.2.21) 訂頒；(7)「役男申請服替代役辦法部分條文」

（90.8.10）訂頒。

　　為激勵志工士氣，獎勵表揚績優志工，教育部亦於民國九十年十二月六日訂頒「教育業務志願服務獎勵辦法」；行政院衛生署於九十年十二月十一日訂頒「衛生保健志願服務獎勵辦法」；外交部於九十一年三月七日訂頒「外交志工獎勵要點」。不可諱言地，我國「志願服務法」的制訂，因是恰逢二○○一年「國際志工年」的緣故，使立法委員們興趣盎然，卯足全力積極推動該法的立法工作，當時根本等不及政府提出官方的版本併案審查，結果是以急就章方式匆匆審議通過，在這種情況通過的法案，其品質是可想而知。儘管如此，雖然「法」的規定無法盡善盡美，許多地方值得趕快修正，但也有許多地方是有「法」總比無「法」好，而且志願服務法的通過畢竟開啓了我國志願服務的新頁。

　　為使我國的志願服務工作在「志願服務法」公布施行後，經由政府的主導，民間的配合，志工的嚮往，社會的響應，以及輿論的宣揚，能夠一天比一天更加興盛，締造佳績；實有賴：(1)各級政府落實實施「志願服務法」；(2)民間團體全力配合推動；(3)盡速成立「專案小組」進行修法工作，增建請中央研酌結合民力成立推動志願服務工作的「志願服務基金會」，以確實發揮志願服務之社會功能。

三、我國志願服務的時代意義與內涵

　　民國九十年一月四日立法院第四屆第四會期第二十八次會議通過志願服務法，總統並於一月二十日公布施行。雖然前一章指出此一法規遭受許多批評，但是法中許多規定之精神和內涵，對國內志願服務會有長遠影響。茲從下列幾方面說明對我國志願服務之意義。

(一)從慈善愛心擴大到社會責任

　　台灣志願服務的發展趨勢不同於歐美，並沒有類似西方「公民」或「社區」的概念，台灣的志願服務常提供弱勢者經濟資源的救助與服務，或到廟裏打掃、整理社區環境，或到社會服務機構照顧身心障礙者，或每個月捐贈固定小額金錢給慈善機關團體，內心所抱持的是一種積個人與家庭陰德，期望未來有福報的交換動機。志願服務被視之為做善事，參加志願服務是想做好事、積陰德、回饋社會，有濃厚的「私利」性（林萬億，1992；曾華源等人，1998；曾騰光，1994）。丁仁傑（1997）研究國人參與宗教性志願服務是基於秩序觀、佈施觀和功德觀，透過非隨機性的私人社會網絡建構志願服務的團體行動。

　　這些實證研究資料顯示，國人志願服務參與動機與服務，和民主社會價值觀下的志願服務有相當大的差異，亦即公民社會下的志願服務價值意識觀念仍然不普遍。就此來看，國人對於參與志願服務的動機仍較偏向個人目標的完成，認為志願服務終究是補充性的、輔助的與業餘的，若期待透過志願服務來解決社會問題，對於國人的觀念來說較為困難。志願服務法第三條對志願服務之定義為：「民眾出於自由意志，非基於個人義務或法律責任，秉誠心以知識、體能、勞力、經驗、技術、時間貢獻社會，不以獲取報酬為目的，以提高公共事務效能及增進社會公益所為之各項輔助性服務。」顯示今日推動之志願服務，其精神之一在於激起民眾對於社會的關心，以專業的訓練及管理方式，透過社會參與及付出的過程，激發國人關心社會各層面之需要，並貢獻個人之資源，以實踐對社會的責任感。

(二)從犧牲奉獻擴大到知能成長的互惠性

　　王麗容（1992）之研究顯示，在婦女投入志願工作的原因中，自我滿足取向高於他人取向（other orientation）。蘇孟秋（1999）的研究顯示，參與美術館的志工是以自我充實美術知識和願意貢獻社會為主。曾華源等人（1998）研究發現，志工參與志願服務預期收獲主要是個人成長和幫助他人，而非就業上的幫助和社會讚賞。至於吸引志工持續參與的原因主要是自我成長、人際關係能力成長，和對社會的貢獻，而非對個人生活有實際幫助。張玲如、張莉馨、李毓珊（1997）研究精神病院志工的工作滿意度，發現影響因素是回饋社會和增進經驗與知識。葉旭榮（1997）研究老人福利機構志工參與行為意向模式（participatory behavior intention model），發現影響參與志工的最主要因素是便利性（有無面臨阻礙）和自我能力（個人有無資源、機會和能力）之行為控制知覺（perceived behavioral control）因素，而非自利、利他、社會責任等個人態度因素。

　　上述研究結果顯現國人在參與志願服務上除了提及回饋社會之外，強調無報酬利他之因素已經有實質上的變化，相對地重視能有實際幫助和對個人之能力與知識經驗成長有幫助等因素。從志願服務法第四條第二款相對地可以看出可運用志工之機關有社會服務、教育、輔導、文化、科學、體育、消防救難、交通安全、環境保護、衛生保健、合作發展、經濟、研究、志工人力之開發、聯合活動之發展，以及志願服務之提升等公眾利益之工作，並且運用志願服務之單位在用志工時，要進行相關知能養成（第九條）。這些規定將對國人參與志願服務具有高度誘因，因為志願服務不再只是業餘性、勞力性和庶務性工作，而是需要運用許多專業性知識與能力，使國人的志願服務從體能性社會服務擴大到多元性知能成長的

志願服務。最近教育單位和青輔會大力推動中學生服務學習活動，對於青少年人格成長、學科學習和社會道德判斷能力等各方面都有幫助，因此積極鼓勵各學校推動學生社會參與活動。

(三)從民間自主擴大到政府參與

志願服務的正向功能發揮之主要前題，在於人們是否能充分參與社會以及志願服務是否具有行動自主性，亦即志願組織、政府與民間企業三者之間保持何種關係，才不受其所主宰、操控或利用。為能充分發揮志願組織之正向功能，政府如何協助志願組織團體因應當前社會政治經濟體制下的特權與不公平，避免淪為保護階級利益之工具，而且不會過度干預志願服務，是一值得關注的問題。

就志願服務法第四條規定來看，除了規定志願服務主管機關之外，也說明主管機關主管志工之權利、義務、招募、教育訓練、獎勵表揚、福利、保障、宣導與申訴之規劃及辦理，其權責如下：主管機關在主管從事社會福利服務、涉及二個以上目的事業主管機關之服務工作協調及其他綜合規劃事項，並且在第五條規定主管機關及目的事業主管機關應置專責人員辦理志願服務相關事宜；其中為了整合規劃、研究、協調及開拓社會資源、創新社會服務項目相關事宜，得召開志願服務會報。對志願服務運用單位，應加強聯繫輔導，並給予必要之協助。志願服務法第五條提及應加強聯繫輔導志願服務運用單位並給予必要之協助。此外，在第十八條規定各目的事業主管機關得視業務需要，將汰舊之車輛、器材及設備無償撥交相關志願服務運用單位使用，車輛得供有關志願服務運用單位供公共安全及公共衛生使用。第二十三條規定主管機關、志願服務計畫目的事業主管機關及志願服務運用單位，應編列預算或結合社會資源，辦理推動志願服務。

(四)從無組織的擴大到有組織的整合

過去許多志願服務是個別自發性的,雖然現在許多志願服務是以團體型態提供更深入之志願服務活動,志工與組織之關係是一體的,不過國內志願服務機構或組織大都各自招募志願服務人力。為能擴大志願服務招募,第六條規定志願服務運用單位得自行或採聯合方式招募志工,招募時,應將志願服務計畫公告。除此之外,還規定公、民營事業團體以集體的方式從事志願服務時,應與志願服務運用單位簽訂服務協議。

此外,志願服務法第五條亦規定得視需要召開聯繫會報,期望社會資源能夠相互配合,以增進其效益。目前青輔會積極推動設置多角色功能的志工中心,祥和計畫中要求推動成立志願服務人力銀行等工作,均希望去除志願服務參與之障礙,擴大志願服務機會。

(五)從熱心利他擴大到品質責任志願服務

過去志願服務是以個人情感出發、不定期的助人行為,強調愛心服務,因此呈現出有做就應該獲得肯定和支持。不過志願服務法中規定「志願服務運用者應依志願服務計畫運用志願服務人員」(第七條),並且要求「為提升志願服務工作品質,保障受服務者之權益,志願服務運用單位應對志工辦理下列教育訓練:一、基礎訓練。二、特殊訓練」(第九條),除此之外,「志願服務運用單位應提供志工必要之資訊,並指定專人負責志願服務之督導」(第十一條)。

為能確保服務品質,志願服務法第十三條規定「必須具專門執業證照之工作,應由具證照之志工為之」。其中志工依志願服務運

用單位之指示進行志願服務時，因故意或過失不法侵害他人權利者，由志願服務運用單位負損害賠償責任。前項情形，志工有故意或重大過失時，賠償之志願服務運用單位對之有求償權（第二十二條）。

由此看來，志願服務法開啓我國志願服務之一個新的紀元，不只是強調擴大參與服務，重視參與人數而已，更重要的事是重視保障被服務者之權益，透過對服務人力資源規劃和運用準則之訂定，呈現志願服務人力運用上要有訓練和督導，使志願服務不僅不是免費之人力，而且恐怕再也不能用來節省組織經費，所以要「發展」志工，而不是「使用」志工。

(六)從完全付出擴大到權利義務志願服務

過去志願服務被認爲要完全付出才具有愛心和值得稱許，因此，國內有人認爲義工就是具有這種精神。至於志工因爲拿車馬費和誤餐費，甚至接受獎勵，不是完全的付出，好像比不上義工。不過，志願服務法似乎不作此種區別，甚至更加重視服務行爲之間的權利義務。不僅要求志願服務運用單位對其志工應發給志願服務證及服務記錄冊（第十二條），以便讓志工服務年資滿三年，服務時數達三百小時以上者，得檢具證明文件向地方主管機關申請核發志願服務榮譽卡，並憑此榮譽卡得以免費進入收費之公立風景區、未編定座次之康樂場所及文教設施（第二十條），從事志願服務工作績效優良並經認證之志工，得優先服相關兵役替代役（第二十一條）之外，強調志願服務運用單位應依照志工之工作內容與特點，確保志工在符合安全及衛生之適當環境下進行服務（第十條），志願服務運用單位應爲志工辦理意外事故保險，必要時，並得補助交通、誤餐及特殊保險等經費（第十六條）。除此之外，志願服務法也具

體提出志工應有以下之權利，包括接受足以擔任所從事工作之教育訓練，一視同仁，尊重其自由、尊嚴、隱私及信仰，依據工作之性質與特點，確保在適當之安全與衛生條件下從事工作、獲得從事服務之完整資訊和參與所從事之志願服務計畫之擬定、設計、執行及評估（第十四條）。

然而，志願服務者也不是只有享受權利而已，在第十五條中規定志工應有以下之義務：遵守倫理守則之規定、遵守志願服務運用單位訂定之規章、參與志願服務運用單位所提供之教育訓練、妥善使用志工服務證、服務時應尊重受服務者之權利。對因服務而取得或獲知之訊息保守秘密、拒絕向受服務者收取報酬，以及妥善保管志願服務運用單位所提供之可利用資源。

四、志願服務之發展趨勢

整體說來，從台灣社會的發展可以瞭解民眾對生活意義和社會價值與過去不同的轉變，對人生規劃也有不同。而學校教育變革，鼓勵學習多元化，使青少年志願服務受到重視。至於社會意識型態轉變與福利服務提供責任分擔之思想，影響非營利組織興起，對於民主政治參與環境的變遷，志願服務的公民參與價值被肯定。未來我國志願服務發展趨勢可以歸為下列幾點。

(一)朝志願主義發展

市民參與志願服務增加，擴大參與層面，志願服務種類多樣化，志願主義形成，志願服務內涵與過去不同。志願服務會有更多民眾熱心參與政治上的活動，包括在政治上選舉的助選和日後監督

政見的實踐，民眾對於社會政治之影響力量將會逐漸增加。

(二)政府機關擴大運用志工

政府機關大量推動志願服務方案，形成民間與政府競爭志願服務人力資源，影響非營利組織運作。政府在精簡人力政策和提供更多服務之壓力下，會希望透過志工參與來增加服務，雖然政府志工參與層面以一般性社會服務為主，而這會影響非營利組織志工人力來源。因此，非營利組織勢必要共同合作來增加志工機會和效能。

(三)重視志願服務品質

社會各階層不只重視志工參與人數和服務數量，要確保志工和組織期望相互吻合，就不只是運用志工，而是要幫助志工發展來提升服務。因此，認識志願服務不是免費之人力，要加強志工選訓、服務品質與績效的提升，才能使志願服務獲得社會認可。

(四)志願服務制度化

運用志願服務之團體增加，志願服務漸成為社會之重要制度（獎勵多樣化、保險、津貼、招募甄選、訓練管理與服務模式多樣化）。

(五)重視志願服務倫理

由於志工不再是客串性質的工作，開始要強調運用志工專長，志工服務有更強的正當性之外，也要保障被服務者的權益，因此，

志工服務倫理和機構運用志工之倫理將都會被強調。

(六)衡量志願服務價值

強調運用志工之成本效益，重視志願服務對整體社會之貢獻，發展衡量志工價值之評估方法，研討與批判當前衡量志工金錢價值之方法。

(七)志工管理專業化

志願服務成為學校重要教育課程，志工成為社會發展之重要人力，志工服務規劃與人力資源管理就成為重要之工作。然而，其涉及許多方面的知識和技巧，所以需要具備此一方面知能的專業人才來擔任此項工作。

(八)志願服務發展國際化

志願服務法在第二十四條提及志願服務運用單位派遣志工前往國外從事志願服務工作，其服務計畫經主管機關及目的事業主管機關備查之後，也適用本法之規定，這是對國際志願服務交流工作之重視。這些年來已經有許多國際志願服務參訪活動和舉辦過許多國際會議，未來將會有更多國人參加國際救援和協助開發中國家的志願服務工作。

五、結語

　　志願服務具有多種功能，是否應名爲志工或義工並不重要。過去的志願服務偏向被視爲是關懷慈善性，目前則期待志願服務與公民社會理想連接，志願服務內涵擴大爲計畫性、組織性、責任性、鼓勵性和管理性地參與公共事務和社會公益。爲增進志願服務品質與保障有關人士之權益，我國新訂頒志願服務法之內容有相當大的時代意義。

　　法規並非口號或標語，要能實踐才對社會發展有正面貢獻。志願服務法沒有實施細則和罰則，恐怕欠缺實踐力量，是未來修法最先應該注意的事項。此外，定義志願服務是輔助性服務，雖然有可能想要區別專業性服務，但是不知道其涵義是否仍以直接提供服務爲主，不包括Sieder與Kirschbaum（1977）二人指出志願服務者其他可以扮演的角色：(1)指出需要處置的問題或情況；(2)決定政策；(3)抗議和社會行動；(4)募款；(5)擔任組織的發言人；(6)報告和評估社區對機構服務方案的反應；(7)社區計畫的共同執行者；(8)發展新服務輸送體系；(9)擔任弱勢者的代言人或倡導者。

　　當志願組織依賴外在團體或組織經費支援時，志願組織則容易成爲既得利益階級維持其利益之工具，而政府對志願組織論件式的購買補助或短期補助而非視績效而補助，也容易使志願組織缺乏有整體性計畫來反應社會問題與需求。在此情況下，非營利組織只能依賴與政府大量的合作，如此，志願服務就會缺乏自主性，終究還是被視爲偏向社會模式維持之功能。Bremner（1960；轉引自Permutier & Cnaan, 1993）指出，許多人們的志願行爲是源自結構性問題壓力過大之後而產生的，而慈善志願服務有可能被濫用和效

率不彰。如此一來，志願服務發展將受到挑戰。

　　曾華源等人（1998）研究志工問題後認為應加強志工服務能力、讓工作結構明確化，但是卻不贊成機構要重視志願服務工作績效和設置志工升遷制度，這和蘇信如（1985）的研究結果相同。當組織重視理性運作和效率，亦即講求專業服務品質時，會使志工覺得不受機構肯定和重視。如何領導這群熱心有餘但是服從不足的志工（Billis & Harris, 1996），以提升服務品質，值得思考。此外，要提升志工管理者素質以及督導人力之搭配，否則志願服務仍是會屬於低階的勞力服務。如果政府要介入志願服務管理與整合志願服務資源之工作，那麼要關注政府人力的質量及經費是否確實編列，未來期待施行細則中能針對志願團體服務執行力有更加完善之規定。

第六章
政府部門的志願服務工作

一、前言

　　民主國家是要透過公民參與來達成社會認同與提升責任感。政府讓民眾參與公共事務,將有助擴大服務工作層面,然而,當前民眾的自主性提高,對政府服務能力期待增多,政府為滿足民眾對政府服務項目及品質之要求,常需要增設機關、擴充組織以為因應。但推動公共事務僅憑政府本身之力,有時難免力有未逮,政府公務機關在原額編制暨人事費占公務預算比例的限制之下,如何結合社會熱心公益人士,建立志願服務體制,以一方面能更順利推動公務機關之業務,另一方面達到節約人力及提高行政效率之雙重效用,正是我國政府建設的重要課題(甘雯,1993;江宗文,1997)。其實公務部門讓志工參與服務,似乎不見得是希望有助於培養社會認同和社會民主的發展,反而大多是著眼於政府職能日益擴張,在資源有限的情況下,難免捉襟見肘,要使人民盡量減少依賴政府,轉而彼此幫助。根據行政院研考會「現行公務機關志工人力運用情形之探討」委託研究報告(林萬億,1992)顯示,許多機關運用志工的原因主要是人力不足、其次為促進社會參與。其中觀光旅遊、文化教育、公共安全機關明顯地因人力不足而招募志工;而社會服務與環保機關運用志工則較有促進社會參與的意圖,而上級交辦的情形則又以公共安全機關最為明顯。陳庚金(1995)擔任人事行政局長時就公開提倡政府部門應擴大志工之運用,除可提供民眾參與社會服務機會,協助政府推動公共事務,亦可減輕政府人力負荷,避免員額持續膨脹。徐立德(1996)在行政院服務時,即為文指出要成就一個「全方位」而又「人事精簡」的政府,「擴大運用志工參與公共事務」是一個具體又可行的有效方法。民國八十五年三月行

政院頒布「行政院暨所屬各機關實施志願服務要點」，除了強調要運用一般志工之外，另一個重要人力來源就是針對退休人士。

公務部門這種運用志願服務人力的動機並不限於我國政府，在美國似乎亦是如此。Lane和Schultz（1997）指出，由於大部分的州都有嚴重財務上的限制或縮減預算，而州政府內的志工工作範圍廣，可以提供很多重要服務，所以大多數各州都會繼續運用志工方案來面對日益增高的服務需求。某位州的選任官員就說：「今日政府常面臨之問題，就是如何在資源日漸稀少的情況下做更多事，市民常常告知官員他們厭倦繳交更多的稅，但是同時卻表示無法接受減少服務或降低服務品質，亦即要求要更努力工作、更有效率。我想到我一直忽略的一項重要資源，即市民。所以我就開始推動一項鼓勵志工的方案，提供他們服務自己的州。」（Lane & Schultz, 1997）

陳水扁總統於就職演說中曾提及要發揮「志工台灣」的精神，在政府面臨更嚴重財政短絀時，這亦是在著眼於精簡人力、有效結合民間資源等二大目標下，更需要活化人力運用，所以積極鼓勵志工參與公共事務，成為目前政府推動行政革新、政府再造的重要工作。因此，當前政府的重要課題之一乃是鼓勵人們投入志願服務。本文主要重點在說明政府運用志願服務之概況以及如何有效運用志願服務人力應有之作法。

二、公務部門志工之意義

公共志工與一般民間志工有何不同？志願服務的普遍性定義正如Levy（2001）所言，指一個人在有酬工作之外，為盡社會責任，願意奉獻時間、才能、精力給他人與社會，而不要求報酬，他相信

志願服務除對他人及社會有利外，並可獲得自我心理上的滿足感。所以志願服務的前提是發自內心的奉獻，不爲報酬，且是人們生活的一部分。不過，公共志工是透過政府的行政與服務方案來服務民眾，因此，Brudney（1990；引自陳金貴，1995）認爲政府志工是他們許下工作承諾，以他們的時間、經歷和技術，協助公共財物和服務生產。公共志工的參與與公民參與不同，大多數公共志工只是在協助政府的服務輸送，很少能直接參與或涉入政府的決策過程中，因此，政府無給職的顧問或委員應該都不算是政府志工。Lane和Schultz（1997）的研究顯示，美國州政府中志願主義開始萌芽，這和一九八〇年代調查比較起來，在各領域中的志願服務方案至少增加20％，並且有近20％的州設置中心辦公室或志願服務方案。志願服務方案不再被認爲是一種無效能的服務方案。

三、公務部門運用志工的情形

(一)美國各州政府的志願服務

根據全美州協會的志願服務計畫任務小組的調查（Lane & Schultz, 1997），美國各州志工的服務範疇和比例如**表**6-1，各州人口總數與參與志工人數和種類有關，志工服務所貢獻之價值也相當顯著，其中大多數的州政府都是由某一部門或方案來負責志工的總協調。

表6-1　美國州府運用志願服務之範疇與比例

服務範疇	州百分比
消防員／緊急醫療服務	72.2
老年服務	63.7
圖書館	50.2
公園／娛樂	49.0
青年服務	48.0
社會服務	42.5
教育	42.4
環境／資源回收	40.9
保安／矯治	40.0
社區／經濟發展	37.3
公共安全	34.7
公共衛生	33.1
交通	25.9
庇護房舍	19.5
司法／法律	19.0
財務	6.3
公共設施	3.2
其他	10.6

資料來源：Lane & Schultz, 1997.

(二)我國中央各部會之志（義）工制度概況

　　以台灣來說，自民國五十四年政府提倡社區發展工作以來，志願服務即被大量地運用於協助社區發展的推動。根據行政院研考會「現行公務機關志工人力運用情形之探討」委託研究報告（林萬億，1992），政府機關普遍運用志工的單位為公共安全機關，其次為社會服務機關、教育文化機關。目前志願服務法通過之後，政府部會及各級政府單位現均有其所屬的志工。

由於國內志願服務制度正處於發展階段，各部會成立時間也不一致（有關我國志願服務發展過程，在第五章有簡要概述），加之行政院亦無統一規定之辦法，因此各部會之制度與作法均有相當特色存在。國內中央部會除內政部社會司的「祥和計畫」外，內政部警政署、消防署，教育部、法務部、環境保護署、青年輔導委員會、文化建設委員會、勞工委員會、消費者保護委員會等均運用志願人力資源，協助推廣相關業務活動。各部會實施概況說明如下（曾華源等人，1998；內政部，2002）：

■內政部

內政部推動志願服務不遺餘力，以積極有效拓展社會福利工作。在內政部「廣結志工拓展社會福利工作──祥和計畫」推行之前，省市政府行之有年的志願服務方案，已為推動志願服務工作奠定基礎。就台灣省政府而言，民國七十一年陸續訂頒「台灣省推行志願服務實施要點」、「台灣省優秀志願服務人員獎勵規定事項」、「台灣省加強推行志願服務實施方案」，民國七十九年並訂頒「台灣省志願服務方案」、民國八十四年修訂「台灣省社會處編輯十步芳草光輝錄實施要點」等。台北市政府社會局於民國七十三年訂定「台北市政府社會局推展志願服務實施原則」，開始招募志願服務者於各社會福利服務中心提供服務，並於民國八十二年訂頒「台北市政府推展志願服務人員實施要點」。高雄市政府社會局於民國七十一年開辦志願服務工作，民國七十三年起訂頒「高雄市政府社會局志願服務人員管理要點」、「高雄市政府社會局志願服務工作團組織要點」，民國八十四年修正「高雄市社會局志願服務人員服務要點」。內政部社會司為鼓勵大眾參與志工行列，於民國七十六年訂頒「內政部獎勵社會福利事業作業要點」，以獎勵辦理社會福利事業之團體，民國七十八年訂定「志願服務記錄證登錄暨使用要

點」，並陸續獎助各級政府辦理志工訓練、表揚等活動。

內政部社會司為使志願服務能更有方向、有系統，並且建立志願服務制度，於民國八十四年頒布「祥和計畫」，全面性推動制度化的志願服務工作，以提升志願服務團隊服務的品質。往後各縣市社會局（科）均成立志願服務隊，協助社政機關暨福利機構或團體推展殘障福利、老人福利、婦女福利、兒童福利、諮商輔導、醫院、家庭、社區等社會服務活動。經費方面由各縣市編列，並由中央補助不足部分。民國八十八年度志願服務預算五千九百萬中，有一千一百萬將為參加「祥和計畫」之志工提供平安保險費補助。

各縣市政府主管機關定期辦理志願服務聯繫會報，加強各服務團隊間聯繫與交流。在宣傳方面，以每年十二月第一週為「志願服務日」，由各機關團體辦理各項志願服務宣導活動外，內政部並有志願服務網站提供上網查詢。獎勵方面，每年有金駝獎（不限內政部所屬之單位）及志願服務獎章的獎勵表揚活動。

■教育部

教育部除了國家圖書館、博物館、藝術館、科學教育館等社會教育機構設置志工協助導覽解說、諮詢和資料整理之外，還訂定「攜手計畫」，由大專院校學生組成社團至鄰近之國中，為國中生進行課業輔導、活動帶領等輔導活動。補助大專基層文化服務隊及社會服務隊。訂定認輔制度，鼓勵中小學教師志願輔導適應困難及行為偏差學生。各級學校亦設有志工制度（導護媽媽、愛心媽媽），由學生家長參與學校服務性工作或上下學導護工作。各縣市家庭教育中心亦有家庭教育有關之諮詢輔導與推廣活動的義工制度。每兩年舉行一次表揚活動。

■法務部

法務部於民國七十二年起陸續實施榮譽觀護人制度和大專輔導

員制度，由符合條件之個人或團體協助辦理地方法院檢察署交付之保護管束事務，促使受保護管束人改過遷善、保持善行、防止再犯。觀護人執行業務所支出之必要費用，地方法院檢察署得酌給一部分或全部，法務部於每年司法節（一月十一日）公開表揚榮譽觀護人。

■**經濟部**

　　經濟部有十二個所屬單位成立志工隊，最早的是中小企業處設置「中小企業指導員（企業服務志工）」，深入基層協助地方企業發展。標準檢驗局、智慧財產局成立櫃檯服務的志工、台電招募退休員工成立志工隊，於營業廳協助用電申請事宜。水利署設「真水志工隊」，協助宣導用水。而加工出口區成立「諮商服務室──義務張姊姊」和員工育樂輔導活動隊。漢翔公司的翔志社以及中油公司成立的志工隊伍，均以提供員工各種福利服務為主。

■**外交部**

　　外交部於民國九十一年三月才開始設置外交志工，主要協助外交部和所屬機關、北美事務協調委員會、亞東關係協會之內部靜態業務。未來將再拓展國內外貴賓接待志工和前往較落後地區協助醫療、農耕和教育工作之海外外交志工。

■**青輔會**

　　青輔會於民國八十四年開始培訓及運用青年志工，並於民國八十六年訂定「輔導青年參與志願服務計畫」擴大推廣志願服務，定名為「青芯計畫」。該計畫並由相關部會及民間團體代表成立「青年參與志願服務推動小組」，研商相關規定及審核相關計畫。各志願服務團隊如有十八至四十五歲之青年志工或以十八至四十五歲人士為活動對象，可向青輔會提出社區聯防、青少年休閒及輔導服務

政府部門應積極開拓與運用志工人力資源。

圖片提供：中華民國志願服務協會

等十四項服務之服務計畫，申請平安補助費、交通補助費、訓練費、專案服務補助費、行政補助費等五大項補助。青輔會以每年三月爲「青年志工月」，三月二十九日爲「青年志工日」。在民國八十七年三月已有第一次的表揚活動，民國八十七年十一月訂定獎勵表揚活動實施辦法。目前青輔會積極推動青年志願服務，包括舉辦全球青年服務（GYSD）活動、設置志工中心，以及推動高、國中學生的服務學習活動。

■文建會

　　文建會於民國八十一年起依六年國建計畫中的「行政院文建會全國文化機構義工訓練計畫」辦理義工相關業務，民國八十七年起則依文建會施政計畫執行。文化義工直屬於各文化機構，義工之福利由各社教館、文化中心等公私立文化機構視情況提供，文建會則

於民國八十八年度起增列預算爲執行活動之義工提供平安保險及制服補助費。

文建會爲文化機構之義工提供服務所需的部分專業訓練課程，如美工、刊物編輯、圖書館服務等，訂定表揚文化機構績優義工相關實施要點，對各社教館、文化中心等公私立文化義工進行選拔表揚，優秀文化義工可至國外參訪文化機構、設施及相關活動。文建會並於九十年公開票選文化義工之專屬標誌。

■勞委會

民國八十年起於各公民營事業單位內籌組服務性社團及成立縣市勞工志願服務隊，提供一般性勞工福利服務及社區照顧服務。各級勞工單位設置志願服務專書專櫃，視需要編印「勞工志工通訊」。

■農委會

農委會所屬林務局於八十二年設置國家森林志願服務制度，主要任務在於環境教育、造林撫育解說、管制巡邏、防火宣導等。隨後，水土保持局設置水土保持志工、林業試驗所設置「生態保育志願服務團」，以及在水產試驗所成立特有生物研究保育志工。農委會目前有二十二隊志願服務隊，有二千人左右，主要任務是協助該單位對外提供服務。

■退輔會

退輔會於民國八十五年在全省各榮民服務處推動「榮欣計畫」，至今有八十八個服務隊，分屬在二十二榮民服務處辦理登記，主要是加強照顧獨居榮民與遺眷爲主。其餘各榮民醫院安養機構大都有設置志工，以協助榮民就醫和就養，另外退輔會也在各農場成立農林志工來擔任觀光導覽之工作。

■消費者保護委員會

消保會於民國八十五年九月成立志工團，現有志工十五人。該會除運用志工參與及協助推動消費者三不運動，運用具有專業知能之志工（如汽車、法律等）對各公共場所及市售之商品、食品與藥品進行查訪之外，並由志工擔任該會「消費者中心」之諮詢服務工作，提供消費者有關消費權益與相關法律方面疑義的解答。

■體委會

體委會的志工有二種：體育指導志工協助推廣休閒運動和體育知能諮詢；體育服務志工協助辦理行政庶務等工作。體委會在民國九十一年度裁撤運動與休閒中心後，原志工業務將轉移至各縣市的教育局體健課和體育場繼續協助辦理。

■僑委會

僑委會自民國八十六年成立僑教志工團協助推展海外短期華文教育，由主辦單位負責機票和簽證費，服務期間有高額保險和每日美金三十元津貼，僑委會另外還設置書刊流通中心志工。

■家庭暴力和性侵害防治委員會

民國八十六年成立「保護您志願服務隊」，除了提供電話諮詢、社區與校園宣導和關懷，也陪同就醫和出庭等工作。目前有十七個縣市成立此一志願服務隊。

■衛生署

衛生署所轄之衛生單位，諸如健保局、疾病管制局、各級醫療院所等，有近五百個單位運用志工，提供院內的導引服務、櫃檯服務、諮詢和病房服務等服務性工作。在衛生單位之志工則提供居家服務、疾病防治宣導等工作。

■環境保護署

　　民國八十年起，各地方開始陸續成立環保義工隊，協助各縣市或社區環境清潔、環保觀念宣導、社區綠化與美化等活動。民國八十六年五月成立環保署諮詢服務中心志工隊，並以輔導「社區環保志工」為民國八十八年度推行重點。每年均有表揚推動環境保護有功之學校、教師、義工、地方環保人員。推動初期有編列「建立環保義工制度」經費，近年來則由「加強基層環保建設」及「捐助民間團體」預算中支付推動志願服務相關支出。目前環保署成立「行政院環境保護署諮詢服務中心環保志工隊」、「環境教育志工團」，並在各縣市成立環保義工隊。

■警政署

　　運用義警、義交、民防、山地義警及社區守望相助服務隊，協助維持治安、交通秩序、社區民眾安全及各項演習活動之執行。對參與義務服務之人員依規定提供專業訓練、制服及舉辦聯誼活動等，並對優良服務人員提供獎勵表揚。

■消防署

　　於民國初年就有義勇消防員，於民國五十二年頒定「台灣省各縣市義勇消防隊編訓管理辦法」，民國七十六年修訂，並於民國八十四年於消防法中規定該辦法由各省市政府自行擬定。新進義消需接受六天共四十八小時的基本訓練，每一位義消每年均需接受四十八小時的常年訓練，其服務標誌與正式消防人員相同，制服和正式消防人員相近，義勇消防員如因救災殉職，有優厚之撫卹金。民國八十五年舉辦第一屆全國消防及義消楷模表揚活動。目前有義勇消防組織、社區婦女防火宣傳隊、鳳凰志工（緊急醫療照護）、睦鄰救援隊（急難救援）等。

政府與民間力量結合，一起推廣志願服務。
圖片提供：中華民國志願服務協會

■營建署

　　營建署志工主要是設置在六個國家公園和二個都會公園，計有十一隊。志工分為擔任解說生態與人文史蹟的解說志工，有一七三一人，以及宣導登山安全、保育巡察、山難搜救與環境保護之保育志工，有一八三人。

四、公務部門運用志工之功能

(一)公務部門運用志工的優點和影響

　　運用志工方案可說是一種成本─效益之策略，可以填補服務的空隙（gaps）或推動新計畫。根據曾華源等人（1998）的研究，我

國志願服務發展趨勢中，志工同意程度較高的項目有「志工愛心夠且時間有彈性，可以彌補專業人力之不足」與「志願服務團隊對政府施政方向的關注度增加」、「運用志工不會增加工作人員的負擔」、「志工與專業人員間工作易於協調」。一般說來，公務部門運用志願服務者有下列之功能（林萬億，1992；陳金貴，1995；Lane & Schultz, 1997）：

1. 節省經費支出：政府運用志工雖然會增加招募、訓練、福利等等經費，但是可以節省聘用專職人員的人事經費，所以其所呈現之經濟價值相當具體。不僅如此，志工提供的服務所呈現之財務價值是遠高於實際金錢價值，提高組織增加運用志工花費之效益。

2. 增加專職人力之生產力：志工的投入可以減少專職人員被繁雜事務分心，更有時間專注在專業工作上；甚至在工作高峰期分擔專職人力處理事務，使人力分配工作更見效能。此外，志工會帶來許多技巧和經驗，有時還可以提供原本無法提供之服務，使機構能用現有的資源做更多的事情。以色列國家志願服務委員會（The National Council of Volunteerism）主任委員Baruch Levy指出，志願主義乃是教化公務部門及官僚組織的最好方法，它可使政府部門的品格更高尚，對於建立公務員行政倫理有很大的幫助。

3. 增加政府服務品質與效能：運用志工可以擴大服務領域和規模，諸如老人照顧、社區安全維護、公園設施管理等等，不但可以快速反應民眾需求，在服務上能有情緒反應，容易與民眾建立關係，使政府服務輸送更具人性化，而且志工可以直接反映民眾對公共政策之需求，使政府制訂有效政策。再者，透過公務員感受到志工無私奉獻的熱誠，可增強公務員

的倫理觀與主觀責任的認知，進而建立道德為核心精神，將可改善官僚體制僵化的缺失，並提升行政績效。

4.提升政府公共形象：當前政府常面對預算刪減和冷漠的市民，需要尋找創新的方法來解決政府所面臨的這些挑戰問題。志工常會認識他們選的官員以及政府的方案目標與目的。透過參與，可以增進對政府正向的印象和學習政府的運作，使志工成為政府各種服務方案的代言人（advocate），並可以透過志工找尋社區中其他成員捐贈時間、金錢和物質。所以志工方案可以鼓勵市民參與（civic participation），有可能擴大社會大眾參與公共事務機會，使民眾能夠運用參與政府之志願服務提供意見。所以政府應審慎地考慮志工方案，要以更有組織的方式將志工角色擴大至非傳統的服務領域內，以增加政府志願服務之積極意義。

公務部門運用志工有許多優點，但是不可以忽略一件事實，那就是要能善用志願服務者，才能有正面的功能產生。要能善用志願服務者提供服務，則需要認識志工屬性和妥善規劃制度和做好管理工作才能奏效。

(二)公務部門運用志願服務之迷思

政府運用志工之目的在節約人事經費，但能否如預期一般那麼理想？是否會有其他潛在之問題？再者，要能善用志工人力才能發揮預期功能，但政府若不能對志工組織之人力、資源、任務作妥善地規劃與管理運用的話，恐怕將會造成志工與公務部門職員彼此之傷害，屆時志工不僅無法為其分擔工作，更有可能為其所服務的機關與被服務者帶來負面的影響，而會傷害政府服務的公信力，造成

政府公務員士氣的低落和挫折，甚至為社會或該機關組織帶來不必要的負擔與困擾。林萬億（1992）的研究結果顯示，僅有14.0％的公務機關因使用志工而降低人員任用，反而因此而增聘新人的有10.8％。有半數以上機關因使用志工而減輕正式員工的負擔以及彌補正式員工的不足，但也有18.3％的機關因使用志工而增加工作負荷，其中以環保、觀光旅遊類最為明顯；文教機關則較多感到工作負荷減輕。至於志工是否可替代正式員工，贊成與反對者幾乎各半。

在林萬億（1992）的研究中，公務機關運用志工的主要困擾是不知如何督導志工，辦理志工訓練時志工流失率高，欠缺對他們的約束力，以及志工非真正有心服務、出席率狀況不佳，和因公傷害時的撫卹問題等。簡言之，會不會善用人力資源是重要的影響變數。如果未能有效處理和妥善安置志工工作，公務部門運用志願服務者也有可能會有負面問題出現。

除了人力或其他資源的規劃和運用與該組織對此一人力制度的設計息息相關之外，志工與政府之關係屬性為何、要不要簽訂團體協約、志願服務組織是隸屬於政府機關或是獨立運作之團體、二者是從屬或對等之關係，都是志工在政府部門提供服務過程中一定會面對之問題。

Terkel和Rasmussen（引自張淑媚，2001）指出政府運用志工會面臨志工取代有酬工作者的問題，而且政府推動志願服務工作，對志願服務組織自主權有影響。其實政府運用志工大多是以實際執行工作為主，如果害怕志工不易管理，服務時發生事故，或希望簡單訓練即可運用而可以省事的話，則傾向運用志工提供專業性較低的勞動性質的工作。而這會出現組織中低階職位工作可能被取代、是否沒有善用志工，以及不論他們有何專長都做同一件事的問題。那麼運用志願服務之效率和意義何在？此外，政府以較為優勢之資源

擴大志願服務範圍，增進社會發展。
圖片提供：中華民國志願服務協會

爭取志工人力時，也要考慮是否會壓縮志願服務組織或非營利組織
之人力運用，亦即這會不會使民間組織的志願人力來源受限，進而
使政府希望民間配合服務社會大眾之期望受到影響。如果政府大量
運用志工，而社會又未能開拓潛在志願服務人力，將會使非營利組
織志工人力運用受到限制。

　　根據內政部（2002）「推動志願服務成果報告彙編」，有關政府
各部會和縣市政府運用志願服務上，並非沒有困難存在。根據報告
資料顯示，志願服務法頒布以後，許多單位對志工認知不足，對許
多志工法規仍不清楚或不熟悉，還未訂定配套措施，或對志願服務
團體歸屬何類目的事業主管機關，仍有許多不明或模糊（例如文教
類志願組織團體屬教育或文化）。而許多中央事業主管機關未能設
置專人辦理，也未能要求所屬機關辦理相關業務，如印製服務時數

記錄冊、編列預算和辦理訓練，導致各縣市推動志願服務步調不一致。至於法規規定之前的服務時數如何認定，也常引發志工之不滿。

在此一報告中（內政部，2002）被提及最多之困難是經費短絀或財務困難。不僅許多中央單位提及，各縣市許多地方單位編列經費意願低，常要求中央編列補助訓練、保險和人力等費用。至於訓練方面問題也相當多，諸如訓練講師不容易聘請、訓練教材不足、訓練課程過多和標準不一。這些困難與十年前林萬億（1992）研究結果相似，顯示政府只想運用志願服務人力，卻未能提升志願服務人力素質。此外，許多政府單位至今仍然沒有依規定辦理相關訓練，至於另一普遍現象是未設置專人辦理志工業務或經常更換承辦人員，導致缺乏志工方面的專業和管理志工之知能，督導工作不易執行。最後一項工作困難是志工不易開發與訓練，或地處偏遠或需要特殊專長者，招募志工不易、志工流動率高。

五、公務部門有效的志工管理條件

(一)美國的志工管理

為瞭解志工管理工作的實際情況，Lane和Schultz（1997）調查美國州政府志工方案中使用何種行政工具（administrative tools）。全部十一種管理工作都有做的只有7.4％，其中最少做的就是後面二種，其結果如**表6-2**。

此外，Lane和Schultz（1997）調查中顯示有設置中心協調辦公室（central coordination office）的州，志工服務有相當高的金錢價

表6-2 志工管理實務工作

志工管理實務	州百分比
正式認識	61.5
訓練	57.2
政策與程序	39.9
方案計畫	38.4
津貼	36.9
預算	33.8
年度報告	30.5
工作描述	30.0
志工執行方案評估	18.3
志工評估	16.7

資料來源：Lane & Schuitz, 1997.

值，其原因是更能提倡志工的活動，凸顯志願服務方案，以便和各部門合作發展志工工作。再者中心辦公室能登錄全州的志工時數，較能確實計算志工服務之金錢價值。

(二)政府有效運用志工之基本條件

志工人力如流水，能載舟，亦能覆舟，所以必須運用恰當才能達成預定目的。陳金貴（1995）認為有效的公部門志願組織必須是能獲得高層支持、建立志工涉入理由、志工組織設計必須包括支薪職員、將志工組織整合於政府機構內、創造志工組織領導的職位、為志工的職位準備工作說明書、配合志工需求、志工的良好管理、評估和肯定志工的努力。陳怡寧（1998）、楊淑玲（1995）研究台北市義交大隊制度上應具備哪些條件，方可使公務部門所建立之志工組織充分發揮功能，其研究結果發現上級意向、領導者、管理制度（包括甄選、訓練、督導、考核與獎懲、福利）、溝通等四個面

向是重要結構面。總括說來，政府有效運用志工之基本條件如下：

1. 獲得高層的全力支持：志工制度需要上級管理階層能認識志願服務之積極意義，並且能夠全力支持，才可能有足夠之人力編制與經費，並且各部門之間志願服務之協調與合作工作才有可能進行。

2. 建立與志工有良好溝通管道：必須把志工當成機構之一分子，他們提供服務上的意見和需要，必須要有管道能由下反應，才能真正讓志工感受到被尊重和接受，志工的潛在資源才更有可能被激發出來。至於機構所訂之政策或規範，也必須讓志工有所瞭解，避免提供錯誤之服務。

3. 志工招募與訓練工作要落實：要有適當和足夠之人力與人才，才有良好工作績效表現之可能，所以志工招募以及做好志工的教育訓練是一件重要的工作。如果將此一工作當成附帶性的業務，那麼專職人員必然不會重視，對機構運用志工上會帶來許多不可預測之問題。這一件工作應有專人處理，對機構實在有長遠之幫助。

4. 建構良好的督導制度：志工的服務要有品質，如要確保機構與被服務者之權益的話，那麼對於志工工作過程中的督導就相當重要。

5. 專職人員要支持運用志工：專職人力和志工應該是一個團隊的服務，建立和維持有效團隊和合作相當重要。很多志工參與的都是短期和不連貫的工作，所以專職員工就經常要努力與志工建立健康的夥伴關係，這種關係需要雙方都投注耐心、瞭解和意願才能建立。

6. 適當的獎勵制度：志工參與服務工作較重視付出、被肯定的精神上支持和成長之收穫，而不在意是否獲得高額實質的獎

勵，但若是獎勵方式和內容不適當的話，如獎勵所依據之評估績效表現缺乏公平公正，將會誘發志工爭奪各種獎勵，或導致不滿情緒，如此一來，將有害志願服務效果。因此，獎勵的精神面和考核制度之公正公平相當重要。

7. 志工工作規劃要適當：要分清楚志工與專職人員之工作，讓志工清楚工作目標、方向、程序與內容，他們才能全心投入，以獲得工作上的成就感，並能得到肯定和成長學習之機會。因此，機構制訂工作職位說明與工作過程與知能的手冊就相當重要。

六、結語

志願服務有豐富之資源和功能，志願服務者可以提供組織新的技術、知識、觀念與創新能力，也可以減少專業人員庶務性工作，進而增進專業人員提供專業服務之時間與品質。因此，運用志願服務增加組織服務提供的形態與水準，是為維持組織在服務高峰期的正常運作，這對於運用志願服務之單位可以提供相當大的幫助。就政府利用志願服務來擴大對民眾服務來說，應有其更深的含意，但不應該是以省錢或不用花錢之觀念來運用志願服務，因為運用志願服務需要有許多條件之配合，否則不必然一定會對運用單位有實質利益。這種政府官員常見的迷思應該破除。政府決策人員應積極瞭解志願服務之本質，而不是總統一篇演講稿就能真正讓各級政府確實推動志願服務，所以政府要有整體性之規劃，甚至應該學習美國對政府官員實施志願服務教育，才有可能落實志願服務，激發公民參與。

第七章
老人志願服務人力開發與運用

一、前言

　　近年來隨著民主社會公民意識漸漸抬頭，加上福利多元主義帶動民間資源參與提供福利服務，使得社會福利機構如雨後春筍般紛紛設立。社會福利機構因其助人及慈善的宗旨與國人參與志願服務奉獻自我、關懷社會的動機相謀和，加上台灣經濟繁榮、生活富裕的環境下，促使民眾參與志願服務的意願有所增加。然而社會福利機構普遍面臨人力不足、資源有限之窘狀，機構對於志工的需求相當高，志工人力的協助已是社會福利機構不可或缺的。同時，志願服務亦提供民眾參與公眾事務的機會，不但有助於政府與機構業務的推展，而且可喚起民眾積極關心社會與他人，尤其在工商時代人與人間溫情漸漸冷淡的今日，推動志願服務實有重大意義。

　　近幾年來，內政部國民生活狀況調查報告顯示，國人實際參與志願服務仍然偏低，志願服務參與的普及性仍有待提高。志願服務者是社會重要的人力資源，在現有人力資源普遍不足下，如何開發更多人力資源，以及人力資源能有效運用，更是受到關心。

　　當前我國醫療水準進步，老人人口比例逐年攀升，而且國人退休年齡提前，使得人力資源之年齡層提高。目前我國家庭結構已有許多變化，為避免老人成為依賴人口而影響經濟發展，老人人力資源之開發具有其社會發展上之必要性。根據蔡培村（1993）調查，退休教師約有四分之三以上的人有意願擔任成人教育義務工作，因此，如何規劃運用中老年人人力資源是相當重要的。本文除了說明老人志願服務人力可能的優缺點外，主要重點將提及國內外老人志願服務，以及二種老人志願服務模式，即運用老人人力的人力銀行和服務老人為主的人力時間銀行制度。

老人志工服務老年人，溫馨情誼令人感動。

圖片提供：台中市政府社會局

二、老人志工人力之優點與困難

　　由於觀念的改變，以及健康條件和經濟條件的改善，從事志願服務的老人已漸漸增加，老人參與社會活動，老人服務社會和老人服務老人的情形也愈來愈多。運用老人擔任志工有優點，但也有其限制。

(一)運用老人志工之優點

　　老人參與志願服務的前提是希望能增加信心、能力與自主性，不是由社會中撤退，而是積極地參與社會上的重要活動，以及讓老人能多留在社會上。一般說來，老人人力資源有其優點，如經驗豐

富、社會技巧成熟、工作時間充裕、不計較報酬、維護傳統規範、珍惜服務機會等，同時老人志工的利他色彩較濃，不期待財務上的報酬，而且喜扮演利他者的角色（徐中振，1998；Payne & Bull, 1985）。

老人志工會彼此創造互相支持的系統，以減少對家庭及社會的依賴。經由提供服務的機會，老人志工能得到有關社區資源的知識，而且能維持和增進他們的技能，減少這種「依賴」的焦慮。林萬億（1992）研究發現老人志工較認為參與志願服務是一種休閒與生活層面的擴大。蔡培村（1998）研究發現老人的社區參與動機以「人際關係」動機為最高，其中男性重「出席與控制」層面，女性以「涉入分享」參與為主。此外，老人的社區參與動機與生活適應也有相當密切的關係，如果老人的社區參與動機愈強，參與程度愈高，則出席參與社區活動會愈多，參與學習進修愈有興趣，其生活適應亦愈好。此外，蔡培村（1998）的研究也顯示，獨居生活的老人在參與程度與生活適應均有待鼓勵與提升。陳秋燕（1998）研究發現，老人參與「社會服務」介入措施後，其心理健康與生活滿意皆有所提升。由此看來，老人參與志願服務不僅對社會有貢獻，而且對老人社會生活有積極性價值。

(二)運用老人志工可能之困難

運用老人志工有其優點，但是相對地亦有其限制，如新知識的學習與運用相對較困難、科學化的技巧學習不易、體力持久不易、行為習慣改變困難、容易健忘、受到挫折時容易撤退等。因此，要積極建構讓老人可以參與社會之志願服務制度。在規劃老人參與社會服務時應瞭解其個別差異，以及老人心理逐漸退化之特質。除此之外，老人志工也常面臨與專職人員相處及對機構認同與投入之問

題（陳燕禎，1995）。陸光（1993）指出應以「供方爲主，用方爲輔」，並依據人、時、地、事四大原則來運用老人志工；即用人之長，配合老人的時間，靠近其居住或工作的場所，客觀地就事論事。

三、服務老人之志願服務方案

老人是社會需要特別關注的人群，因此，各社會都會有一些專門爲老人服務的志願服務方案，其中一些方案還是讓老人以志願服務的方式參加，以便實踐老人服務老人的理想。

(一)美國的老人志工方案

美國的志願服務法（Voluntary Service Acts）包括全國反貧窮志願服務計畫、老人志工計畫和志工協助企業計畫，這些計畫對老人人力之運用相當不錯，其中聯邦志願服務署（The Federal Volunteer Agency）有各種和非營利組織合作之老人志願服務方案（林瓊雲，1992，徐麗君，1993；關銳煊，1979）：

1.退休資深志工計畫（Retired Senior Volunteer Programs, RSVP）：此一計畫的參與者爲年逾六十的退休人員，他們在公立和非營利機構從事志願服務，包括公園、動物園、警察局、法庭、福利機構和政府機構等等。服務項目包括有青少年諮商、識字團體、預防犯罪、協助難民、照顧殘障、預防藥物濫用、無殼蝸牛服務。此一計畫無固定津貼和酬勞，只有誤餐和交通的費用。

2. 退休經理服務團（Service Corps of Retired Executives, SCORE）：此一計畫是邀請退休經理或主管人員在社區中做小企業的義務顧問，主要目標是協助處於經濟狀況不良的個人或是有意加入商界領域之人士提供管理和財政諮詢。像前述退休資深志工計畫一樣，是服務勝於收入，並且參加本項志願服務者只接受交通費。對退休者而言，這是有了運用他們才能的機會，而小企業也不必花大錢就擁有此項服務。

3. 和平團（The Peace Corps）：此一計畫不但運用年長的志願服務者，並一直增加徵募社會大眾參加。團員們前往發展中國家擔任教師、工程師、農業顧問和各種所需要的角色。此項方案提供最低生活保障津貼。

4. 服務美國志工（Volunteers in Service to America, VISTA）：此一計畫是相對於前項和平團的性質，是一個在美國境內志願服務的計畫。近年來，吸引了不少老人的注意力。VISTA方案的志工是在市區內的貧民區、印第安保留區、移民工作區和在其他低收入、多問題的地區工作，並只接受食物、住宿和一些零用錢。

5. 寄養祖父母（foster grand-parents）：此一計畫不像前面提及的志願服務計畫，寄養祖父母的目的是要提供給經濟拮据的老人一些補助性收入。每位參與的志工均有津貼，另在交通、餐飲、身體檢查和保險上都有補助，使其從事有意義的活動。參加本計畫的人要年滿六十歲以上，並且收入要低於聯邦所訂的貧窮線。聘用的這些人在經過訓練後，對肢障、智障和有情緒困擾之兒童提供關懷、引導、遊戲、餵養、沐浴與穿衣等支持性服務。服務地點有學校、醫院、托兒中心、受忽視兒童之家和殘障兒童或其他兒童機構的小孩。每星期工作二十小時，協助二至三人。

6.長青之友方案（Senior Companion Program）：此一計畫提供六十歲以上的低收入老人從事兼職志工，協助弱勢老人和殘障者，如健康照顧、家事服務和聊天談話，以減輕社會孤寂和增加社會互動；或協助離開精神病院和老人院之個人社會生活適應，以便在社區中自立。待遇與寄養祖父母計畫一樣，不僅有津貼，也提供交通、誤餐、保險等補助，另提供健康檢查。

7.運作主流（operation mainstream）：運作主流的計畫是要達到幾個目標，即對希望工作的老人提供就業機會，讓他們有一些額外的收入，並藉此完成一些社區服務。運作主流是由三項計畫所構成，每一項計畫都在低收入老人中有其標的團體，並有各自的服務目標。(1)綠拇指（Green Thumb）：對象是生活在鄉村窮困的退休農民和其他老人。他們工資較低，每週受僱三天，由公園、公路部門或水土保持方案中安排從事工作。(2)綠光（Green Light）：對象是低收入老年婦女。她們是以兼職（part time）方式被僱用來從事社會服務方案，協助困在家中的病弱老人或一般人，或是在學校、圖書館、日托中心工作以照顧兒童。(3)資深助理（Senior AIDES）：AIDES是代表靈敏的、勤勉的、盡心的、活躍的、服務的意思。這些助理是以兼職的方式，受僱於本文所提及的許多方案中。他們參與營養計畫、在宅服務和居家衛生助理服務和住宅維修。

(二)大陸上海市的老人志工方案

上海市在一九八二年（桂世勛，2000）起有三至五名低齡退休老人及社區幹部，對老人提供鄰里互助的社區照顧，隨後又對白天

無人照顧的小學生提供接送上學和飲食照顧。一般說來，大陸各地的老人志願者參與的社區志願服務，大多在居委會下的各委員會擔任志願服務隊、巡邏隊、綠護隊和休閒育樂指導。老人志工也擔任樓組長、宣傳員、衛生員等等職務，或是擔任家庭志願者，爲安裝求助電鈴的獨居老人處理緊急事故、上門談心、臨時買菜燒飯、陪同看病和管帶小孩。

(三)台灣政府推動的老人志工方案

高雄市於民國七十二年成立長青志願服務團，主要服務項目有法律諮詢、家庭協談、談心服務、代書服務、敬老訪視、文康服務等。台北市於民國七十五年訂定「長青榮譽服務團實施方案」，次年於各社區、社會福利服務中心、長春文康中心、自費安養中心、廣慈博愛院、浩然敬老院等地成立長青榮譽服務團，主要服務項目有托老服務、懇談諮詢服務、櫃檯服務、社團指導服務、居家護理服務、銀髮睦鄰服務、器材維護服務和園藝服務等（曾中明，1993），民國八十年又推動「銀髮貴人心傳活動」，主要工作爲提供心傳教學服務、慈善活動和關懷社會福利院民。張婉玲（1995）、葉俊郎（1994）研究均指出長青志願服務團具有高度經濟效益，對運用志工的單位是有幫助的，對志工個人身體和精神生活提升也有幫助。但是仍有許多不足之處（張婉玲，1995；曾中明，1993；顏冬榮，1996），如市政府編列預算不足，缺乏專人負責，統一招募成效不彰，參與人數過少，志工基本資料和服務需要掌握不足，志工服務知能缺乏以及督導效能不佳，所以老人志願服務工作仍有許多亟待解決之問題。

四、增強老人人力運用之模式

國內有些學者和老人福利服務機構為了增進老人參與志願服務和對老人的志願服務，而分別提過人力銀行制度，以及倡議儲值制度的人力時間銀行。這兩種志願服務模式均針對老人提供服務，各具有特色，值得介紹。

(一)老人人力銀行之模式

■老人人力銀行之意義

面對老人化社會之來臨，如何使退休且身心健康之老人人力樂於參與社會服務工作，豐富其生活內涵，提升其生命的意義，並有效運用老人人力資源，藉以使社會服務機構增加服務效能，將是未來社會發展必然之趨勢。為了能充分提供機會讓老人參與志願服務，國內陸續有一些專家學者投入老人人力資源之研究，並建議成立老人人力銀行。諸如，廖靜芝（1987）建議應建立老人服務工作網絡，除了強化現有老人志願服務團體，也鼓勵老人投身志願服務工作，另外也建議普設老人人力銀行，以建構退休人員人力運用之途徑與管道。張潤書、何信全（1987）的研究建議成立老人人力運用中心，以及積極輔導協助民間團體籌組老人人力運用服務團體。李臨鳳（1988）在我國退休老人再就業問題之研究中，提出國內應運用社工方法推展人力銀行之建議。彭錦鵬（1989）建議要妥善規劃一般老人人力資源之運用體系，也鼓勵各有關社教、文化、醫療及服務性機構或社團積極規劃「志願服務」之機會，提供給有參與

意願之退休公務人員，其中特別建議應以縣市爲單位，建立「退休公務人力銀行」。

■老人人力銀行運作制度與功能

在老人銀行運作制度與功能作業規劃上，其實有幾種不同意見。陸光教授（1987）指出籌設老人人力銀行是運用老人人力資源的起步，他最早提出此一制度規劃的構想。老人人力銀行的業務方向分爲就業輔導及志願服務兩方面。人力銀行內部組織又分行政公關、就業介紹、志願服務、研究評估四組，視業務繁簡而定其人數。就業輔導以求才、求職、安置及職業訓練（可參考日本中老人僱用促進法辦理）爲主，志願服務著重研訂與執行各種志願服務工作之方案，由人力銀行等單位自行辦理（可參考美國社區行動方案辦理）。志願服務作業內容以銀行作業方式思考，例如：(1)吸收「存款客戶」，即公開招募志工。(2)分析「存款客戶」背景，即對志工詳加分類、規劃、運用。(3)找尋「放款客戶」，即通知公私機構塡送需用志工之申請單，說明時間、人數、擔任工作性質及服務條件等，以便推荐老人志工。(4)提升服務品質，即加強服務，定期拜訪客戶，改進使用情形。(5)獎勵優秀「存放款客戶」，以便擴大影響。(6)進行研究評估，以謀改善與創新。

許釗涓（1992）研究高雄市各社會服務機構提供老人志願服務工作機會之意願、相關配合條件及需求，並進一步規劃適合高雄市各機構之老人志願服務人力之運用方式。結果是不論機構相關人員的年資及職稱，對老人志工的整體看法普遍持肯定的態度，其中有91.4％之機構均肯定成立老人人力銀行的需要性，而對老人人力銀行的功能分析中，以建立老人人力資料庫最多，其次爲開發老人志工的服務機會，以及提供老人志工聯誼、表揚、集會活動、訓練場所等。雖然有運用意願之機構達一百六十二個，占66.9％，其中有

老人參與志願服務，對社會有實質貢獻。
圖片提供：台中市政府社會局

十四個機構為無條件運用，但是一百四十八個機構為有條件運用。
至於運用老人志工之資格條件傾向於五十五至六十五歲、身心健
康、具服務熱忱，性別不限，服務時間以一般正常上班時間為主，
對各種不同學歷程度之志工均有需要。

　　楊孝濚（1996）提到應建構老人人力銀行，以妥善規劃老人人
力之運用。其規劃在全省各縣市或分東南西北四區建立老人人力資
源運用中心，並成立老人人力銀行。其作法是請各公教、工商和自
由業等人士在即將退休前一年，主動與人力資源運用中心聯繫，將
個人資料納入老人人力銀行資料庫，依據資料瞭解老人經濟狀況，
判斷老人是否需要再就業或參與志願服務。

■人力銀行實施績效

　　早在民國七十九年內政部即構想設置老人人力銀行，其用意在
於鼓勵老人退而不休，將知識、經驗回饋社會，並開拓老人生活領

域，使晚年生活更加充實。直到民國八十三年二月省府才行文全省各縣市付諸實行。然而，任何社會服務方案運作需要人事、經費、組織、制度及社會環境等相關條件的配合，如前所述，「人力銀行」在國內雖曾試辦，然因缺乏專業、組織、人力、經費等條件配合，以致績效未盡理想。

《中時晚報》在民國八十二年九月七日報導一項來自嘉義記者邱榮文的消息，指出嘉義縣政府依照社會處加強運用老人人力資源的指示，成立老人人力銀行，實施半年來的結果是成效不彰，嘉義縣十八鄉鎮市中只有九人登記參加這項活動，主辦單位縣府社會科表示，礙於勞基法以及農村社會老一輩生活習性，實施起來不容易。縣府社會科福利股表示，凡是符合資格者可到各鄉鎮市公所登記，由縣府成立人力銀行，依照興趣、志願、專長，安排老人們參與志願性社會服務工作。除此之外，還有一種是有給職的。不少老人退休了，不過身體相當健康，可從事無需太多勞力工作，但是，礙於勞基法，登記時每位的最基本條件是需年滿六十歲，所以公司、工廠大都不願意聘請已退休者從事有關的工作，因此，政府的美意打了折扣。其實上述人力銀行制度之構想的確較為理想化，未能實際思考國內志願服務風氣之普及程度，以及各機構團體是否有能力規劃可以運用老人志工的服務方案。更重要的是機構之間是否已形成資源共享的網絡，否則推行不易應是意料中之事。

(二)志工人力時間銀行之模式

此一制度是近幾年來才提出的作法，係專門對老人和身體失能的人所提供服務之方案，以招募一般大眾參與為主，當然老人也可以參加提供服務。

■志工人力時間銀行之意義

　　由於老人化社會引發老人長期照顧人力需求問題，長期照顧失能老人的照顧者，所引起的身體、心理、社會和經濟成本，亦是我們不能忽略的。林依瑩（1996）指出，台灣長期照顧的現況，陷入兩難的狀況──「居家式照顧的理想」與「照顧者困境」的矛盾情節，亦即如何幫助老人在自然的家庭中生活，與兼顧解決老人照顧者的困境，應是目前台灣長期照顧發展的重點方向。因此近年來間歇照顧（respite care）成為新興熱門的社區支持性方案，係為一種提供主要照顧者暫時性休息，疏解其身心壓力的一種服務。不但可使照顧者能從事一般日常的生活，來增強其生理和心理的健康，維護其生活品質，進而維持或提升照顧品質，又可避免失能老人服務片面化與過早機構化，協助老人正常地生活在自己熟悉的環境。

　　「祥和計畫」中老人居家服務是目前老人福利積極推動的福利措施，老人居家服務的前身是老人在宅服務，是一種對獨居老人及家有重病老人在白天所提供的家事、生活照顧的服務。老人居家服務比起其他類別的志工工作內容更具專業性，因為這是直接接觸案主的工作，需要更多的耐心與執著。內政部於民國八十七年訂頒「加強推展居家服務實施方案暨教育訓練課程內容」（內政部社會司，1997），將居家服務工作所需階段性訓練、督導及課程內容予以明確規範，目標是提升老人居家服務照顧的品質，進而訓練家人照顧技術，以將老人照顧工作回歸至社區及家庭。

　　此一老人照顧與居家服務之需求，促使人力時間銀行制度因應而生。其最初宗旨是希望鼓勵更多人投入志願服務的行列，特別是培育和儲存老人居家服務之人力資源，以期能建立一套志願服務永續經營之互助體制。目前國內弘道老人福利基金會設置了「全國志工連線」，而老五老基金會的社區人力時間銀行正在規劃中，所以台灣的人力時間銀行正在起步當中，制度面的規劃尚未成熟。

■志工人力時間銀行之運作制度與功能

「志工人力時間銀行」的作法與美國的服務積點方案（Service Credit Program）類似，由密蘇里州立法通過，命名為老人志工服務銀行（Older Volunteer Service Bank），就是以互助互惠為基礎所擬之人力資源開發，以擴大參與來提供老人長期照顧需求滿足為目標。其方式是透過志工提供老人居家照顧服務之後，將志願服務時間轉換成積點儲存起來，以便日後自己或家人需要照顧服務時，可以向居住當地辦理照顧服務機構提領使用，由其他的志工提供照顧服務。所以「人力時間銀行」是間歇照顧的支持性方案之一，是一套居家照顧服務的志願服務制度，即將志工參與居家照顧服務的時數累計下來，等到日後本身或家人有需要時，再將過去服務的時數提領出來，委請其他志工來服務（林依瑩，1996）。林振春（1998）提出建立社區人力銀行以達家庭互助之目的時，指出籌建人力時間銀行要以信用合作社之模式，編印人力時間銀行帳戶，並確立各家庭的服務時間與被服務時間，使家庭互助能夠走上軌道。

由於這套制度在國內志願服務的領域中仍屬於一項相當新興而陌生的創舉和試驗，故目前僅有弘道老人福利基金會和老五老基金會兩個民間福利團體率先倡導和推動。僅介紹二個基金會之作法如下（施教裕，1999）：

・老五老基金會推動志工人力時間銀行的做法

1. 組織：以小範圍地理區域為單位，由當地居民組成互助團體，向老五老人力時間銀行申請成立社區老五老協會，經審核、簽約後即可成立。
2. 經費：基金會採會員制，每位會員須繳入會費及常年會費作為協會運作之基金。各分會可自行募款，基金會只負責統籌管理捐款的進出。由基金會輔導一年，每月補助必要之培訓

經費。

3.運作：由基金會依照各社區協會的需要，提供居家服務和照顧的訓練課程。

4.服務：依服務類型區分為五類，一般志工負責行政資料整理、衛生宣導、公益基金之籌措等；居家關懷服務項目包括陪同就醫、電話問安、文書服務、陪談等；至於居家照顧服務項目包括協助沐浴、更衣、更換床單、協助翻身、背部按摩、移動等日常生活動作；其餘兩類則分別為推廣服務及災害防救。

5.紀錄：由各協會自行統計志工服務時數，於每個月五日前傳真至基金會進行點數登錄工作。每位志工皆有一份時間存摺，存摺累計點數多者，可優先得到居家關懷及照顧之服務，也可以做為該志工參加基金會與政府或企業共同設計的各項獎勵活動的憑證。

6.點數提領：儲存的點數可作為自己未來年老需要照顧之用。志工可在需要時向時間銀行提出申請，亦可將點數捐給需要的親人朋友及安養機構照顧之對象。

7.理念：力行老五老基金會之生活實踐哲學，提倡人人要及早規劃銀髮生涯，為自己賺下老身、老伴、老友、老本、老居的本錢，並且開發及運用社區人力，營造安全、互助、有活力、有人情味的健康社區，以解決同胞老來乏人照顧、孤苦無依的社會問題為目標。

· 弘道老人福利基金會

　　弘道老人福利基金會率先倡導及推動「志工連線」的理念，藉以使老人居家服務可以普遍推廣，並由維他露基金會贊助廣告宣

導，鼓勵一般社會大眾踴躍成立老人居家服務的志工站。

1. 組織：以全國每一鄉鎮成立一個工作站為目標，由二十位志工組成，合計每週服務老人時數四十小時以上且工作有成效者，即可正式立站掛牌，以便運作和提供服務。

2. 補助：正式掛牌和運作之志工站，由弘道老人基金會負責統籌開拓社會資源，和補助部分工作站所需要業務行政費用。

3. 運作：有關接案、案家訪視和記錄、志工訓練和社會工作督導等，均由基金會統籌建立制度及適宜做法。

4. 服務：服務項目以家務協助、文書服務、休閒陪同、就醫陪同、精神支持等為主。

5. 參與：任何人每週提撥二小時服務，並可自行挑選服務時段。加入志工站成為老人居家服務員者，均屬於志工連線之組成成員。任何個人或企業團體亦可贈與金錢或物資，藉以贊助志工站之營運和提供服務。

6. 認養：任何個人或企業團體亦可認領志工工作站（目前每一個志工站每年營運費用估計約為十萬元），藉以對各志工站之營運提供例行性的和長期的協助。

7. 紀錄：每一志工站之志工均發給志工服務證，並確實記錄服務時數，由基金會統一建檔列管。對於服務績優及資深之志工，可推荐接受基金會和各級政府的表揚和獎勵。

8. 連線：每一志工站志工服務時數之紀錄正如銀行存款帳戶，且透過連線方式，則有如通儲制度，可以日後在全國志工連線的各個工作站提存，以幫助自己未來老年需要照顧之用，或協助自己的親友家人於老年需要照顧之用。

9. 理念：這是為凸顯出人性關懷與友誼照顧之可貴，非完全依靠金錢可從市場購買，而是心甘情願地付出和奉獻，故鼓勵

志願式的加入和參與，藉以自助互助。

10. 功能：社會本是互助合作的組合或生命共同體，透過助人亦可自助，或是可立即或日後獲得回報，藉以鼓勵更多的人秉持誠心善意加入敬老和愛老的行列。如古人早有「易子而教」之美言，如今現代社會則須倡導「易老而孝」之義行。

對於其他已獨立成立社團法人或財團法人之社會福利機構團體，若已提供老人居家服務方案者，亦可加盟志工連線，惟其組織、運作、服務、參與、紀錄等，則可自行規劃或參考其他加盟團體的做法，以期逐漸建立共同運作制度和專業做法。提供服務所需經費補助和認養，則可自行處理或協調弘道老人基金會支援。尚未提供老人居家服務方案者，可重新籌組志工站。加盟志工連線，其組織、服務、參與、紀錄等之運作，可參考弘道基金會志工站之模式或自行規劃和開發。惟就長期發展而言，在服務紀錄和服務提供上，仍以建立共同運作制度和專業做法為理想目標。在經費補助和認養上，原則上亦可自行處理或協調弘道基金會支援。

施教裕（1999）認為為了要能夠朝向機構連線推動此一制度，其作法可有四種模式：

1. 方案整合：設置單一窗口服務或聯合服務中心（或區域性聯合服務中心），由各慈善團體認領責任鄉鎮市區域和服務分工之外，並共同或輪流派遣工作人員輪值，並舉辦老人福利系列講座或各項老人服務活動。

2. 資源整合：共同聘僱專職人力、志工，籌建辦公或服務場地和設備；設置捐款共同專戶，以聯合勸募資源，分配預算及經費資源；機構團體之間專業工作人員相互借調和支援，甚至人力支援或經費贊助其他連線機構團體的工作計畫或服務

項目。

3. 資訊整合：辦理社會需求調查和決定服務項目的優先順序；聯合製作社會資源手冊和居家服務工作手冊；發行聯合刊物，以分享連線機構團體間的工作經驗，和統一向社會大眾的捐款和贊助表達徵信；聯合發給志工服務證和登錄志工服務時數；統一規劃及製作個案工作紀錄表格；聯合辦理連線機構對外公共關係和文宣廣告事宜。

4. 個案整合：聯合接案、訪視、評斷評估後，再交由責任區域團體負責提供服務；建立個案管理制度和個案轉介系統；建立個案共同專業督導制度；聯合召開個案研討會議。

為瞭解建立志工人力時間銀行所需考量之因素、可能的阻力與助力，以及志工人力階段性的整合途徑，張菊華（1998；施教裕，1999）分別從下列五個層面對志工人力時間銀行制度提出初步架構的建議：

1. 法制層面：(1)現階段較適合由民間共同協調訂定相關契約，未來可視環境和民間團體運作狀況，於志願服務法中制定規範；(2)應為志工投保意外險；(3)時數回饋由機構作擔保；(4)以精神表揚為獎勵原則。

2. 組織層面：(1)政府宜扮演規劃指導者和輔導協助者角色；(2)政府給予經費及技術上的協助，服務則交由民間執行；(3)人力時間銀行不干涉各團體內部之運作；(4)服務時數交由各團體自行認證，認證標準則共同商討。

3. 管理層面：(1)志工基礎訓練課程採共同培訓，其他專業課程視狀況而定；(2)認證及登錄之負責人可由社工、志工隊長或站長擔任；(3)指定受益人以親友為主，亦可捐贈他人。

4. 服務層面：(1)人力時間銀行制度包括各類志願服務類型之志

工：(2)居家服務內容以家務服務及日常生活照顧為主；(3)定期與志工召開會議或聯繫會報、專業社工人員分區督導並評選績優志工，以確保服務之品質；(4)可採團體提供多元化服務、團體內部互助以自給自足、社會役等三種策略以確保服務人力之充足。

5. 理念價值層面：(1)培訓理念宣導員，設點做宣導工作；(2)政府給予政策上之支持。

五、當前老人人力資源開發的困境

上述幾種老人志願服務方案似乎並不成功，顯示老人人力志願服務政策之執行成效不彰（張婉玲，1994）。究其原因，除了方案之類型不多之外，方案實施之前的規劃與條件不足，恐怕也是原因。

1. 老人人力統計資料不足。以致無法推估運用老人人力可達之程度。尤其各縣市老人人力結構亦不清楚，只知道老人在整個人口群中所占的比例，但卻缺乏明確的數據指出健康老人、養護老人的人數各是多少，實無法作有系統的規劃。此外，老人人口從事志願服務至今仍缺乏統整的資料（政府單位、民間機構），老人人力資源的運用完全以經驗主導，不知道人力資源在哪裡，如何開發。

2. 老人個人意願不同。受到個人價值觀之影響，老人退休後之生涯價值觀和參與志願服務的意願不盡相同。事實上，目前老人人力資源之運用停留在「觀念」的階段，與「實際執行」尚有距離。是國情不同，還是需要像美國的許多老人志願服

務計畫，以提供服務津貼來吸引低收入老人參與志願服務，以增進他們的社會參與和適應。

3. 當前志願服務法令未明文規定支持時間儲值制度，而此一制度之服務時間如何計算和轉換亦不明確，並且公信力尚未能獲得認可，因此要能獲得認可，恐怕需要時間考驗。此外，志願服務本質上是不求回報，儲值制度的人力資源銀行有濃厚交換性質，這種作法似乎已經是與志願服務本質相違背。在調查研究中，許多人均表示亦不認同此一作法（曾華源、鄭讚源和陳政智，1998）。施教裕亦指出許多機構團體對此等連線或整合的理念和做法，仍有認知上的誤解或差距，尚待澄清和克服。譬如志工投入居家服務的時數之登錄和提用，如同銀行儲蓄存款之提存，原乃基於自助互助的理念和機制，不過卻被認為係世俗的利益交換，而非別無所求的付出，與志願服務的精神或興趣不符。再者居家服務內涵十分複雜，各機構團體之間的服務品質和水準不一，服務時數的計算基準和交換基礎仍受質疑。因此由民間倡導及執行，若無政府公權力和保證為後盾，則互助制度的公信力和通儲提存能力亦難以確保。

4. 推動志願工作人才的專業性不足。通常志願工作推動者為新進年輕人員，缺乏針對老人特質考量（如老人體力、配合個別專長），而創造新的適合老人參與的服務方案。蔡啓源（1995）研究指出，老人志工較在意彈性的工作時間，服務的內容、性質及方法。只是很多機構和政府部門運用志工的心態，並非創造其社會參與的機會，只是運用這些人力來減少組織的經費支出，這是一個值得我們思考的問題。

5. 由於老人的問題呈現多元性，往往已經超越志工的角色和能力所能勝任。當老人所提出的問題複雜，而志工不知所措或

未能及時處理時，志工不免會有挫折感，甚至有時會遭老人誤解，以致志工會有離職的傾向。此外，獨居老人關懷及居家服務亦缺乏定期和長期性志工，且無督導之專業人力，以致志工管理上缺乏約束力，難以責任化（施教裕，1998；曾燈友，1998）。

6.許釗涓（1992）研究發現，我國以私立機構、社會福利機構、大規模之機構較傾向運用老人志工，但是需要經費支持。除了統一辦理聯誼、表揚、招募、訓練及支援督導人力需要經費之外，另外以交通補助及平安保險費最高，顯示需要不少經費推動老人志願服務活動。

六、結論

老人人力資源豐富，值得開發來協助社會需求之滿足，而且老人也需要志願服務方案提供各種照顧服務來滿足需要。機構組織是否能夠善用老年人力，則需要更多專業人力投入規劃。目前我國對於老人志願服務人力之開發與運用上，尚需努力與改進之處甚多。相較於國外能運用老年人力和提供多樣性服務方案，實在是值得我國政府和民間機構共同思考，以謀求更多老人志願服務方案之提供。

第八章
青少年志願服務與服務學習

一、前言

台灣要成為並維持發展國家的地位，必須重視青少年人口的素質，因為有好的青少年人口素質才有助於社會發展。但是好的青少年人口素質並不是指學生的學業成績優異，而是要重視培養他們的就業能力、生活能力、社會價值和品德，才能維持社會經濟之不斷發展，以及更好的生活環境與品質。因此，唯有進步的國家才會注意青少年身心之發展，會提供多種機會，以培養青少年多元興趣、能力和發展方向。在民主社會中，對他人和公共事務的關心與積極參與，是相當重要的學習經驗。

過去我國學校教育多偏重於動腦、動口，輕忽體驗學習，甚至將體驗探索、操作性、技術性的部分，視為「雕蟲小技」，不予重視。再加上長久以來升學主義的偏智現象，導致培養出的人力出現「能說不能做」的困境，而不一定能因應工作職場的需要。學生有豐富知識、發達的腦力，卻缺乏真實生活的能力，這是知行分離的教育偏態現象所導致的。教育的重點已不再是知識的多寡，而是蒐集、分析、運用、表達、組織、開發資訊的能力，創造力，思辨力，解決問題的能力，以及規劃與再學習的能力，才是二十一世紀學生們真正需要的生活關鍵能力。

今日台灣已注意教育必須改弦易轍，加強青少年民主社會生活能力的迫切，但除了改變升學聯考制度之外，還必須更重視其他有益青少年身心發展之社會制度，才能增加青少年學習機會，擴大其社會生活之領域。本文主旨在探討青少年身心發展需求，並提出透過增加青少年志願服務機會，來加強青少年健康身心之發展。

二、志願服務對青少年身心發展之重要性

(一)生活經驗與人格發展之關係

精神分析學派認為青少年發展階段，因為生理衝動而造成情緒不穩，不僅在人格上易受傷害，在行為上也不易瞭解而常有破壞性行為，所以常被冠以「狂飆期」。但許多心理學家並不同意生理變化因素是影響心理發展的重要變項，其中認知學派的學者就極力主張個人內在心理的自我認定乃是受個人所處社會環境中的社會期望、規範、價值等文化需求交互影響而建立的（曾華源、郭靜晃，1998）。Bandura（1969）認為個人的自我概念不斷在成長，其與社會環境也會不斷互動。倘若青少年與環境互動後所得到的評價是正向，則這樣的增強條件，將使青少年有更高層次的制約、模範和規則的學習，透過如此過程，青少年將逐漸朝獨立改變，以達自我效能（self-efficacy）。就此而論，青少年的自我是靠著與社會環境互動過程，建立出一套對自己各方面的態度、情感或看法的參考架構，並以此參考架構來行使的行為，也就是說，青少年的自我定義將促成個體內在的改變，但「自我定義」則受到外界環境評價的高度影響。

青少年在成長過程中，必須逐漸養成自律習慣，能以理性判斷是非善惡和遵守社會規範，根據理性提出自我看法，以及擁有選擇性接受某些想法的能力。不過，青少年的思考過程，如果受制於自身的經驗或對環境的誤解，或憑恃有限資料思考的結果，那就不只是容易以自我中心觀點，或以二元化不合邏輯的方式來解釋個人、

家庭及學校等外界現象的事物，甚至還有可能會有扭曲或誇大現實的可能性，以致產生許多適應不良的行為或情緒上的困擾。

John Dewey的教育理論提及學生的經驗不僅來自他與環境的相互作用（相互作用原則），還受到先前經驗、習慣的影響和制約。因此，經驗教育的價值就在於經驗對學生的發展將產生影響，對學生和周圍環境的關係也將產生影響。所以學生的經驗既包括其與環境的相互作用過程，也包括相互作用的結果。如果青少年欠缺生活體驗，不僅缺乏健康體魄，也無法學習道德意識作出合理判斷，而有身心困擾或表現出不當或不適應的行為。由此看來，少年要確認自己的興趣、成長學習的規劃方向與人生價值，如果只是沈迷於上網或補習班，將無法培養具有多元興趣、民主社會參與、關懷他人與主動幫忙的高素質人格，並成為未來社會的棟樑。

(二)台灣青少年需要多元社會生活經驗

近幾年來，由於台灣經濟發展迅速，社會文化受到政治之衝擊而變動快速且益形複雜，致使人們的生活態度、價值觀念都將隨著新世紀的變動而扭轉。年輕世代所面對的可說是一個價值衝突與渾沌的時代，更需要有機會廣泛接觸、覺知與感受各層面的社會生活。青少年是受保護與依賴的人口群，他們處於身心快速發展階段，如果他們在成長中的各種需求未能得到充分滿足，未來必然不易有高素質的生產力和社會適應力，也不易扮演好對社會經濟發展有所貢獻的角色。因此，社會如何提供適當教育機會，使台灣青少年獲得學習和健康成長，將是一個具有遠見的社會所需要關注的重要課題。

志願服務是一種接觸社會的服務工作，可以讓參與者擴展生活經驗的領域。在志願服務過程中，青少年不僅與其他人員有更多互

熱情活潑的青少年志工參與志願服務。
圖片提供：台中市政府社會局

動交往機會，能擴大社會見聞，而且也可以接觸重要的社會生活議
題，並從此一經驗中學習相關知能，以提升他們的思考分析能力，
並透過參與以培養對社會的情感與責任感。因此，志願服務是青少
年身心發展重要媒介之一。

三、當前推展青少年志願服務之困境

(一)當前我國青少年志願服務活動推展情形

　　國民黨早在一九七〇年最先結合學校推動青少年志願服務（陳
武雄，1997）。除此之外，救國團和青輔會也都會在暑寒假支持大
專學生社團的社會服務工作，而一些縣市社教單位也會運用學校學

生擔任圖書管理工作。內政部最早關注志願服務參與整合問題，因而推動「祥和計畫」，對青少年參與志願服務有很大幫助。

近年來，在縣市政府方面，台北市特別著重青少年志願服務，推動每人八小時的公共服務，以及要求就業服務中心推動青少年志願服務。高雄縣在二〇〇〇憲政白皮書、台南縣在該縣的社會福利部門計畫發展上，特別指出要推動青少年志願服務。目前高雄縣婦幼青少年館已實際招聘青少年志工。

在中央政府部門中，推動青少年志願服務最力的莫過於青輔會，青少年志願服務是該會重要政策方針。青輔會除了定期研究出版之外，每年還會在三月二十九日左右舉辦青年志願服務聯展。民國九十一年則推動「全球青年服務日」，成立青年志工中心，以及舉辦研討會和派員參加國際性會議。最近則為擴展我國青少年生活領域和成長需要，推動中學生服務學習。

在民間方面有相當多的團體推動青少年志工，諸如白茂榮社區教育基金會、中華民國全人文教協會、社會福利財團法人台北市敦安社會福利基金會、水源地基金會、花蓮青少年公益組織、中華民國智障者體育運動協會、台北市救難協會、羅東博愛醫院的志工隊、羅慧夫基金會德福青年俱樂部等等，不一而足。值得一提的是，致力推動青少年志願服務的一個民間團體──「保德信人壽」，設置了「青少年義工菁英獎」，由保德信人壽聯合全國中等學校校長協會發起和辦理，其目的是為了表揚在志工服務方面表現優異的國中、高中學生。「青少年義工菁英獎」這幾年由保德信人壽與中華民國志願服務協會共同主辦，有許多青少年報名參加，顯示青少年參與志願服務比過去多，但是與整個青少年總人口數比較起來，仍有待加強。

(二) 當前推動青少年志願服務的潛在困境

雖然我國已經注意到青少年志願服務對他們的成長有許多正面幫助，但是青少年志願服務參與狀況仍有許多困境。

■青少年參與志願服務人口有待開發

內政部所做的國民生活狀況調查（2000-2001）都未將青少年參加志願服務狀況列入。青輔會（1997）調查在十八至二十四歲青少年之中，僅有19.5％的人參加過志願服務工作，而十八至十九歲的青少年則有17.8％。因此，整體青少年志願服務的參與可說是還不受重視。

台灣「二○○一青少年義工菁英獎」近一千四百多份的報名表中，從事志工活動的持續時間比例，以服務一至二年的同學為最多，約占34.26％，其次為半年至一年左右，占19.28％，持續時間三至五年的學生，則占了2.85％。其中大多數的學生開始志工的活動多是由學校／社團帶動，占57.12％；而且在學生合作的對象上，學校／社團合作的方式則有76.60％，比起學生獨力完成的方式1.47％多得多，顯現目前學生參與志願服務的方式主要是由學校／社團帶領。

根據保德信保險公司委託台大社會系在全省所做的研究調查顯示（馮燕，2000），台灣地區十五至十八歲青少年有過志願服務經驗的比例只占6.2％，而對參與志願服務感興趣的青少年的比例也只占25％。相較之下，台北市青少年參與志願服務的比例便高出不少，根據我們的調查，近二成（19.8％）的青少年有志願服務的經驗，同時更有將近半數的青少年（46.5％）願意利用閒暇時間從事志願服務。

此一訊息充分顯示青少年對參與志願服務並非沒有意願，但機會不足，因而實質經驗是很欠缺的，必須透過更有系統的青少年志願服務輔導策略，以及系統性參與社會公益性之志願服務工作，才有可能培養青少年更具社會參與感與責任心，不僅對青少年成長有所助益，對於社會的凝聚和社會問題之解決亦有助益。

■青少年志願服務範圍較為狹窄

青輔會（1997）調查參與志願服務類型以社會福利類為最多，共有46.51％，其次是社區發展類，為10.47％，再次為青少年輔導服務類，占15.12％，而守望相助類、教育輔導類和衛生保健類再次之，分別為6.98％、10.47％及8.14％。最後依次為環境保護類（5.81％）、文化建設類（3.49％）、交通安全類（1.16％）。台灣「二○○一青少年義工菁英獎」（保德信人壽，2002）近一千四百多份的報名表中，男生為35％，女生則是65％，和鄰近的日本、韓國的分布狀況大致雷同。其中學生志願服務工作項目雖較為多元性，但最多人參與的以社會福利性質工作（包括募款、慰問、慈善活動、育幼院童／老人照護等）為首，占報名總比例的37.12％，其次為教育性質的志工服務（如圖書館義工、校園小老師等），占17.9％，再則是自然環境保育（水土／環境保持、社區掃街活動、流浪動物照顧等），占16.98％，在醫療保健的志願服務方面，占11.42％，文化保存及地區振興方面，則各占4.59％。

其實志願服務領域類別相當廣，以服務領域（field）來說，有康樂類、旅遊類、福利類、教育類、輔導類、文化類、交通類、醫療衛生類、環保類、權益類、救援類、司法類、警政類、宗教的、戶政的、財稅的、營建（設）的、社區行動……等。

目前青輔會主任委員林芳玫指出，台灣社會對「志工」的定義一直很狹隘，也很刻板，好像志工只是幫忙撿撿垃圾、在淨山活動

或關懷老人等這類場合出現的人。其實志工是要和整個公民社會緊密地結合，例如對社福政策有興趣的人，可以進行議題的倡導，也可以對立委做政策遊說，可以擬定政策白皮書，這樣也是志願服務。

■青少年升學壓力與家長不支持參與志願服務

馮燕（2000）調查指出，國內十五到十八歲的青少年中，雖有八成以上認同參與志願服務的行為，但實際從事志工者只有6％左右，與美國有高達67％左右的青少年擔任志工比起來，相差近十倍，顯示國內青少年從事志願服務工作的情形仍待加強。此一調查還指出，青少年不想從事志願服務工作的主因，是希望從事其他休閒活動，而學校、家長也不太鼓勵青少年當志工，其中有六成以上的學校及近八成的家庭並不鼓勵青少年參與志願服務工作，八成左右的青少年也不贊成學校規定必須參與志願服務工作。

據馮燕（2000）調查研究，青少年不參與志願服務工作的主因依序為「想多參加其他休閒活動」（54％）、「沒時間當志工」（51％）、「不想管別人的事」（41％）。其他外力影響因素，例如「沒有人要求」（38.4％）、「沒有參與管道」（27.0％），也是青少年自認為沒參與志願服務的重要理由。青少年願意參與志願服務的原因則包括「志願服務工作本身很有趣」、「回饋社區」、「學習在學校裏學不到的技能」、「好玩或有朋友在做義工」、「對申請甄試入學有幫助」。這二類的理由顯現不參加的人沒有接觸過志願服務，或對志願服務有誤解，而願意參加志願服務者的確都體會到參與志願服務的收穫。所以實際參與經驗對青少年價值觀與生活型態均有積極正面的影響。

■機構缺乏青少年志願服務方案

台北市學生公共服務及暑假規劃問卷調查（2000），以松山高

中、松山工農、衛理女中、東方工商四所學校為對象，進行團體施測，研究結論發現因為服務項目以雜務及學校行政居多，這樣的服務內容缺乏變化性及創意，也不易引發學生的成就感。這種結果有可能是機構對於「如何有效運用各種人力推動工作」此一課題上缺乏能力或意願低，而學校也沒有認真推行志願服務。此外，這一調查顯示，台北市高中職學生具有參與志願服務的潛能，以及暑假青少年志工人力有待努力開發，其中學生最希望從事的公共服務項目，以休閒活動服務的比例最高，其次為社區服務和醫院服務。馮燕（2000）調查研究發現，青少年最喜歡的志工類型依序是文化型活動（如在藝術中心等團體工作）、教育型活動（如當小老師）、慈善型活動等。

　　這些研究結果與前述實際參與志願服務的青少年比例似乎有所不同，而且目前有許多公立機構招募青少年志工只限定少數幾個聯考的「名校」學生才可報名，實在是違反志願服務之精神，此一現象值得有識之士關注。整體說來，教育部與其他政府單位應該正視青少年成長經驗中的此一需要，應加強推廣認識志願服務之本質，以開拓志願服務機會，使社會各界願意提供多元化的管道來鼓勵青少年從事志願服務。

■媒體報導青少年參與志願服務不足

　　青少年參與志願服務工作已經萌芽，許多青少年志願服務的優良事跡都可以在網站上搜尋與瀏覽得到，但是現有傳播媒體卻甚少製作專題作深入報導，或是放在收視率低的時段，實在是很難達到推廣之效果。

四、擴大推展青少年志願服務之途徑

我國青少年大多處於就學階段，要有空閒來參與志願服務並不容易，要家長、學校和社會三方面共同努力才有可能。因此，本文主旨在於探討增加青少年志願服務之機會，以提供多元成長途徑。針對上述所探討影響青少年參與志願服務之因素，提供以下幾個建議：

(一)強化志工中心志願服務資源與資訊網站

目前我國青少年使用網路搜尋資訊已經相當普遍，因此，政府應支持設置一個以青少年為主的公共服務資源網站、生活經驗的心得或意見分享的聊天室，以及提供相關志願服務機會資訊的手冊。基於成本效益以及未來使用率的考量，建議結合相關主管機關設置一個志願服務的資源網站，讓學生們能更方便於獲得廣泛而正確的公共服務訊息。由此看來，青輔會應該更加積極支持原先籌設與推動之青年志工中心，期待此一中心能發揮預期之功能（曾華源、郭靜晃，2001）（詳見第八章和附錄）。

(二)培訓青少年志願服務方案之人才與開發教材

要推動青少年多元志願服務機會一定要有創意，而且要能獲得機構支持的話，則必須讓機構知道如何有效運用青少年志工。台灣志願服務這十多年來的努力，已經有許多志願性組織成立，但是如何開創青少年志願服務新方案，規劃讓青少年參與一般假日或暑寒

假等短期的一日或一星期志工，或是臨時參與之志願服務，以及規劃青少年在各領域能參與之服務項目，則還不普遍。如何結合志工中心，以社會行銷方式推動有主題、有意義之志工服務方案，更需要有規劃之人才。因此，推動青少年志願服務機構應該視培訓與輔導青少年志願服務方案規劃人才為當務之急。

此外，台灣保德信集團將美國保德信「青少年義工菁英獎執行小組」所編制之 *"Catch the Spirit ! Lesson Plan"* 翻譯成書出版，介紹美國獲得「青少年義工菁英獎」的得主，其如何發現和結合資源做好志願服務之事蹟，值得效法，國內也可以將得獎之少年志工表現事蹟匯集成冊出版，做為獎勵和教材。

(三)積極表揚提供青少年志願服務方案之單位

要改變傳統上對志工的觀念不僅是要透過大眾媒體宣傳，更是要加強與非政府組織（NGO）團體的溝通。這些民間組織包括大學社會服務社團、民間各社團與基金會，是直接接觸與運用志工人力的第一線。因此，開拓服務機會非常依賴這些機構。如果機構推動青少年志願服務有機會獲得更多鼓勵，則更加有可能開拓服務機會。政府應鼓勵非政府組織發展成策略聯盟的方式，以集體的力量來推動更多青少年志願服務。

(四)表揚志工家庭，鼓勵父母帶子女參加志願服務

邱華慧、李宜賢（2000）研究發現，青少年會參與社會服務與家庭關係密切，而且家人對青少年道德與社會發展具有重要影響。但是前述馮燕（2000）的調查研究顯示，父母支持青少年參與志願服務比例偏低。所以要增加青少年參與志願服務，要能獲得父母支

青年參與志願服務可以對自己有更多的幫助。
圖片提供：台中市政府社會局

持，各志願機構應該多開拓家庭志工活動，擴大辦理家庭志工的獎勵，以鼓勵和培養家長支持青少年參與志願服務。

(五)鼓勵青少年同輩一起參加志願服務

同輩團體人際網絡對青少年參與志願服務有積極作用，在青少年的同儕關係是以平等、瞭解的方式來交換相互的需求，不似父母或教師帶有權威及強制性，故在彼此互動中增進歸屬感、相互學習、認識自我與他人，並促進自我統整，對認同和肯定自我的發展有重要的影響。因此，不妨透過青少年重視同輩關係的特性，集體招募青少年參與志願服務，以激發青少年參與志願服務的意願和興趣。

五、結合服務學習來推動青少年志願服務

(一)服務學習屬於一種經驗學習

　　服務學習被視為改善教育的一種可能方式，究其根源，可追溯到十九世紀末及二十世紀初（劉慶仁，2000），例如，當時的John Dewey便是服務學習的提倡者。他認為學生如能參與社區服務，並將服務融入他們的學科課程，他們將更有效地學習並成為更好的公民。所以知識不能像倉庫一樣，機械式地塞入心靈，而應該知道是什麼（know that）、知道如何（know how）、知道為什麼（know why）。個人經驗來自他與環境的相互作用，對於周圍事物的觀點和反應受到他們的態度、信念、知識和情感的影響。

　　經驗之間具有連續性質，每種經驗都要受到先前經驗、習慣的影響和制約。經驗學習的意義及其教育價值在於利用學生的社會活動經驗，並將其整合到課程中。強調以生活能力、生活需求的學習為核心標的，透過學校、老師、家長及社區共同努力規劃設計，引導學生先做知識、能力、情意與生活相連結、相融合的學習，再逐次分化，深入專業。因此，它不僅是一種全方位的學習，生活上全能的學習，也是一種生活本位的學習。

　　經驗教育的價值就在於經驗的相互作用原則對於學生的發展將產生影響，同時對學生和周圍環境的關係也會有所影響。所以學生的經驗既包括與環境的相互作用的過程，也包括相互作用的結果。學習是透過經驗轉化而增加知識的過程，並且在行為上能產生變化。學習是一個連續不斷的過程，以此時此地（here-and-now）的

具體經驗開始，而後形成抽象的概念；而經驗學習是一種回饋的過程，也是一種有效率、有目標指引的學習歷程。所以教導學生不應該使他成為旁觀者，而應該是參與者（participants）和主動學習者（active learner）。一個人藉由具體的經驗和機會學習，以探究他們的環境，將有助於智力向上發展。所以Dewey強調，「如果呈現知識給學生而沒有讓他們遭遇問題，就如同要求學生與稻草人握手」（引自趙希斌、鄒泓，2001）。

(二)服務學習之意義

雖然在一世紀以前這種教育的理念已經萌芽，但是直到一九七〇年代，服務學習融入課程中才算開始，而且也僅在過去十年，這方面才有廣泛的變革發生。一九九〇年美國「國家與社區服務法案」（National and Community Service Act）中提到服務學習有四個重點，即學校與社區結合、服務與課程結合、強調學習的重要和重視自我的發展。一九九三年美國全國暨社區服務信託法案（National and Community Service Trust Act of 1993）中對「服務學習」的定義是：「一種方法，透過學校和社會的合作，將提供給社會的服務與課程聯繫起來，而學生參與到有組織的服務行動中以滿足社會需求，並培養社會責任感，同時在其中學習，以獲得知識和技能，提高與同伴和其他社會成員合作、分析、評價及解決問題之能力。」Duckenfield與Wright（1995；引自趙希斌、鄒泓，2001）認為服務學習是一種教與學的方法，連結有意義的社區服務經驗和學術的學習、個人的成長，以及公民責任的養成。

一般認為服務學習的要素包括：(1)學生的積極主動參與；(2)完善的組織和學習計畫；(3)學校要能關注社會需要，和社會密切配合；(4)與學業課程相結合，使其能有應用知識和技能的機會。

透過有效的反思，以培養學生眞正關注社會需要和關心他人的情感等。服務學習是藉由社區安排所需要的服務，以便能幫助學生或參與者學習與發展。服務學習的實踐方法是社區與各中小學、高等教育機構及社區服務計畫中心相互協調合作，幫助培養學生公民責任，這是一種整合並用於加強學生的課業學習活動，或是參加者所參加的社區服務計畫中有關教育的活動，並且要提供學生或參與者特別安排的時間，以回顧和反思他們的服務經驗。

目前教育工作者及社區領袖愈來愈同意孩子參與服務學習是改善學習成就、支持校方改革及更新社區的強有力策略。在服務學習中，學生將服務經驗與學習相結合，同時也對學校及社區做有意義的貢獻。所以服務學習是「服務」與「學習」的結合。簡言之，就是「做中學」（learning by doing）。

(三)服務學習的本質

服務學習的著眼點不僅試圖通過爲社會提供服務來促進學生知識的學習，還希望能夠培養學生的公民意識、社會責任感、奉獻及合作的精神。這和其他社會服務的性質不同。就以社區服務（Community Service）和志願服務者行動（Volunteer Action）二種類型來說，其核心是提供服務，而服務學習是將學校學習之課程、服務和反思（reflection）三者一起結合起來的過程（Schine, 1996）。所以Sigmon（引自林勝義，2001）對這些服務類型做了一些比較：(1)課程實習（service-LEARNING），是以學習目標爲主，服務較不重要。(2)志願服務（SERVICE-learning），是以服務成果爲主，學習較不重要。(3)勞動服務（service, learning），是服務與學習二者之間的目標沒有關聯。(4)服務學習（SERVICE LEARNING），是服務與學習二者的目標同等重要。

目前美國的服務學習是和學校課程結合，而我國剛推動不久，如果要像美國一樣以學校老師為主來推動服務學習，恐怕費時。審視國情，或許先從鼓勵學生自願組織成立社團，或參加校外志願組織的服務，透過學生暑寒假與一般假日時有較多休閒時間，以參與志願服務來服務學習，來培養青少年參與社會服務與學習之風氣。這一方式對學生學習有重要意義，有賴政府與民間機構共同努力，以便有效規劃激勵與引導學生參與服務學習。

(四)服務學習的成效

服務學習如果真正適應了社會的需要並且有較為完善的計劃、實施和反思，則學生將會在服務學習中獲得積極的影響。這些好的影響可能有：

1. 提高學生的學業成績，增進學生到學校參與和學習的積極性。
2. 服務學習可以加強學生的社會責任感。
3. 服務學習可以提高學生的自尊和自信。
4. 服務學習可以幫助學生確定自己未來的職業興趣和方向。

當然，這些積極性作用都必須是在能夠完全實踐的條件下。目前在國內實際執行服務會發現各項協調聯繫工作之不易，以及學校很難安排時間讓學生做服務學習前的準備和服務後的反思。目前國內缺乏實證研究資料，青輔會正提供資助積極鼓勵研究，故服務學習在國內仍處於啟蒙階段。

六、結語

　　不論任何年齡，每個人都是可以盡一己之力為別人和社會做一些事情，但是有沒有機會是很重要的。人的成長是靠機會，青少年要成長，有機會嗎？什麼經驗會使他們成長為什麼樣子？而我們社會提供什麼機會給他們？青少年在成長學習階段，不需要對他們的行為亂貼標籤，而是應該重視如何提供他們有更多與不同的學習機會。志願服務經驗不僅對社會有幫助，而且更重要的是可以幫助青少年在認知、情意與行為方面都有好的學習與成長。

　　目前「臺北市公私立高中國中學生體驗學習方案」以融入教學課程、加強推展學生生活常規教育、辦理學生社團活動，以及結合學生服務學習教育、推展童軍教育、學校體育發展方案等方式，來強化落實「體驗學習」功能。教育部在二○○二年舉辦的「e世代人才培育計畫」研討會中提及推動終身學習計畫，就是希望從e世代青少年身上紮根，激發社會服務精神，提高青少年志願服務人數與服務時數，肯定青少年志願服務的價值。這應該是教育部重要工作項目，可惜目前教育部似乎並不積極支持青輔會所推動之服務學習，以致各中等學校大多採取觀望之態度，相當可惜。台灣的希望是在下一代，希望青少年能具有專業知能，能關心社會，有開闊的視野與心胸，並且具備實踐理想之行動力，而培養青少年有「志工台灣」精神是達成此一目標之可行途徑，有待社會各界共同努力。

第九章
志工中心功能與建置途徑

一、九二一震災經驗中社會資源整合運用之必要

我國推動志願服務潛在問題也還不少，未來要克服之議題也有許多，諸如：如何協助當地機構和民眾確立機構服務目標；如何開拓志願服務機會，擴大民眾參與，以平衡志願服務之發展；如何協助當地機構管理者明確化志願服務制度，增強合理化與專業化管理，以提升志願服務人力的服務品質和強化權責觀念，有效滿足當地社會發展之需求；如何協調、合作與整合志願服務團隊或機構，以分享志願服務資訊和資源，避免資源重複浪費，增加資源流通，建構網絡協調服務工作之推動；如何加強宣導志願服務並非是一種社會大眾慈悲情懷的服務工作，以增加民眾社會意識，主動關懷社區，就近參與各種社區性志願服務工作；如何建構一個志工人力銀行與服務資源交換中心，讓想當志工的人可以隨時上網找到機會，而機構需要志願服務人力也可以有一個公告之處，就像是104人力銀行。

這些議題相當重要，而美國志願服務發展過程中，為能整合社會資源與有效發掘志願服務人力所採行之作法，相當值得參考。故本文擬先介紹美國志工中心功能與運作，再提出發展我國志工中心可行途徑之建議。

二、美國全國性志工中心之使命與功能

美國的光明基金會（The Points of Light Foundation）是一所全國性志工中心，該中心設置於華盛頓（Washington, DC）。美國第一

家志工中心於一九一九年在明尼亞波利斯（Minneapolis）成立，一開始所使用的名稱是「志工局」（volunteer bureau），這是為了第一次世界大戰的後勤支援而設的。戰爭結束後，志工局將這些人力轉至從事一般性服務。這段期間志願服務發展較慢，直至一九六〇年代為了反應社會行動主義和積極熱心參與公共事務，才開始成立許多機構或中心。至此之後，志工中心蓬勃成立，並且服務項目和範圍也不斷擴大。一九七〇年「全國志願行動中心」（National Center for Voluntary Action）成立了「志願行動中心」（Voluntary Action Centers，簡稱VACs），以取代當時的「志工局」。此時志願行動中心主要的工作是致力於發掘社區內的問題，然後動員志工，並且協助志工去解決問題。事實上，大多數的志工中心最主要的工作放在協助非營利組織招募志工。

「志願行動中心」成為全國志願行動中心，接續它的「全國志工中心」（National Volunteer Center）是最主要的機構。到了一九八〇年代中期，大家把「志願行動中心」改稱為「志工中心」，這種轉變反映出該中心工作主要是在招募和推薦志工，而不是親自替社區解決問題的「志願行動」。一九九一年光明基金會與「全國志工中心」合併後，肩負起新責任，做為提供全國志工中心資源的組織，提供志工管理的諮詢和技術協助，以及推動和宣導志願主義。志工中心是美國志工參與社區的關鍵資源（key resources）。

目前在全美約有四百五十個志工中心，其中光明基金會與全國主要的四百家志工中心，與積極準備籌設志工中心的社區，一起合作來推動志願服務工作。大致上，這些志工中心的組成結構是來自下列二種方式之一。一是由董事會主導之獨立自主的非政府組織（nonprofit organization governed）和聯合勸募（United Way）組織中的一項服務方案，此一類型的志工中心占82％，其餘的志工中心是由地方政府或大學院校所設置（The Point of Light Foundation,

2000）。

　　光明基金會以地方社區解決問題的共同夥伴建構志工中心網絡，鼓勵更多人參與社區志願服務，以幫助解決嚴重的社會問題。透過各地志工中心的網絡，每年有超過一百萬的人從事志願服務，使得此一網絡成為驅動全國民眾為社會貢獻的最大服務系統。早期光明基金會根據「志工中心發展計畫」提供各地成立志工中心的經費，以加強他們研發設立社區聯絡網的模式，推廣地方的志願服務。一九九三年，基金會推動了一項盛大、理想遠大的全國志願服務運動，其中包括地方志工中心研擬的「志工中心二○○○展望」——「未來的志工中心善用人力及資源，用創造性的方法解決社區問題」，以彰顯光明基金會大力協助志工中心網的能力、定位和提升效益。爾後三年，志工中心密切地與當地的志工團體領袖開會、培訓人才、記錄工作的進展。到了一九九七年，有76％志工中心參與二○○○展望的計畫，動員人力及各種資源來幫助社區解決問題。

(一)全國志工中心主要工作範圍與方式

　　光明基金會志工中心的願景在於動員人們和資源，以創造性方法解決社區問題，期望以機會結合人力來提供服務，其方式有下列幾種：(1)以志願服務機會結合人們，集中甄選後，透過個人會談、工作指導手冊、建立資料庫等方式轉介志工參與服務。(2)管理和改進整個社區服務的事件，諸如舉辦「讓今天不一樣」、「關懷日」或大規模社區清潔活動。(3)針對特殊人群規劃志工服務方案，包括提供家庭、青年、老人、勞工或法院轉介的志工服務。(4)志工中心本身所從事的直接服務方案，如家庭教師方案。(5)推動短期志工機會，例如每個月辦理一次活動或志工俱樂部等方案。

1. 增強地方志工中心能力，以有效地推動志願服務：包括：(1)
   提供志工管理訓練之諮詢和直接支持非營利組織和其他組織
   建立關係（如學校、地方政府、信仰團體、企業等）。(2)分
   享志工管理資源之資訊，透過通訊報導、收費圖書資料、
   lending libraries 和線上資源網路。(3)到志工管理者和領導者
   的專業人員協舉辦說明會，諸如企業志工協會、志工機構主
   任等等。(4)對志工特殊團體提供訓練和支持，如未來的董事
   領導者。

2. 推動志願服務：光明基金會在這方面的工作有：(1)正式發起
   和支持大眾媒體之活動，透過廣播、報紙專欄、公益廣告、
   全國性免費服務專線等等，來推動志工服務。(2)透過演講、
   志工集會、募款為主的電視節目來招募志工和增加志願服務
   意識。(3)透過獎勵方案、全國志工週活動以及非正式讚賞之
   動作，讓大眾有機會感謝傑出的志工和志願團隊。(4)教育決
   策者和思想上的領袖志願服務的重要性。

3. 參與策略性的發起工作，以動員志工滿足地方需求：(1)辦理
   社區集合，催化行動。(2)成為企業、法律、草根團體、學校
   和社區領袖的夥伴與聯合行動者。(3)確認需要，動員志工針
   對此要求採取行動。(4)Volunteer-run gun buy-back program、
   預防酒醉駕車方案、welfare to work effort等等。

4. 資源發展：志工中心與當地社會資源要有密切合作關係存
   在，以便資源的匯集（如**圖**9-1）。強調志工中心對服務應重
   視目標的決定與評估，透過方案成果、組織發展和被服務者
   的滿意度三方面途徑來進行。在募集資源之方式上，透過指
   出志工中心想要做什麼（或解決什麼問題）、志工中心要怎
   麼做（即動員人們解決問題有哪些活動）、最後結果為何
   （可量度工作之結果）、志工中心最為特殊的是什麼（別處所

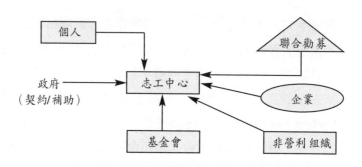

圖9-1　志工中心與社會資源關係

找不到的能力和知識）等問題做為匯集資源之指南。在資源
匯集策略上，主要是透過建構夥伴關係，以便擴大資源面。

在一九九七年，光明基金會董事會正式確認志工中心是基金會
的優先市場。其方式有承諾發展「一個強而有力的全國性志工中心
聯合網路」，以期增加可見度、可信度和整個網絡的影響力；志工
中心網路成為基金會達成任務的共同夥伴，以鼓勵更多人員有效地
參與社區志願服務，幫助解決嚴重的社會問題。全國志工中心透過
地方上的志工中心，每年有超過一百萬的人員從事志願服務，使得
此網絡成為全國驅動民眾為社會貢獻的最大服務系統。在光明基金
會中，全國志工中心的主要工作是與地方志工中心以夥伴關係結合
在一起，這個計畫主要用來幫助與基金會所有相關的其他組織，以
及基金會所分掌的執行單位，以整合和導引志工中心的共同工作，
並且能夠與這些組織相關聯。

此外，在建構夥伴關係上，還有：(1)結合有關志願服務的知
識領袖，以刺激志願服務行動；(2)結合認同「聯合認可」志願服
務的領導者；(3)結合各計畫與決策，以增加總體的人口數、財力
和領導資源來做志願服務；(4)結合各種力量來成立新的志工中
心，並藉由網路協助每個中心達成共同最終之目標。

(二)光明基金會推動全國志願服務策略性計畫

除了網路結合、協助成立新志工中心和發展夥伴外，另外光明基金會也在領導發展新的工作，提供志工管理的技術協助，發展志願服務之技術學習研究與評估。以下簡要說明基金會在推動一項全國性活動之主要方式。

一九九七年四月，志工中心網絡和基金會合辦了一項「『為美國未來』的總裁高峰會」(The Presidents' Summit for America's Future)，他們在全國以及地方上都扮演領導的角色，透過召集代表，籌辦地方高峰會，同時共同推動一項讓百萬青年有服務機會的運動。其希望透過此一過程和結果，使光明基金會和各地志工中心連接成為全國性體系，建立一致的理想目標，並攜手為這共同的理想努力。

在工作的推動上，分由幾個任務小組來完成工作。規劃團隊是由基金會一個董事、志工中心執行長和外部顧問所組成，主要職責在評估一整套的董事策略和指導原則，同時指導分析市場外在趨勢的影響因素。董事會的方案委員會任命領導幹部及董事會贊助者來評估計畫的草案，其中方案委員會任命志工中心工作小組協助職員，在訂定規劃方案過程中要考慮那些重要議題大綱，並評估計畫草案。

志工中心全國評議委員會協助創造計畫的目標和過程，並密集地投入工作，透過全國社區服務大會的會議，每個月的會議及規劃團隊和設計團隊的陳述，規劃每個工作階段。此一會議經由全國大中小型的新志工中心，以及聯合勸募中心的競爭過程，選拔出四十四位志工中心執行長和董事，參與一個為期兩天的設計團隊活動，經由市場區隔之方式訂出他們的系統發展優先順序之綱要，同時也

確認有關志工網路如何與基金會關係建立的推薦書。

除此之外,光明基金會擬定五年(一九九九至二○○三)的策略性計畫,其目標與行動方式均極具參考價值(請參考附錄三)。

三、地方性志工中心組織功能

前已述及各地地方性志工中心成立時間不一,有些還是屬於聯合勸募所屬組織,所以組織功能也多少有些差異。不過,大致上可以歸納為下列幾方面來說明。

(一)地方性志工中心之使命

地方性志工中心的任務為發展、支持與增進志願主義。一般說來,地方性志工中心的願景在動員人力和資源,以創造性方法解決社區問題,建構更好的社區生活。透過招募、轉介志工給非營利組織,讓志工和非營利組織有交流的管道,並且地方性志工中心幫助辦理研討會、協調有關活動、捐贈物資方案,以及提供青年、家庭和其他機構等方面多種服務方案。服務對象有藝術、教育、健康組織、社會服務、環境和休閒娛樂之機構。

以休士頓地區的志工中心為例,其組織的使命稱為「休士頓的允諾」(Houston's Promise),休士頓地方性志工中心其主要宣示內容如下:

> 這是以整個社區為主的自發性方案,以便在公元二○○○年前服務二十萬有需求的兒童。志工中心帶頭結合非營利組織、政府部門以及企業部門,做出此一空前合作案,有信心共同來確

保兒童有一個健康、有生產力的生活。這是一個三年的運動，包括公共覺醒、溝通和教育，會全面性招募人力，以滿足兒童生活中互動的重要需求。

休士頓允諾的五個目標為：安全的學習與成長環境、健康的啓蒙環境、在教誨關係中有個細心照顧的人、藉由有效的教育而學習有用的技能、有機會回饋社區。

志工中心在創造休士頓兒童長期的社區教育，調和志工的心願和安置工作，在滿足孩子的需求之外，還灌輸孩子終身擔任志工的倫理觀念。

(二)社會資源媒合與訊息傳播

■招募

地方性志工中心以運用地方媒體資源為主。以德州休士頓地區志工中心為例，他們將擔任志工之機會放在網頁上，讓有需要的人自己主動去聯絡。如果列出志工之機會和個人專長或偏好不符時，則可和志工中心聯絡。例如休士頓志工中心每週六在當地報紙的專欄中列出大休士頓地區未來的志工服務機會，集中甄選後，透過個人會談、指導手冊、建立資料庫等方式轉介。在Dallas郡的志工中心和Akinfo志工中心是每週一在報紙有「志工服務機會」專欄來招募志工，或是利用地方電視台、公共服務活動通告、社區報紙專欄，及機構自己發行的訊息，來鼓勵可能參加志願服務的人。

■志工人力資料庫

管理與保存願意並且能在有急需時擔任志工者的資料。如南方志工中心每年會依照身心障礙者和老年人的特殊需要，與災難志願服務組織行動聯盟一起提供服務，個人和企業都能在各志工中心登

記註冊，隨時接受電召。

■訊息傳播與提供

像德州休士頓地區志工中心便樂意和休士頓教育資源網絡連結，該組織之目的在於提供電子資訊和使用系統，以增進需要使用資源學生、家庭老師和學校等能夠利用現存的資源。這些網絡的中心的形貌是社區資源開發（Community Resource Inventory），對兒童和教育者不同的需求上來說，這可用來指出哪些是他們可用的資源和服務。南方志工中心出版一本《俱樂部和組織指南》（*Clubs & Organization Guidebook*）小冊子，其中登載超過七百家組織，內容有接洽方式、地點、電話等，以及要在何時與何處舉行活動。Dallas郡的志工中心舉辦假日豐收方案（Holiday Harvest）會出版一本志願服務機會的書，在節日時使用。該小冊子中列出各種請求，如寄養家庭、佈置裝修、包裝禮物、蒐集食物和差事服務等等。個人、公司和團體都可以使用此一免費的出版品來找出做志工之機會或捐贈；另外「誰關心？你能」的方案中，每年都會有許多青年和父母詢問哪裏有地方讓二十一歲以下的青年做志工，故Dallas郡志工中心出版《誰關心？你能》（*Who cares? You can*）青年志工機會的免費目錄冊，每年春天定期出版，內容有如何找志工工作、穿什麼和志工的年齡限制等。各種機會包括營隊輔導員、旅遊導引、辦公室工作和保姆（Baby-sitter），該目錄冊也提供學校和組織整年度找青年志工的計畫。

■資源募集

南方志工中心的「慈善拍賣冒險」活動，只設計給最多不超過二十個非營利組織，每年三月在休士頓社區大學中舉辦，由南方志工中心和泰妮資源聯結組織（Tyanily Resource Connection）共同處理，目的在募款，內容還有吃的、玩的和特賣會。此外「許願書」

（Wisk Book）提供要改裝辦公室或更新舊有設備的資源，手冊上列有需要哪些東西和志工來做些什麼事，並註明和誰聯繫。南方志工中心接受各公司零售商或個人捐贈新的和使用不久之東西。各組織提出他們希望獲得的資源或人力的清單（Wish List），然後付極低之費用即刊在許願書中。該手冊將分送給一萬二千五百家庭和企業。

　　Dallas郡的志工中心「捐贈物資」方案以「雙贏」之詞點出完全運用物資對雙方均有利益。主要是捐贈公司或社區過剩的和稍使用過的物資，提供給需要此物品之非營利組織。其中先由非營利組織提出需要哪些東西以便完成使命（國內亦需要有此方案），機構可以接受捐贈物資而省下不少經費來做行政費，但如何預防非營利組織亂要東西的確值得注意。Dallas郡的志工中心「快樂潮」（Glad Tide）方案於一九八七年開始推動。志工中心向大眾募款，然後購買各種雜貨券當成禮物。這些錢沒有用在行政工作上，致送的對象是常受忽視或處境險惡的人，也有老人、慢性疾病者，以便他們能夠換取食物和其他日常生活用品。

(三)志願服務宣導

　　德州休士頓地區志工中心「志工報導」方案是與Houston市的Municipal Chhnnel合作播出電視節目，主題在報導休士頓非營利組織所做的工作，包括深度訪問組織員工和志工。W. Black是節目主持人。該節目每週二整天有六次播出時間。南方志工中心編寫出版的《Sarasota郡媒體指南》有四十頁，其中列出的媒體有報紙、雜誌、收音機、廣播和有線電視。其內容包括接洽方式、地點和電話，每個媒體類型和接受哪些組織公共目的而做的事，以及也列出這些媒體有那些特別節目是給非營利組織使用的。「分享之牆」

（Wall of Sharing）將全郡各組織的志工方案放在櫥窗中,地點在大賣場外或購物中心,配合春天全國志工週辦理。每個組織可以列出使命、方案目的和百位志工。Dallas郡的志工中心「志工導向(發現可能當志工的人)」方案是發掘有興趣擔任志工的人,但要再許下承諾之前,需要知道更多事的話,志工中心有「發覺可能性,志工人」的服務,並每季舉辦一次導向活動,讓有心的人有機會參訪一些具有代表性的非營利組織,瀏覽志工中心資料庫,並且可以與人面對面談他們做志工的好處。此一方案是有關於如何選擇和對志工有何期待之訊息,這一免費活動是公開給社會大眾而且遍及整個郡的。

(四)志工教育訓練

南方志工中心「志工中心成人志工訓練」方案的主要內容,在於訓練成人擔任高危險群孩子的良師益友,鼓勵他們學習解決問題與決策的技巧……等,以便志工中心協助各地少年,並以解決問題決策模式訓練他們服務社區,尋找適當的服務機會,以及幫他們尋找獎學金之機會。此一志工中心另外成立全體非營利組織的組織——「服務學習協會」。此一協會在他們機構的方案活動中任用少年志工,以便提供給少年參與刺激與挑戰之機會。成員每年聚會幾次討論給少年志工哪些新機會和記錄他們的需要。此一組織是由於南方志工中心網絡的成員組成。

Dallas郡志工中心的教育工作放在由志工中心共同處理的事,諸如社區理事會、志工管理會議,以及每個月的訓練專題討論等,這些活動都吸引許多非營利組織的專業人員前來參加,學習最新的志工管理技術。各非營利機構也會前來志工中心請教如何建立和管理志工方案,如何招募、激勵和讚賞志工,以及志工特殊事件管理

等等。志工中心還會提供統計、樣本文件、書籍和發表有關志工報告等的資源。

(五)對當地非營利組織的服務

地方性志工中心提供志工管理訓練諮詢並直接支持非營利組織和其他組織（如學校、地方政府、信仰團體、企業等）。他們分享志工管理資源之資訊，如通訊報導、收費圖書資料、租書館（lend-ing libraries）和線上資源網路；此外，志工中心也到由志工管理者和領導者組成的專業人員協會做報告，對象為企業志工協會、志工機構主任等等；而且對志工特殊團體提供訓練和支持，如未來的董事領導者。南方志工中心的「成就研習會」（Success Seminars）內容有持續性的管理教育和網路運作。由該地區有特殊能力的專業人員分享志工管理和留住志工、募款、如何寫補助款申請計畫、宣傳和行銷與財務管理等方面之作法。同時也提供志工管理資料之資源中心、董事會發展和管理培訓等方面之課題。這些工作有書及影帶可供參考。「事業夥伴」（Business Partners）是由各企業代表所組成，以社區之企業為主，每季舉行聚會一次，讓各代表知道非營利社區之現存議題、特別活動之機會和有何方法使其公司能融入社區中，資源訊息也隨時可提供給企業，以建立和管理企業志工方案。

Dallas郡的志工中心「潔室方案」（Clearing-house）在機構需要整理工作上的協助時，由Dallas郡的志工中心運用地方媒體資源，如報紙、每週一的「志工服務機會」專欄、地方電視台、公共服務活動通告、社區報紙專欄，以及機構自己發行的訊息，鼓勵可能參加志工的人伸出援手，並依據地點、時間、需要人力等來建構資料庫，以便能做最佳媒合工作。每年有七千件特別的活動，而有

九萬一千人參加組織的服務。Dallas郡的志工中心每年服務超過一千一百個非營利組織，推動志工觀念和轉介人力、物質資源。這些資源是由當地企業慷慨捐出。志工中心企業服務部門催化此一雙贏的關係。不論是計畫轉介、資訊交換或志工事物之協調，志工中心努力創造企業與非營利組織之間有意義並互利的聯盟。志工中心提供會員的身分，使公司能滿足員工志願服務方案之需要。Akinfo志工中心提供訓練、技術支援、諮詢和其他資源，包括志工管理方案。他們在地方性專業組織Anchorage的志工行政人員協會中相當活躍，每月舉行聚會，每年兩次針對志工管理者和協調者所關心的議題辦理訓練。

另一項重要服務工作是志工資格合適性評估，這是很重要的工作。Dallas郡的志工中心的「犯罪背景查核方案」是避免有虐待傾向者參與兒童、少年等弱勢者的服務工作。其他諸如從事身心障礙者、老人服務工作的志工的過濾篩選也是很重要的。在德州休士頓地區，志工中心則是提供了「過濾有犯罪前科的人」方案，訓練機構過濾準備擔任易受害的人口群之志工，以協助非營利組織降低運用志工上的風險，以免兒童或其他弱勢者受害。

(六)社區服務

Dallas郡的志工中心「社區服務賠償」（restitution）方案二○○○年有八千個社區服務賠償的志工貢獻三萬小時。這個方案自一九八一年起開始施行，是以服務時數替代入監禁錮，主要目的是希望被判觀護的人能學習負責任，並做對社區有益的事。實施對象是非暴力者，由法院指定從事志願服務為觀護條件，必須在仔細的會談和安置計畫中進行。今日以相同的程序，安置這些人擔任油漆、清潔、園藝、烹食及其他有幫助性的工作。

「社區暑期工作方案」由某一企業補助社區學生八週費用,請他們到七十幾個社會、文化、健康服務等非營利組織中工作,工作內容從個案工作者到公共關係助理都有。「良師中心」(Mentor Center)是志工中心和大哥哥大姊姊們合作之方案,這是想協助機構建立有效的「良師方案」(Mentoring program),協助機構找出合格的志工擔任良師。志工中心提供訓練機會,以便擔任志工的人具有從事志願服務的基本認識。「青年領袖Dallas」此一活動把各不同文化之高二學生集合起來,再次肯定他們的共有特質和差異處,並培養領袖才能。這些人從學生會成員到鄰里幫派成員都有,他們討論的主題有:做志願工作、刻板印象與偏見、性關係的責任、酒與藥物濫用、社區參與,以及社區中不同文化藝術空間。德州休士頓地區志工中心「社區暑期方案」則是請社區中的組織提供機會在暑期聘用大學生,協助提供社區重要的服務,八週的方案使學生有親身機會體會並瞭解非營利組織的情況。Akinfo志工中心也分別在秋冬兩季舉辦兩個社區建基活動——「關心日」(Day of Care)和「真心付出」(Giving from the Heart),有幾百位社區居民參與各種不同志工活動。

(七)志工的獎勵

光明基金會透過獎勵方案、全國志工週活動和一些非正式讚賞之活動,讓大眾有機會感謝傑出的志工和志願團隊。南方志工中心「全國志工週」每年春天對社區的給予特別關照,在這一週裏,非營利組織接待來自各地區之志工,並有「心跳點」和「Aurora獎」二個活動。南方志工中心在每年春天全國志工週和志工中心贊助學生年會時舉辦「心跳點」獎勵活動,特別規劃志工精神展示、優良志工組織與個人推薦表揚等活動。而Aurora獎則是頒給傑出女性的

獎項，共分為九類，在每年五月舉行，個人組織和機構都可推薦人選。此一方案是和女性支持中心（Women's Support Center）合辦，推薦表可在二月時索取。德州休士頓地區志工中心「假日計畫」是全國性計畫，主要功能是組織志工訪視安置在養護之家、醫院和其他機構中不能自由行動之病人。最有名的或許是「耶誕節訪視」（Christmas Day Visit）活動。

由以上的介紹中可知，美國全國性志工中心和地方性志工中心組織目標明確，功能多樣化，除了提供社區直接服務方案外，針對社區組織或地方性志工中心，不僅做協調相關機構配合提供服務、提供志願服務組織資源、資源有效聚集和媒合的工作，以及舉辦志工獎勵等工作外，還針對志願組織需求舉辦志工機構領袖與管理人物訓練和協助成立志工中心和組織，並推動志願服務。志工中心的工作內涵相當豐富，諸如分享志工管理經驗和留住志工、募款、如何寫補助款申請計畫、宣傳和行銷與財務管理等方面之作法；推動志工觀念和提供特殊團體訓練和支持；資源徵募工作，包括募款、物質資源、人力徵募與訓練、接受機構之申請和轉介人力、宣傳；建構企業與非營利社區之溝通管道，有何機會與方法使其公司能融入社區中，資源訊息也隨時可給企業等等，甚至協助過濾志工的背景，以免侵害弱勢的被服務者。由此看來，全國性與地方性志工中心是各司其職，全面性推動志願服務。

四、我國建構志工中心之可行途徑

雖然中央與地方政府中對推動志願服務有心者比比皆是，也相當投入推動志願服務工作，不過仍然不及美國。畢竟從歷史發展來看，國內志願服務推動上仍屬於起步階段，並且各項推動工作顯得

較少或零散。依照前面所述之結果，在當前國內社會環境中，志願
服務發展的潛在趨勢及困境，有全國性和地區性問題。這種情形的
確是反映在「九二一大地震」的志願服務救援與關懷工作上。為了
能有效就近協助現有機構提升志願服務效能，整合各地志願服務資
源，實在是需要有一個多元性功能之組織。對於在各地區設置地方
志工中心，提供推展諮詢、人力培訓、資源連結、擴展宣導等功能
這一方式是否可行，值得有識之士關心與評估。

　　為了未來能夠有效推動志願服務，成立志工中心或志願服務推
廣中心有其必要性。依照美國現行的運作方式和內涵，在成立上需
要探究並解決的問題如下：首先是期望志工中心服務功能為何？全
國性與地方性志工中心組織功能的劃分為何？其次是應如何來建構
志工中心，志工中心的主要使命、經費來源與分配、組織結構與功
能、人力資源型態及其運作模式為何？尤其是要如何融合現有的全
國性與各縣市志願服務協會來加強服務功能，或妥善思慮我國當前
條件，才有助於志願服務工作之推展。

(一)成立志工中心的必要性與支持度

　　曾華源、郭靜晃（2000）曾針對國內現有志願服務團體調查是
否有設立地方志工中心的必要性，有超過八成的人認為有必要，有
超過八成的人表示支持成立。這樣的意願表達不因為公、私部門和
志工身分有所差別，也不因為受訪者的年齡、負責志工的年資和教
育程度而有顯著性的不同，也就是地方志工中心的成立有其普遍性
的需求，同時一旦設立地方志工中心，亦可獲得相當程度的支持。

　　在曾華源、郭靜晃（2000）的研究中顯示，對規劃志工中心服
務功能之期待上，認為有必要性與支持度之間有差距的。差距較大
之項目包括有：「提供機構志願服務之資訊」、「倡導有關社會問

題與需要」、「整合志願服務概況和指出發展趨勢」、「舉辦地區性直接服務志工教育訓練」、「提供志願服務方案規劃技術之諮詢」、「規劃與推動志工福利與保障之制度」、「追蹤志工提供服務的有效程度」、「辦理聯合勸募來補助機構團體之經費」和「彙整並保存當地重要志願服務工作發展資料與成果」。期待服務功能較爲接近或一致的有「舉辦增進社區意識與參與之活動」、「維護志工權益，處理志工和志工團體申訴案件」、「轉介志工人力資源」、「管理人力時間銀行（累計服務時數，以便年老取得服務）」、「提供志工管理技能之訓練與諮詢」、「研訂志工倫理守則」、「研創新的志願服務項目與方案」、「認證志工服務與時數的記錄」、「建立志工人力銀行資料庫」和「出版志願服務相關刊物」等。總括說來，調查顯示志願服務推動困境的感受性越強時，對於設立志工中心的意願也越強。

(二)成立志工中心阻礙之認知

據曾華源、郭靜晃（2000）研究調查，認爲志工中心成立的阻礙依序是「經費來源困難，缺乏足夠經費運作」、「志工中心缺乏行政專職人力，不易發揮預期功能」、「整合與開拓當地志工機構會有困難」、「志工中心的志工人數無法事先預估」、「缺乏技術，難以規劃出適當之組織來運作」、「不易提供具體服務吸引志工機構團體使用」等，均超過一半以上的人同意這些因素是志工中心成立的阻礙。另外超過三成的人認爲會有阻礙的是「要取得機構對志工中心的公信力有困難」、「各機構難以整合與轉介」、「當地政府缺乏意願」和「各志願團體功能獨立自主，負責人缺乏感情和信任」。

上述研究調查有意願成立地方志工中心之機構對於成立阻礙之

看法，結果發現私部門的志工幹部與公部門的業務承辦人有50％以上擔心「功能發揮之阻礙」會造成成立地方志工中心的阻礙。此外，有一半以上的公部門的受訪者預期成立地方志工中心的阻礙是「缺乏技術，難以規劃出適當之組織來運作」和「整合與開拓當地志工機構會有困難」。私部門有一半的人擔心「志工中心缺乏行政專職人力，不易發揮預期功能」、「經費來源困難，缺乏足夠經費運作」、「缺乏技術，難以規劃出適當之組織來運作」等問題。其中「缺乏技術，難以規劃出適當之組織來運作」原本是排名第五的阻礙，卻在公、私部門各組均有50％以上的人數比例同意該阻礙有可能產生。原本排名第一和第二阻礙的「經費來源困難，缺乏足夠經費運作」與「志工中心缺乏行政專職人力，不易發揮預期功能」，則僅有公部門的主管、業務承辦人和私部門的主管、業務承辦人與志工幹部有50％的人數比例同意該阻礙有可能產生。

成立地方志工中心可行方式，在型態上，最多人支持以基金會的方式運作。在開辦方式上，則是以由政府委託民間單位辦理的方式最為優先。至於經費籌措來源部分，則絕大多數受訪者傾向於希望政府編列預算補助，其次則是由地方志工中心匯集當地各非營利組織或團體的活動方案向政府申請補助。再其次才是志工中心舉辦活動向社會大眾與企業籌款（58.4％受訪者贊成）。如果以表達願意成立地方志工中心的受訪者做進一步分析，則發現第一優先考慮的開辦方式是「由民間單位自行籌設」（53.9％），其次是「由政府設置」（41.9％）。其中經費主要來自「地方志工中心匯集該地方之活動方案向政府申請補助」或「由政府編列預算補助」或「舉辦活動向社會大眾與企業籌款」。其中公部門認為經費最好由「地方志工中心匯集該地方之活動方案向政府申請補助」，而私部門則傾向「由政府編列預算補助」和「舉辦活動向社會大眾與企業籌款」。

初期推動的方式有先從資源充裕和志願團體較多的都會地區試

辦；先加強機構間聯繫會報工作，溝通觀念和情感後再成立志工中心；先由地方志工中心募集經費與人力資源協助機構推展業務；由政府訂定實施要點以便依據辦理。

五、對籌組我國志工中心方式與運作功能之建議

(一)在中央規劃單位方面

目前政府中央部會均訂定有志工運用辦法，不過只有內政部比較有在做各志願性組織或志願團隊的整合協調工作。目前在增進志願服務團隊與組織之間的協調合作和開發資源，以推廣志願服務工作方面，仍有待加強。雖然依據最新通過的「志願服務法」已經沒有要求設置志願服務推廣中心（2001），但是就實際工作需要來看，是有必要籌設地方志工中心，然而此項工作需要有政府支持。政府相關機構要承擔此一責任時，應事先想好以下一些可能擔負的責任與面對之問題。

初期推動志工中心的成立，研究調查顯示政府部門還是被期待應扮演規劃者、規範者、組織者、經費補助者等協助支持的角色。政府最大的功能在於它的地位，也唯有政府能號令動員，否則區區民間團體就算訂出決策，很有可能誰也不服誰，未來要如何執行就是問題。況且沒有充裕經費作為支持後盾，是否還能永續經營令人質疑。在推動方面，首先應由政府各部會成立志工中心籌設顧問委員會，其中成員應多元化，除了學者、企業人士、社會賢達人士之外，還要邀請新聞媒體從業人員參加。由政府部門出面舉辦高級領袖培訓班，邀請國內學識豐富之學者與社會上卓有成就人士擔任講

座，以提升研習班之形象。研習班之主要功能除了提供非營利組織經營管理專業知能和培養成員感情之外，還要從中選擇具有領導力、熱心和有資源匯集能力之人才，以做爲各地將來推動志工中心之人才。在全國各地成立志工中心之前，先行選擇試辦地區，直至稍有規模之後，再正式成立，以便有現成資料可以提供詳細報導。

(二)在主辦單位方面

初期可考慮由地方政府主辦，或者由中央部會統籌規劃後，再去尋找適合大學、企業或健全績優社團，委託其成爲業務執行的承辦單位。最好的方式是以籌設成立基金會方式辦理，但爲了推動各縣市成立基金會，可以考量由政府主辦志願服務之業務單位發起，或提供相對基金鼓勵成立。當然如果地方政府有意自行規劃承辦時，也是相當不錯的事。

(三)在經費方面

地方志工中心成立時，必須妥善考量資本門與經常門支出經費的規劃。其中資本門設置開辦費用，可由有意推動的政府單位全數補助，而經常門之相關業務與人事費用，第一年可以採由方案補助或採取購買式之方式，考慮經費由地方政府或者中央補助的方式進行籌措。當然，經費可以由多重方式來籌措，政府也可以考量採取混合式的預算編列或者補助的方式進行。所謂的混合方式包括幾項：一是地方政府固定編列經費，當然這項經費可以由地方政府的預算全額支出，或者請中央政府補助部分款項支出。第二則是地方志工中心匯集志願服務的方案，再向中央政府提出申請方案經費。第三是地方志工中心辦理募款活動，向社會或者企業界籌募款項。

不論何種方式，資本門大概需要由政府提供，而經常門經費部分，則在開辦地方志工中心的第一、二年，仍以政府補助運作經費較為穩當。往後可以運用購買式服務契約的方式來籌措一部分的經費，而其餘的經費則由志工中心的理監事會決定籌措經費的方式。至於政府在編列預算方面，應有長期性規劃，不可每年更改，以免運作受影響，且績效評估不易。

(四)在組織決策層次方面

地方志工中心組織決策層次上，應採取委員會方式。可由地方熱心、有經濟能力的人士、社團負責人為理、監事的主要人選，以求能推動地方志願服務網絡的聯繫。可以考慮幾種方式，其一由地方政府邀請熱心人士成立委員會，作為組織的主要核心成員；亦即建立會員制，使參與者對組織產生認同，願意奉獻或投身志願服務工作。其二則可以考慮由當地的社團負責人組成。如此則可以將當地的志願服務組織或團體視為地方志工中心的成員，方便志工中心的運作。

如果組成有困難或是籌備時間較短時，可以考慮推動部會原先已有合作之團體先行組成推動，再開放邀請加入。

(五)在組織執行層次方面

可以考量由該地區的績優社團或基金會承接，也可以由大學或企業負責實際推動業務，或是和企業合作，由其提供經費與場地，而由行動較積極的社團負責執行業務。各項志願服務工作無需另覓專設固定場地，而是應該掌握資源，將社區、學校、民間團體或是企業等擁有的人力、設備和場地等做資源的媒合，讓資源得以被充

分運用，並符合志工中心成立之目的。

(六)在組織功能方面

在功能的規劃上，以當地各志願組織或團體願意支持配合加入的功能為優先規劃和提供的項目，以免造成資源浪費和過多的競爭出現。可以依據第一節所提到的規劃原則，在第一階段的功能規劃上，可以考慮下列的功能項目來做搭配。

地方志工中心開辦初期涵括之功能以人才培訓、資源開發、資源轉介、諮詢服務、研究推廣、資訊流通和志工網絡建構為主。依據上述規劃原則，有關地方性志工中心功能規劃與開辦時可以考慮的優先順序，整理如**表9-1**。

(七)推動設置地方志工中心之步驟

由於政府最大的功能在於具有經費和公信力之地位，初期推動志工中心的成立，政府部門還是被期待應扮演規劃者、規範者、組織者、經費補助者等協助支持的角色。此項工作最好透過訂定實施要點來執行，以便日後在推動工作上有辦理的依據，而不會驟然停止。

一般說來，地方政府社會局會自行構思志願服務協會功能，故全國性志工中心或政府接下來要決定以何種方式設置或委託辦理地方志工中心業務，決定委託單位和方式之後，可以分為三期來成立志工中心。

■規劃期
由接受委託單位和政府共同規劃籌組志工中心成立社團或基金

表9-1　地方志工中心初期功能優先順序之規劃

因素/項目	第一優先	第二優先	第三優先
志工服務管理	• 舉辦增進社區意識與參與之活動 • 研訂志工倫理守則 • 研創新的志願服務項目與方案	• 維護志工權益，處理志工和志工團體申訴案件	• 認證志工服務與時數的記錄 • 追蹤志工提供服務的有效度 • 統整與調配當地志工人力
志工參與激勵	• 主辦地方性志工獎勵活動 • 舉辦志工情感交流聯誼活動 • 舉辦地區性直接服務志工教育訓練	• 舉辦國際志工交流活動	• 彙整並保存重要志願服務工作發展資料與成果
志工素質提升	• 籌辦志工新知與技能訓練 • 舉辦志願服務之督導技能研習	• 提供志工管理技能之訓練與諮詢	
志工資源開拓	• 志願服務資訊網站 • 志願服務理念宣導	• 辦理志工人力管理研討會	
志工人力流通	• 轉介志工人力資源（指各縣市裏的各個地區之間）	• 建立志工人力銀行資料庫	• 管理人力時間銀行（累計服務時數，以便年老取得服務
組織網絡建構	• 舉辦機構管理者情感交流與聯誼 • 舉辦機構管理者管理知能研習 • 出版志工報或志願服務相關刊物		
社區資源開拓	• 提供場地、硬體設備供志願服務機構使用 • 建立志工教育訓練講師人力資料庫	• 舉辦社區資源募集活動	

會，並規劃地方志工中心組織定位、組織目標和業務範圍與功能。各地區的志願服務隊及志願服務團體分屬不同領域，期待志工中心提供的功能也不盡相同，所以和實際需求相符，亦是初期的目標之一。故業務功能應考慮當地的需求，並視各理、監事會或董、監事會期待初期提供何種服務與發展性業務而定，諸如設置研究推廣組、諮詢服務組、資源整合與轉介組、人力培訓組等等。為建構服務整合之形式，承接志工中心之機構或社團可在其設址之處增設單一窗口的服務，或是在各縣市廣設對口單位，掌握所有對服務供給和需求的資訊，也可以透過電腦網絡方式建構資訊網。

■籌備期

可先行召開會議交換意見，或舉辦層次不同的研習訓練活動，以宣導和介紹志工中心。培訓活動應以社團負責人為對象，以達到各地社團認識志工中心目的與功能的目標。培訓之內容以充實專業知識、情感的聯誼、宣導志工中心等為主，期待藉由訓練過程，讓參加者對志工中心有更進一步的瞭解。在志工中心籌備期階段即可委託試辦。

■成立期

當部分試辦地區有明顯的成效時，再正式舉辦盛大的成立大會。

(八)設置地方志工中心方式

如果以機構式方式設置地方志工中心，則涉及設置單位和歸屬問題，設置時程與複雜度將增加不少。如果由公部門設置地方志工中心，則將來還涉及議會監督問題，因此也不宜採公辦民營方式辦理。如果成立社團或是基金會為決策部門，而在經費來源方面以專

案補助方式支持籌設較為可行的話，執行志工中心工作部門之運作，有下列幾種方式可以考慮。

■學術團體為主

選擇當地開授相關課程或設置相關科系之大學，補助開辦費和業務費，以便盡力推動業務工作，其中課程訓練可以借重該校之專業師資和場所。此外，大學擁有較為公正之聲望和學術權威，除了政治力量不易介入之外，容易協調當地各社團組織，使社區、學校、民間團體或是企業等擁有的人力、設備和場地資源可以充分做好媒合，讓資源得以被有效運用。例如教育部委託北、中、南部各有一所大學設置辦理家庭教育推廣與研究中心。其他諸如公立的社教館、市民學苑亦可列入考慮支持辦理地方志工中心。不過學術團體不可將推動設置地方志工中心視為主要業務。

■企業運作為主

由當地績效優良之中小企業組織負責人提供運作經費和場地，或是某項業務與企業組織合作，由其提供此項部分經費和人力，並借重企業管理或行銷的專長，一方面推廣志願服務，另一方面打造企業公益形象。但要防止有些企業藉機宣傳自己的企業並不容易。

■志工團體為主

志工中心如果委託有意願和能力之社團先行試辦推動，則志工中心可以採用依附機構或虛擬的方式先行設立。其經費可以依照各項功能提出推動方案，由政府以編列經費購買此項服務之方式，做為推動經費來源之一。志願服務表現優秀的社團多是其領導人積極主動，連帶的社團的氣氛也較為活絡。不過光依賴領導者的個人魅力，一旦組織易主，其理念和決策也會產生變化，這是造成穩定性不足的原因。

六、結語

　　這幾年來，國內志願服務越來越受社會重視。許多學校重視學生的社會學習與人格成熟之關係，開始推動服務學習（service learning），要求學生參與志願服務，並且計算學分，要學生課外參與，作為未來申請入學的重要參考。雖然此一方式立意頗佳，卻不符合志願服務之精神，不過實際上卻立即反映出學校需要掌握志願服務機會，以及機構要如何有效運用資源之議題。簡言之，這些議題與國內志願服務整體發展面臨的課題是一樣的，諸如志願服務觀念宣導與教育、志願服務機會擴大、社會資源之開發、機構管理效能增進、機構間的統合與網絡建構等等。

　　目前行政院青年輔導委員會已經全力支持在全國幾個區成立地方志工中心。雖然就志工中心初步推動之研究報告顯示，欠缺專人、經費和國內非營利機構資訊化不足（黃榮敦，2000），因此建構一個可以合作的運作體系十分不易。加之各機構之管理者經營管理能力不一，顯示建構一個合作系統之困難。就實際狀況來說，志工中心要能提供資源協助各機構推動服務，才有可能讓機構願意使用志工中心和配合各種服務之推動，而志工中心之可能功能視各地潛在資源而定，美國現有的情況也是如此。因此，各區志工中心之功能也不必劃一，倒是哪些功能是重要的、需要整體推動的，則是看全國性的推動單位是如何來規劃與推動。目前志工中心初步實驗結果的確是有助於志願服務之推動，而志願服務工作之推動困境是需要逐步克服。美國志願服務之發展也是有階段性的。未來期待已經通過的志願服務法能有助益志工中心克服現有之困境，以利民眾積極參與社會公益，實際有益於我國民主社會的發展。

Introduction to Volunteering in Taiwan

第十章
志工參與志願服務之動力

歐美的志願服務具有「公民參與」或「社區」的概念。我國的傳統慈善事業是以個人情感出發、不定期的助人行為，其精神在於關心社會，透過社會參與及付出的過程來解決社會問題，這是和今日西方推動之志願服務有異。隨著社會變遷的影響，志工的參與動機和行為表現已出現變化，過去我們認為志願服務是慈善、利他的，目前在民主社會中，志願服務已不是單純的慈善行為，所以有必要對於志工決定參與志願服務的動機再做瞭解。

由於志願服務對社會發展有積極性作用，所以受社會所重視。然而，就前述政府統計資料中顯示，當前國人參與志願服務的比率偏低，持續性亦不足。動機（motive）是人類行為驅力，它是個人表現某一行為的意願和內在的需求。當需求未滿足時，會產生不安的緊張狀態，驅使個體朝向環境中有關的刺激或目標有所行動。當需求得到滿足，內在心理不安的狀況解除，個體才會停止活動（張春興，1989；蔡承志，1987）。因此，個人行為受到動機的影響，而從許多實證研究也發現志工參與志願服務的動機，不但影響參與後的工作滿足，同時也是機構規劃志願服務工作的基礎。

因此，本文擬就國人參與志願服務行為特質和滿足感進行探討，並期能提出增加民眾參與志願服務之可行作法。

一、參與動機與激勵理論

激勵是一種管理活動，管理者規劃適當的工作環境，以誘導和激發員工產生工作熱忱，使他們能發揮個人潛能，而有效地達成組織目標。激勵和滿足是兩個相互關聯而又有區別的概念。如果激勵指的是某種目標或欲望得以實現，也就是取得某種結果的動力，那麼滿足就是獲得結果所體驗到的滿意感受。

　　志工管理與一般機構管理最大的不同，在於它的對象是一群志願參與服務的人，志工提供服務的目標不是在追求績效（曾華源等人，1998），所以對於志工的管理是不能以命令或要求的方式達到機構的目標，而是必須考慮如何運用適當激勵的措施，以吸引他們持續參與並努力投入服務。因此，當志工進入機構或組織參與服務之後，接下來所考量的是他們是否願意繼續投入志願服務的工作，是否願意讓他們志願服務的工作更加完善，這一課題牽涉到激勵的策略和志工的工作滿足，也直接影響到志工的流動。志工持續參與的假設是當志工在參與的過程中得到滿足，將會促成志工繼續留在機構參與付出。

　　一般而言，激勵理論可大略分為內容學派、過程學派及增強理論三大派別（許士軍，1982；林勝義，1986；黃孟藩、趙苹及王鳳彬，1995）。內容學派有Maslow的需求理論（1943）、Alderfer的ERG理論和Herzberg的「激勵－保健理論」（Motivation-Hygiene Theory）（1959）。這些理論均屬於內在個人激勵。

　　Maslow認為人具有五種階層性需求；生理的（physiological）、安全的（safety）、情感的（belong）、自尊的（esteem）及自我實現的（self-actualization）等，最能作為激勵人類行為之誘因。Alderfer將個人的需求分為存在需求（existence）、關係需求（relatedness）及成長需求（growth）。Herzberg認為保健因素是影響工作不滿足的因素，包括政策與管理制度的合理性，上級領導型態是否重視公平與授權，員工與主管關係是否良好，工作環境是否孤立，所擔任職務的地位是否明確等，這些即是促使工作維持一定水準的因素。至於影響工作滿足的激勵因素，包括成就感、受到讚賞與肯定、工作有升遷機會、是否能得到成長與發展等，這些是激發個人產生持續工作意願的因素。對於志工而言，獲得工作滿足是影響持續參與的要件，而機構方面則應提供志工不斷成長與完善的管理制

度與環境，以激勵其持續參與服務。綜合上述理論，激勵志工的方法包含了提供安全的工作環境、好的人際關係、受到重視、提供自我成長與實現之機會等。

過程理論包含了預期價值論（Expectancy-value Theory）與平衡理論（Balance Theory）。預期價值論係由Vroom（1964）提出，假設人的行為都是有目標的，一個人採取某一行動會受到兩個因素所支配，即需求的強弱程度及行動的結果是否能滿足此人的需求，當期望值與一個人的期望總和愈相近，則激勵就愈有效果。因此，志工管理者若能事前充分瞭解志工參與動機，規劃適合志工參與的管理模式，讓志工獲得他們預期的回報，對於志工將是很好的激勵。Adams所提出的平衡理論，又稱為社會對照理論，他認為員工感到公平是工作滿足和工作有績效的原因，個人輸入與輸出所獲得結果之比率會和他人做比較，若結果合理就認為公平。因此，在志工管理上，工作分配與獎勵制度非常重要，並且要以公平為原則。

行為學派增強理論的觀點認為對於個人行為給予正面肯定與獎賞，將會鼓勵此行為之發生；反之，個人不適當的行為遭到懲罰、消滅等，將可以減少不受歡迎的行為。

如前所述，激勵措施不只要參照志工內在個人參與動機，以增強鼓勵個人某些行為，同時過程論亦指出機構的環境及管理制度、個人內在需求滿足與否、是否對個人成長有助益，都是持續參與的重要因素。

二、參與動機之類型

動機（motive）是人類行為的內在驅力。動機理論推論得知，志工參與服務的行為，往往是由數種內外在的動力交互作用而成

的，其參與的動機也非常不同。雖然志工的動機是多元的，但有些學者嘗試以較典型的幾種動機將其分類，以助於辨認。志工們依動機可分成下列五項（Stenzel & Feeney, 1976；陳金貴，1994）：

1. 社會服務志工：這些志工主要是幫助他人或為別人做事，通常受到與他們直接互動的服務對象之激勵，這些人通常服務於衛生、教育或休閒機構中。

2. 議題取向的志工：這些志工關心特定的社會議題，例如人權、環境保護或家庭計畫等。通常他們去教育大眾有關議題情況，並且催化社會變遷。

3. 完美或自我表現的志工：這些志工參加團體的主要目的為的是喜悅或是個人表現，通常參與有關藝術、運動和娛樂的團體。

4. 職業或經濟上的自我利益志工：這些志工從事商業社會、專業協會或企業家的組織，其動機來自期待參與志願服務能加強他們的事業、工作地位或經濟權力。

5. 慈善或基金的志工：這些志工們著重在為志工組織捐款或募款，而非提供直接服務。

林勝義、陸光（1990）試著將志願服務參與動機分為主動和被動兩種，主動是因個人的興趣喜好，而被動是受環境、機構及他人的要求或鼓勵。國外不乏有關志願服務的研究和對於志工參與動機之研討，其中Schindler-Rainman和Lippit（1975）大致將志工參與志願服務的動機分為三個動力因素，即自我取向（own-force）、人際取向（interpersonal-force）和情境取向（situational-force）（Schindler-Rainman & Lippit, 1975），而Perlmurrer和Cnaan（1993）及Hodfkinson等人（1992）的研究發現，亦可回應到前述的動機分類。這三種動機分述如下：

1. 自我取向（own-force）：是否參與志願服務以個人的感覺、價值和判斷來決定。這種參與動力是重視自我的感覺，如求取經驗的需求、成就的需求、獲得個人的內在滿足、確保活動方案或機構的持續，而個人可以從此二者中受益。其中有些人著重學習、有助個人成長的自我實現機會，而有些人著重服務、責任和是否償還曾接受他人服務的債。這是以自己的感受和價值觀來決定是否參與志願工作。

2. 人際取向（interpersonal-force）：強調外在因素導向，參與志願服務受他人或所屬的團體所影響，如可以結交朋友、朋友或工作同事的極力邀請、可以從雇主身上得到鼓勵、所居住的社區有大多數的人都參與志願服務。這是受團體的規範、志工活動的社會地位、對未來社會關係網絡和工作的助益，以及是否會冒險和有社會支持來決定。

3. 情境取向（situational-force）：針對政策或社會情境因素所表現的反應，包括參與組織的特質因素、個人參與服務的因素等。例如擬參與的志願服務是一種挑戰、受到機構物理環境吸引、社會認可的需求、表達社會責任感的需求、回饋社會、讓他人能從中得到益處、履行社區責任、有參與改變社會不平等的機會。有些人著重對案主的幫助性程度，能否從參與活動中獲得回饋，以及著重參與事件過程。另外有些人比較喜歡具反應性和政策性的志願服務活動，認為志工活動能給他們感受舒服、有滿足感，如參與委員會和決策之董事會。

Schindler-Rainman 和 Lippit（1975）由以上三個取向歸納出志工參與志願服務的五個動機：

1. 自我實現或服務、責任和對於接受服務恩情之回報：以自我

實現爲動機取向者，認爲擔任志工是一種學習、刺激和個人成長。至於以服務取向爲動機者，視擔任志工是一種特殊的貢獻，可以滿足需求及社會性的行動。

2. 內在取向或他人取向：內在取向者重視情境中「自我內在力量」，即個人感受、個人相關的感覺和個人的價值爲決定參與志工的方針。他人取向者較重視團體的規範、志工活動中可見的地位、服務工作與社會關係連接的結果，以及冒險與支持的情境因素。

3. 直接互動或間接決策的影響力：直接互動者重視直接與案主接觸、從看到事情的變化上得到回饋、和長者或兒童之間的互動、有分享的機會及喜歡和他人在團隊中一起工作。決策影響力重視間接層面進入具影響性、決策和活動規劃的地位，如參加委員會和決策董事會。

4. 更多社會的福祉或人際和團體成員間的意義：更多社會的福祉是指透過服務滿足社區的需求，社會的意義和社區的關聯性是志工做選擇的標準。至於人際和團體成員間的意義是指其參與的決定是由於共事者有良好的形象，參與可得到人際支持，並且會對於其家庭、朋友及所屬團體帶來某些意義。

5. 自主、互賴、依賴或支持取向：自主取向強調有充分的自由做想做的事、可以免除例行及令人厭倦的事、可以冒險和有新的刺激。互賴取向重視同儕之間的關係、和同事之間的相互支持、工作關係是否有積極性。至於支持取向強調明確適宜的工作內容、訓練、工作上有沒有督導及協助，重視工作方針，遵循已發展完整的規範及程序。

三、我國志工參與行爲特質與類型

(一)國外研究

就國外研究來看，Hodfkinson等人（1992）研究個人的慈善行爲（捐款及擔任志工）其背後的原因，有55％的人認爲擁有較多的人應該去幫助生活貧乏的人，有43％的人認爲從參與中可以得到個人的內在滿足，而有41％的人則認爲助人行爲和自己的宗教信念相互吻合。研究結果進一步發現到引發這些慈善行爲的原因如下：

1.回饋社會，讓他人能從中得到益處。
2.朋友或工作同事的極力邀請。
3.確保活動方案或機構的持續，而個人可以從此二者中受益。
4.服務他人的一種方式。
5.對於自己或他人創造一份記憶。
6.履行社區責任。
7.節稅。
8.可以從雇主身上得到鼓勵。

Perlmurrer和Cnaan（1993）對於人群服務組織志工的角色研究顯示，志工參與的動機爲：

1.機構提供具挑戰性的角色。
2.有參與改變社會不平等的機會。
3.所居住的社區大多的人都參與志願服務。

4.可以使社會更美好。

5.自己有很多空閒的時間。

這些動機均分屬於情境、人際和自我取向，只不過都沒有提出較偏重何種取向。

(二)國內研究

有關國人實際參與志願服務背後的主要影響因素已有一些研究。台灣的志願服務常被視之為是在做善事，有濃厚的道德性和「私利性」。曾騰光（1994）研究發現我國大學生對志願服務的認知是偏向具道德性慈善的利他觀念。林萬億（1992）調查發現，國人做善事（如：捐款）的比例高於參與志願服務的比例；從事志願服務與做善事的主要動機是服務他人，其次是積陰德，第三是回饋社會。丁仁傑（1997）研究發現國人參與宗教性志願服務是基於秩序觀、佈施觀和功德觀，透過非隨機性的私人社會網絡建構志願服務的團體行動。內政部統計處（2001）「國民生活狀況調查」報告中顯示，國人未來一年想參加的志願服務活動以社會福利居多，其次是環保與社區服務和教育。其中女性和年齡越輕者，越多人想參加社會福利和教育，而男性和年齡越大者越想從事環保與社區服務。不過，對參與行為想要產生何種作用之自我覺知，並不一定和預期參與結果相同。張玲如、張莉馨、李毓珊（1997）研究發現參與志願服務的理由是回饋社會和增進經驗與知識。蘇孟秋（1999）研究發現參與美術館志工活動的主要原因是自我充實美術知識和願意貢獻社會。依照葉旭榮（1997）研究老人福利機構的各年齡志工參與行為意向模式（participatory behavior intention model），發現影響參與志工的最主要因素是便利性（有無面臨阻礙）和自我能力（個人

有無資源、機會和能力）之行為控制知覺（perceived behavioral control）因素，而非自利、利他、社會責任等個人態度因素。江宗文（1998）研究發現志工動機主要為追求知識技巧、表達社會責任、自我成長。方祥明（1995）的研究表示志工愈覺得服務工作具挑戰性、創造性、成就感、能發揮抱負與專長，並令人愉快時，則離隊意向會愈低。

這些研究顯示參與志願服務並非犧牲奉獻的一種完全利他行為，志願服務似乎是含有報酬或自利之因素。可以發現志工希望在提供志願服務時，其專長得以發揮，而且工作富挑戰性、創造性，此時督導應以滿足其成就感為主，督導風格的取向應偏向較少的監督、支配，讓其能在工作中盡情發揮，但是避免流於放縱，而多以情緒支持取向為主，藉由情緒支持達到控管的目的。

曾華源等人（1998）研究志工期望在志願服務工作中得到的收穫（見**表**10-1），參與志願服務最希望得到的收穫是「自我成長」，其次是「幫助別人，貢獻個人力量給社會」，再其次是「看到需要協助的人得到協助及生活改善」。比較多人不同意可以從志願服務中得到的收穫是「得到再就業的幫助」，不過在次數分配上呈現兩極化的看法。另外，「對自己的專職工作有幫助」、「得到社會大眾的讚賞和肯定」、「做好事、積陰德」、「把服務當休閒活動」、「心情不好時可以得到支持」、「不想閒著」等項目的同意程度偏低，且異質性比較大，也就是說有很大比例的人是不同意這些說法的，而「被別人拉來的，沒有什麼想法」的不同意程度最高，可見大多數人加入志願服務工作時都懷抱一些目標，而且偏重情境取向和自我取向。

從以上中外實證研究中反映出志工參與動機，顯然以社會性取向及個人成長的需求為主，志工參與動機可歸納為七類：(1)學習和自我的成長；(2)可以增進和擴大人際關係；(3)個人對社會的責

表10-1　希望在志願服務工作中得到的收穫之次數分配與百分比統計表－志工

項　目	非常同意 次數（％）	同意 次數（％）	有一點同意 次數（％）	有一點不同意 次數（％）	不同意 次數（％）	非常不同意 次數（％）	不同意程度 平均數(標準差)
1.看到需要協助的人得到協助	72 (34.0)	119 (56.1)	19 (9.0)	2 (0.9)	0	0	1.77 (.64)
2.在服務中獲得自我成長	91 (43.1)	104 (49.3)	16 (7.6)	0	0	0	1.64 (.62)
3.心情不好時,可以得到支持	22 (10.5)	92 (44.0)	60 (28.7)	15 (7.2)	18 (8.6)	2 (1.8)	2.62 (1.11)
4.肯定自我價值與能力	50 (23.8)	118 (56.2)	31 (14.8)	4 (1.9)	7 (3.3)	0	2.05 (.87)
5.得到再就業的幫助	3 (1.5)	40 (19.8)	60 (29.7)	25 (12.4)	60 (29.7)	14 (6.9)	3.70 (1.31)
6.學習服務的知識與技巧	67 (31.5)	114 (53.5)	29 (13.6)	0	3 (1.4)	0	1.86 (.75)
7.能深入社區而使更多人受益	52 (24.6)	110 (52.1)	38 (18.0)	9 (4.3)	2 (0.9)	0	2.05 (.81)
8.做好事、積陰德	21 (10.0)	85 (40.5)	52 (24.8)	19 (9.0)	24 (11.4)	9 (4.3)	2.84 (1.31)
9.可以多結交朋友	51 (24.2)	109 (51.7)	44 (20.9)	4 (1.9)	3 (1.4)	0	2.05 (.81)
10.參與服務是一種榮譽	69 (32.5)	98 (46.2)	38 (17.9)	4 (1.9)	1 (0.5)	2 (0.9)	1.94 (.88)
11.有多餘的時間,不想閒著	46 (22.1)	90 (43.3)	43 (20.7)	13 (6.3)	8 (3.8)	8 (3.8)	2.38 (1.23)
12.幫助別人,貢獻社會	87 (41.2)	99 (46.9)	24 (11.4)	1 (0.5)	0	0	1.71 (.68)
13.對自己專職的工作有幫助	12 (5.9)	74 (36.1)	53 (25.9)	22 (10.7)	34 (16.6)	10 (4.9)	3.11 (1.34)
14.得到社會大眾的讚賞與肯定	14 (6.7)	70 (33.5)	69 (33.0)	22 (10.5)	29 (13.9)	5 (2.4)	2.99 (1.22)
15.把服務當作休閒活動	32 (15.3)	90 (43.1)	38 (18.2)	23 (11.0)	21 (10.0)	5 (2.4)	2.65 (1.29)
16.沒有什麼想法	2 (1.0)	6 (3.0)	23 (11.5)	19 (9.5)	90 (45.0)	59 (29.5)	4.83 (1.14)

(n=216)

任,可以改善社會;(4)充實生活;(5)受到社區、重要他人的影響;(6)做善事,積陰德;(7)對個人有幫助。

　　如果以Schindler-Rainman和Lippit（1975）分類屬性為基礎,還是可以將國人參與志願服務動機之實證研究結果歸納為三類（方祥明,1995;王麗容,1992;江宗文,1998;林萬億,1993;施麗娟,1984;張玲如、張莉馨、李毓珊,1997;曾華源等人,1998;黃明慧,1987;劉明翠,1992;蘇孟秋,1999）:

　1.自我取向:個人成長、獲得社會經歷、充實生活、成就感、積陰德。

　2.人際取向:接觸人群、結交朋友、親友都是志工。

3.情境取向：回饋社會、服務他人、社會責任感。

　　這些實證研究資料顯示，國人志願工作參與動機與服務，雖和西方民主社會志願服務價值觀有某種程度之差異存在，但是從上述研究中發現，國人參加志願服務的主要動機，並不侷限於傳統的積陰德想法，反而是前述個人自我取向影響志工參與志願服務，但不純粹都是直接利益的。也有調查顯示，有不少人會願意投入社區服務與環保。但是有些定義將志願服務視為立基於愛心觀點的社會團結或利他主義之活動。有許多人仍認為志願服務終究是補充性、輔助性的與業餘性的；如台灣省社會處《志願服務工作手冊》（1988）對志願服務的定義為：「志願服務是出自於已願，本著人類互助的美德，不求報償，利用餘時餘力餘財餘知來表達對社會的愛意、對同胞的關懷，提供精神與物質兼有的服務。」這種關懷服務的概念和志願服務法對志願服務定義是「輔助性的」相似。雖然國人對於參與志願服務的動機仍較偏向完成個人的目標，與過去之認知有所差異，但是實際願意有參與行動的人仍然不足，所以真正內在心理之動機為何，恐怕還需要再做研討。

　　綜上所述，參與志願工作之動機是交雜著個人內在心理滿足因素與外在人際與情境互動結果。參與志願服務同時是兼有利他與利己的因素。有些人可能以利他因素為主要考慮，但也有許多人是以利己因素為出發點，是由個人認知價值所決定，不一定是利他性的動機所決定，有時甚至是非利他性動機比利他性動機更強（Green et al., 1984）。

四、志工持續參與和工作滿足相關因素

(一)持續參與行為之類型

　　從實際參與志願服務來看,每一個組織都有核心的與邊緣的成員,視其參與程度而定。通常核心的志工在組織中花很多時間,對於組織的承諾較高,而且對其他志工有高度的期望。邊緣的志工只做他們被要求該做的事。在某些確定的情況下,有意義的命令與請求志工分享價值做為控制機制是有效果的,但是個人的關係仍是所有志工完成工作最主要的力量。陳武雄(1998)將志工的參與分為積極的作法與消極的作法。積極的作法包括:(1)穩紮穩打型;(2)積極主動型;(3)急公好義型;(4)默默行善型;(5)細水長流型。消極的作法包括:(1)曇花一現型;(2)虎頭蛇尾型;(3)有名無實型;(4)沽名釣譽型;(5)另有目的型。

　　馬慧君(1997)研究埔里地區五個志願工作團體成員參與之類型,歸納描繪志工實際參與的型態有五種:

1. 觀望猶豫型:這可能是由重要他人的引發或自己的內在動機(如想獲得所屬志工團體的身分、想吸收新的知識和課程)而參與志願服務。參與過程中,家庭狀況或志工個人角色的要求,以及就業工作的時間配合度不足,使他們仍停留在嘗試的階段,其投入的時間、工作層面與技巧較少,從志願服務得到成就感或滿足感少。

2. 保留謹慎型:這種參與較屬於個人的特質,如喜歡獨處、需

要有人陪伴參與志願服務、不願意因為志工工作而造成家庭、事業的衝突。但是在就業工作的時間配合度與社區認同感上比觀望猶豫型的志工高。他們只在自己能力許可或對自己不會有太大影響時才願意投入。其投入的時間、工作層面與技巧深入還是不夠。雖然從志願服務本身得到成就感或滿足感較少，但他們會覺得志願服務可以帶給他們附帶滿足。

3. 配合投入型：此一類型的志工具有利他的和認同志願服務的價值觀念。個人具有如同理心、自信等人格特質，或有不錯的人際關係。志工參與的動機和需求可能受社會事件、他人的引介、自己本身的問題狀況，或是看到外界的狀況而引發。大部分是因為就業工作的時間影響志願服務的參與。志工之間的人際關係與志願服務環境是促使志工繼續留在志願服務工作中的重要因素。他們投入的時間較多、工作層面廣、技巧也較為深入，可以從志願服務本身得到成就感、滿足感或快樂。從事志願服務的附帶滿足也是肯定的。

4. 協調指揮型：這種志工具有利他的價值觀，能認同志願服務的觀念，有高度服務意願與熱誠。引發志工參與志願服務原因可能是社會事件的出現、他人的引介、自己本身的問題狀況，或外界的狀況。這類志工的家庭對參與志願服務的支持度不錯，就業工作的時間能與志願服務時間配合，但是志工還是必須兼顧家庭、事業與志願服務，以取得三者之間的平衡和協調。他們熟悉志願服務內容，投入相當的時間與精力，為潛在領導人物。他們可以從志願服務本身得到成就感、滿足感或快樂及附帶的滿足。

5. 全力以赴型：此類型的志工具有利他的價值理念，並具有相當高的熱誠與服務意願。他們大部分具有宗教信仰。引發志工參與志願服務的動機或需求可能是社會事件的出現、重要

他人的引介、志工自己本身的問題狀況或外界的狀況。他們的家庭支持度相當高，就業工作與志願服務的時間能互相配合，而且能在家庭、事業與志願服務三者之間取得平衡和協調。除了必要的工作、家庭時間之外，幾乎其他時間都可以投入志願服務工作，甚至因此在某種程度上犧牲自己事業，而將服務人群視為相當重要的事情。此類型的志工投入志願服務已有一段時間，相當熟悉志願服務內容，常扮演領導角色，對其他志工成員具有號召力，在志工團體中有重要地位。其投入時間多，工作層面與技巧也很廣泛，同時也從志願服務中得到相當的成就感、滿足感或快樂。他們也擁有志願服務的附帶滿足，如社會關係的拓展、知識技能的進步等。

這五種不同參與型態受不同刺激因素所影響，但不限於個人內在心理因素，還包括人際因素與情境因素交互影響。

Schindler-Rainman和Lippit（1975）對於志工持續參與原因綜合上述各個理論之外，也考慮其他可能性。

1. 成就感的獲得：感受到有能力改變事情，在參與和投入的過程中，覺得可以改變或協助他人的生活，甚至影響到國家的政策或國際上的事件。

2. 受到重視和激賞：得到激賞並且對於共事者和工作情境有影響力。他們的建議和觀點被採納、受邀參與計畫，他們得到信任並且委以更多的責任。

3. 自我實現感的獲得，如做了自己想做的事、覺得更有能力勝任工作、學習新事務、把學習經驗轉換成自己生活的一部分。

4. 重要他人及團體的支持，如朋友、家人、雇主的支持和肯

定。

5.組織的支持，如配合志工做調整以適合他們的時間表、以各
　種方式支持志工的參與、提供聚會場所、補助交通費等必要
　的費用。

　　上述之理論似乎假設，人之所以會努力工作是因爲有需求或滿
足需求後而來的，或是知覺酬賞的激勵效能，這樣的假設是完全忽
視個人內在價值和責任感的因素對個人工作動機的作用（有關東西
方在激勵上的看法，詳見第十五章對志工的督導管理工作）。

(二)志願服務的工作滿足與持續參與之關係

　　雖然志願服務被視之爲自發性行爲或自主性參與活動，但是行
爲持續或產生志願服務認同感，則和參與志願服務中所能獲得的心
理滿足感有關係。工作滿足（job satisfaction）是指工作者在人和情
境的交互影響之下，表現出積極情感性的工作態度（許士軍，
1977；吳清基，1980；黃麗莉、李茂興，1990），主要是受到個人
（如人格特質、能力認知與期望）和工作環境（如組織氣候、領導
方式）兩因素的交互影響。曾華源等人（1998）研究志工認爲吸引
自己持續參與志願服務的因素，根據**表10-2**來看，比較多人同意的
項目包括「有益於社會的良性發展」、「有助於自我成長」、「無爭
無私的奉獻」、「能增強人際關係能力」、「能得到自我肯定的機會」
等。而同意程度較低的有「對家庭有幫助」、「對自己的專職工作
有具體幫助」、「符合原先的期望」、「能實現自我理想」等。至於
最不同意的項目是「對就業有幫助」。

　　工作滿足對於個人及機構都帶來正面的功能（黃麗莉、李茂
興，1990；林勝義，1986）。對個人而言，工作滿足在志工生活滿

表10-2　吸引志工持續參與服務的因素之次數分配與百分比統計表－志工

項　目	非常同意 次數（%）	同意 次數（%）	不同意 次數（%）	非常不同意 次數（%）	不同意程度 平均數（標準差）
1.對就業有幫助性	2　(1.0)	71　(34.5)	113　(54.9)	20　(9.7)	2.73　(.64)
2.對家庭有幫助	19　(9.1)	127　(60.8)	56　(26.8)	7　(3.3)	2.24　(.66)
3.實現自我的理想	34　(16.1)	154　(73.0)	23　(10.9)	0	1.95　(.52)
4.能增強人際關係能力	55　(25.8)	149　(70.0)	9　(4.2)	0	1.78　(.51)
5.能幫助結交更多朋友	52　(24.4)	147　(69.0)	14　(6.6)	0	1.82　(.53)
6.有助於社會的良性發展	74　(30.2)	135　(64.3)	1　(0.5)	0	1.65　(.49)
7.更有助益自我成長	68　(32.1)	140　(66.0)	4　(1.9)	0	1.70　(.50)
8.符合原先的期待	22　(10.6)	159　(76.4)	26　(12.5)	1　(0.5)	2.03　(.50)
9.能看到對社會有具體貢獻	41　(19.5)	161　(76.7)	8　(3.8)	0	1.84　(.46)
10.無爭無私的奉獻工作	63　(29.7)	140　(66.0)	8　(3.8)	1　(0.5)	1.75　(.54)
11.能得到自我肯定之機會	57　(27.1)	140　(66.7)	13　(6.2)	0	1.79　(.54)
12.對自己的專職工作有具體幫助	15　(7.2)	106　(51.2)	77　(37.2)	9　(4.3)	2.39　(.69)
13.能實現自我理想	26　(12.7)	150　(73.2)	28　(13.7)	1　(0.5)	2.02　(.53)
14.與專職人員相處融洽	33　(15.6)	175　(82.5)	4　(1.9)	0	1.86　(.40)
15.工作安排適合個人情況	22　(10.4)	176　(83.0)	14　(6.6)	0	1.96　(.41)
16.能增強個人為人處事的能力	50　(23.5)	158　(74.2)	5　(2.3)	0	1.79　(.46)
17.個人理想與機構理念契合	29　(14.2)	144　(70.6)	31　(15.2)	0	2.01　(.54)

（n＝216）

意度及身心健康都有正面的影響，同時可以激發個人潛能和理想的追求。對機構而言，工作滿足可以減少志工流動，並且對於服務輸送更加積極。Miller、Powell和Seltzer（1990）研究發現，志工的工作滿足和組織承諾會影響志工的離職意願和離職行為，而工作滿足和人際關係有關。總之，志工覺得機構制度健全、工作結構明確、同事關係與督導關係和諧有意義，就會有較高的滿足感。

　　對於志願工作者參與動力的研究中，工作滿足之研究是重要課題。有關工作滿足理論相當多，而國內社會服務領域中，針對志願工作者工作滿足相關議題所進行的研究已有數十篇。根據近十多年來國內現有的實證研究資料，與志工工作滿足相關之因素，分述如下：

　　工作結構因素方面，包括必須要有明確的工作程序與角色（劉

明翠，1992；黃明慧，1989；黃春長，1984；黃舒玲，1994；蕭秀玲，1984）、適當的工作規劃、不至於角色負荷過重（林啓鵬與陳宇嘉，1984；黃明慧，1989；黃春長，1984；黃淑霞，1989）。

個人內在因素方面，包括良好的自我概念（劉宗馨，1990）、有宗教信仰（陳儀珊，1985）、外傾人格（嚴幸文，1993）、重視社會關係的擴展（陳儀珊，1985；施孅娟，1984）、個人社會環境的支持（林美珠，1994；葉俊郎，1993）和生命線男性的志工（黃春長，1984；黃蒂，1988），這些均與志工工作滿足有正相關。王麗容（1992）之研究顯示，婦女投入志願工作是自我滿足取向高於其他取向（other orientation），其中影響志工持續參與的因素來自於自主性、成就感、勝任感和自尊感，同樣施孅娟（1984）及嚴幸文（1992）的研究也都發現，自我成長的工作動機、個人成長和成就感的獲得與工作滿足有顯著相關。曾華源等人（1998）研究發現吸引志工持續參與是自我和人際關係能力成長，以及對社會的貢獻。林宛瑩（1995）更認為志工在團隊中個人的影響力和所擁有的權力對志工持續參與也有影響。

組織氣候因素方面，指人際互動的環境和環境的支持，其中包括志工夥伴之間的人際關係（施孅娟，1984；黃明慧，1989；黃蒂，1988；黃舒玲，1994）、良好的督導關係和領導（黃春長，1984；蕭秀玲，1984）、與專職人員的工作關係良好、重感情（葉俊郎，1993；曾華源等人，1998），顯示組織中志工之間、志工與志工管理者之間的人際關係和諧，彼此相互接納相當重要。劉明翠（1992）研究發現，督導對於志工的回饋訊息和讚美肯定的訊息充足時，組織承諾會增加。嚴幸文（1992）研究指出，志工重視組織的歸屬感，亦即機構專業人員是否重視志工、將志工視為組織一員，影響志工對組織的滿足。

對志工來說，既然當初的參與動機是志願參與，是自發性的，

不受任何人逼迫的，為什麼志工在進入組織參與志願服務之後會離開組織？曾華源等人（1998）研究志工認為機構應有哪些措施與作法較能吸引志工的參與，根據**表10-3**來看，以「督導者在工作上對志工的支持與協助」、「提供更多教育訓練」、「好的督導人選與體制」、「強化聯誼性活動」、「有彈性的工作自主權」等屬於內在滿足與人際關係之項目的同意程度較高。而「儲值回饋計畫」與「明確呈現個人工作成效」的同意程度較低。不同意的則有「國外旅遊獎勵」、「志工之升遷制度」、「盛大的表揚活動」等三項外在獎賞措施。

蘇信如（1985）研究結果顯示組織的運作越傾向於理性化，其服務方案較講求效率，則志工較常覺得不受重視，離隊率亦高。可見若機構太過任務導向，重視的是工作的完成，志工不但感受不到情感上的關懷，也會覺得受組織忽視，可見志工非利益取向，而且

表10-3　能吸引志工參與的措施與作法之次數分配與百分比統計表－志工

項　目	非常同意 次數（％）	同意 次數（％）	不同意 次數（％）	非常不同意 次數（％）	不同意程度 平均數(標準差)
1.盛大的表揚活動與媒體報導	16（7.7）	85（41.1）	93（44.9）	13（6.3）	2.50（.73）
2.國外旅遊獎勵	17（8.2）	57（27.5）	110（53.1）	23（11.1）	2.67（.78）
3.儲值回饋計畫	26（12.8）	91（44.8）	72（35.5）	14（6.9）	2.36（.79）
4.機構福利保障制度適當	22（11.0）	123（61.5）	50（25.0）	5（2.5）	2.19（.65）
5.強化聯誼性活動	41（19.8）	146（70.5）	20（9.7）	0	1.90（.53）
6.提供更多教育訓練	67（31.3）	134（62.6）	12（5.6）	1（0.5）	1.75（.57）
7.明確呈現個人工作成效	14（6.9）	121（59.3）	68（33.3）	1（0.5）	2.27（.59）
8.志工之升遷制度	8（4.1）	83（42.3）	90（45.9）	15（7.7）	2.57（.69）
9.好的督導人選與體制	45（21.6）	147（70.7）	15（7.2）	1（0.5）	1.87（.54）
10.有彈性的工作自主權	26（12.6）	159（76.8）	22（10.6）	0	1.98（.48）
11.專屬志工的辦公場所	29（14.1）	121（58.7）	52（25.2）	4（1.9）	2.15（.67）
12.能參與機構活動規劃	30（14.6）	140（68.3）	35（17.1）	0	2.02（.56）
13.能參與機構活動決策	25（12.4）	125（61.9）	50（24.8）	2（1.0）	2.14（.63）
14.督導在工作上的支持與協助	67（31.6）	136（64.2）	9（4.2）	0	1.73（.53）

（n＝216）

督導風格應以情感的關懷爲主。

(三)持續參與志願服務相關因素之系統關係

由上述的研究結果可知，個人內在的滿足、機構志工的制度、環境、人際支持和回饋，以及社會參與度，都和工作滿足與組織承諾有關。因此，志工持續參與服務主要因素可歸納如下：

1. 內在滿足（激勵）因素：
   (1)個人內在的感受上：個人的成長、期待的滿足和成就的獲得。
   (2)人際關係上：重要他人與志工間的支持、與他人一起工作的經驗。
   (3)努力得到讚賞與肯定。
   (4)社會參與上：達到奉獻社會、助人的程度。
2. 機構管理（保健）因素：
   (1)合宜的制度規劃。
   (2)良好的環境及專業人員的支持與協助。
   (3)工作授權。
   (4)良好的工作關係及組織士氣。
   (5)對服務品質的重視。
   (6)完整的志工養成計畫。

上述研究大都是屬於國內志願服務工作滿足相關因素之研究。然而，志工參與和持續參與志願服務之動機是相當複雜性的。滿足是認知而產生的積極性情感傾向，對行爲有激勵或抑制作用（Sheashore & Taber, 1975）。根據黃春長（1984）、黃舒玲（1994）的研究，志工滿足度與離職率是負相關。至於王麗容（1992）的研

究卻顯示繼續參與和工作滿足無關。因此，工作滿足是否就會持續參與志願服務工作此一問題值得關注。或許滿足只是保健因子，可以持續參與工作，但是是否就會積極認真地投入服務工作，則需要其他因素配合。因此，許多研究則改以組織承諾（organizational commitment）為研究變項。但是許多研究（Miller, Powell & Seltzer, 1990; Curry, Wakefield, Price & Mueller, 1986）證實工作滿足與組織承諾有相關，但是亦有研究（Girdon, 1985）證實無關。研究結果仍是南轅北轍。不過由於許多工作滿足的研究均強調個人對工作的滿意和收穫，而自我效能因素側重個人預估能從工作中有所貢獻和成長，其意義比工作滿足感還廣。在曾騰光（1994）研究中，以「自我效能」因素取代「工作滿足」因素來探討對組織承諾的影響。依相關分析可知「自我效能」與「組織承諾」之間有顯著相關性存在，並成為組織承諾重要的預測因素。但是對「組織之感受」的各因素，不論是否有歸屬感或覺得組織支持，只有相關存在，但均不成為預測組織承諾的變項。因此，在預測志工對組織的投入上，個人對組織工作的內控信念，似乎比個人心理上對組織或工作滿意度還來得重要。

志工參與和持續志願服務之動機複雜性增加，研究顯示受個人因素、情境因素和二者互動關係因素之影響（丁仁傑，1997；王麗容，1992；高瑞明、楊震東，1994；張東隆，1984；曾騰光，1994；嚴幸文，1993）。以體系之觀念來看，志願服務的內在動態系統中，均可包含志工、機構、服務對象三個基本元素，三者形成一個完整的三角互動關係系統，透過各項活動為機制，以維繫三者的關係（如圖10-1）。因此，志願服務的持續與發展，其關鍵在於三者之間的轉換系統是否能滿足雙方的預期與需求，在不斷的符合預期之回饋中，三方面的關係獲得增強。任一系統若不能達到雙方的滿意，關係的維持上就會出現危機（葉良琪，1999）。張玲如、

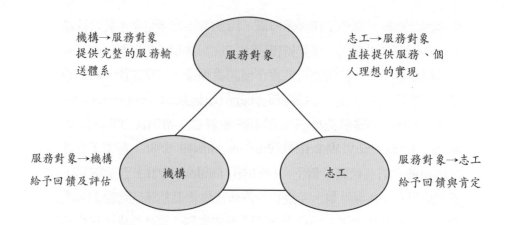

機構→志工（招募、工作規劃、分派、訓練、督導、激勵、回饋）
志工→機構（人力增加、服務多樣）

圖10-1 志工、機構與服務對象關係

張莉馨、李毓珊（1997）研究精神病院志工的工作滿意度影響因素，最主要是增進知識，其餘依序為家人支持、宗教因素和教育程度。其中家人支持與訓練和機構對志工人力資源管理活動參與有高度相關。不過這可能是樣本部分來自病患家屬和服務對象特殊性所致。鍾任琴（1990）研究志工工作滿足之影響因素，結果在組織氣候中，關懷導向因素是最為關鍵的因素，其他因素如人情支持、工作標準、獎賞公平、服務年資和研習訓練等因素雖然有顯著影響，但所占比例不高。王麗容（1992）研究台北市婦女志工參與服務相關因素是自我導向高於他人導向，而與服務滿足相關之因素是組織良好人際互動和支持環境，其中與宗教因素無關，而和生活環境支持有關，但教育程度與利社會思想和個人興趣有正相關。至於繼續參與與工作滿足無關，但與機構支持和同僚關係有關，與自我成長和自我實現無關。這些研究和曾騰光（1995）研究志工組織承諾相

似，志工參與服務之動力是支持性組織文化、親和性督導和工作自
主性為主，遠高於個人對工作的貢獻與成長之自我效能因素。國內
研究結果與國外研究影響志工留在組織之因素相似，如Miller、
Katerberg和Hulin（1979）研究是志工個人態度因素和情境因素，
Girdon（1985）研究是志工個人成就和情境因素（人際關係與工作
內容），Miller（1985）研究是志工個人時間方便性和工作內容範
圍。

五、對激發參與志願服務動力之省思

(一)對利他行為之省思

　　早期的志願服務較常訴諸道德理想，因此在分析研究或探討志
願工作參與動機時，內心常會對志願工作者持有一種刻板印象，即
他們具有悲天憫人的胸懷，基於犧牲奉獻、與人為善的因素，是個
人體認「人人為我」的道理後，表現出「我為人人」之胸懷而投入
志願服務中。

　　然而，人之所以會參與志願服務的原因，真是具有如此崇高的
道德性嗎？　許多的研究結論並非完全都是如此。在國外方面的研
究，如Gillespie和King（1985）研究發現志工的參與動機有幫助他
人、貢獻社區、獲得訓練與技能、充實人生及社會認可之需求。
Aves（1969）研究發現英國醫院志工的參與動機為利他主義、個人
利益、興趣使然、享受人生意義及社會接觸。而林萬億、林振春
（1992）研究發現國內公務機構的志願工作者參與原因依序是：純
粹為了服務別人、獲得社會經歷、回饋社會、自我成長和打發時間

與結交朋友。在選擇服務機構的原因上有配合個人興趣、交通便利和比較能貢獻社會，這些結果顯示志工服務的考慮層次是以個人的取向為優先。

何時與為何人們會去做志工？志願服務中「利他」的重要性程度如何？Frank（1978）、Hoffman（1981）、Schwartz（1977）討論是否有真正的利他行為的存在。Triveis（1971）提出相互利他主義（reciprocal altruism）演化論的觀點，認為人類文化中人與人之間分享食物、知識，並且在危機時刻中相互支持。大多數人都瞭解在經濟方面的相互利他，而建立長期相互利益體系，並且會期待很快有所回收。雖然互惠要一段時間之後才可能會持續互動，但是這是可以預期的。

合作與相互利他主義有一個假設，即是交換要能夠相互平衡（balance）與公平（equity）。在長期關係中，雙方期待最終是要公平的，而關係之持久度是看雙方之期望是否一直被滿足。志願服務與系統化之相互利他的差異關鍵，在於志願服務並沒有強烈的預期互惠或有檢查機制來做保證。反而志願服務比較偏向情緒、道德或同理心感覺，而與利他主義相連接（Hoffman, 1981）。Smith（1983）定義志願服務為一種對接受者來說是比擔任志工還超越市場價值的一種行為，亦即志工是受精神利益（psychic benefits）所激發，而非決定於生物社會或經濟上必須，也沒有社會政治上的強迫。志工是自由選擇他們志願行動，而完全沒有預期回報，在此一定義中，志願服務本質上是利他的，雖然此一理解中沒有必然的演化性，但是利他行動有可能會減少個人生存和潛在後代（不為自己和後代）。

Simon（1990）的貢獻在於指出理性模式如何表現出利他行為。因為我們沒有能力在意識上評估行為是否真正減少不合理，並且我們有學習適當行為之能力，所以只要社會性利他需求不過分，

最後會帶來全體利益，故志願行爲是學習而來的利他行爲。此外，
Murnighan、Kim和Metzger（1993）認爲大多數從事志願服務者都
沒有面對到危險，只是付出一些成本而已。研究亦顯示受試者認爲
組織中眞正利他是不存在的。當人的困難需求爲他人所覺知時，通
常個人基於同理心的理解會提供援助，但是一般性困難或危險性
高，或未能被覺知時，則個人會經由認知判斷的過程，以決定是否
能提供援助。長期性提供援助要付出很高的代價，所以利他行爲必
須是個人付出成本低的。對大多數組織來說，志願服務是必要的，
依照定義來說，志願組織沒有志工就不存在（Murnighan, Kim &
Metzger, 1993），而大多數從事志願服務者都沒有面對到危險，只
是付出一些成本而已。

　　大部分參與實驗研究的人都同意，最後的代價使這一個動機變
成有價值時，就會出現利他行爲。尤其是越是在沒有他人的情境
中，因爲這不會有社會良心問題，個人越會考慮自己，而有人在場
時比較會引發同情心、同理心和道德義務，或利他行爲之要求。由
此看來，志工在奉獻時間和知能爲機構提供社會服務時，心理似乎
會有盤算的，這又符合預期價值論之觀點。

(二)獎勵措施對志願服務持續參與行爲和服務滿足之影響

　　整體說來，志願服務的實際持續參與並非以利他爲主要影響因
素。那麼獎勵被視爲具有滿足需求作用，是否與激發動機有密切關
係？我國的志願服務法也被批評有過多的實質獎勵（蔡漢賢，
2001）。依據林勝義（1994）檢視國內現有四篇針對各類志工之調
查，顯示不僅國內現行獎勵太多，如環保義工獎勵、社政單位金駝
獎、社教義工獎、文化義工獎等等獎項，獎勵標準與獎勵價值差異
太大，而且高金錢價值的實物獎勵偏多，如金牌、出國旅遊，以及

重複敘獎情形普遍，造成過多爭議。實質獎勵恐怕容易產生過度辯護效果（overjustification），傷害志願工作者的內在心理動機和彼此之間的感情（Faizo, 1981）。

　　持續志工服務動力的激勵需要採取這種方式才有效嗎？值得探究。鍾任琴（1990）的研究顯示激勵對工作滿足的影響很小；曾華源等人（1998）的研究也傾向不認為獎勵和盛大表揚活動有助於吸引志工持續參與行為（見**表10-2**）。根據上述研究結果和討論來看，恐怕是和諧的組織文化和人際關係滿足，以及自我成長和顯現工作意義與價值較為重要。過度獎勵不僅有違志願服務之價值基礎，更無法直接激勵持續參與。

　　總括說來，志工認為機構吸引志工參與的措施與作法，必須以情感與尊重為主，包括有好的督導體制與人選，使他們工作上能夠適時得到協助和有工作表現與成就。此外，機構也應提供教育訓練與聯誼活動，使他們有更多智能上的成長與情感上的連結。志工並不在意個人工作績效的呈現，以及一般性獎勵，包括升遷、表揚、旅遊等。志工重視跟機構的整合性和一體性、被視為工作機構的一分子，除了工作順利、少有挫折外，也重視情感的連結。

(三)宗教性志願服務與公民社會志願參與之爭議

　　就上述調查結果來看，國人參與志願服務之普遍性仍然不足，而排除宗教性志願服務將使參與人數下降更多，很現實的事實是只剩下有10.5％的參與人口（內政部，2001），遠不如民主國家參與比率。因此，對於參與志願服務的動機，許多人仍帶有把志願服務視為是慈善性、補充性、輔助的與業餘的看法，並且是個人情感出發、不定期的助人行為，與個人目標的完成有關。這種情形是否有害志願服務對民主社會發展之影響？然而台灣這幾年經濟衰退，似

乎影響到志願服務參與。此外，調查顯示有將近一半的人願意參與，而現有參與的人除了是透過參與的組織提供服務機會外，大多數是靠親友引介（內政部，2001；曾華源，1998）。如何擴大參與變成當前重要課題。

其實台灣宗教性志願服務對於社區工作和社會救助有確實積極之作用。王順民（2001）指出，慈濟志工深入社區內做環境保護和資源回收，以及社會救助服務，並在社區發生危機時，能立即組織民眾提供協助。在台灣近幾年社區危機發生時（九二一震災、颱風、水災和空難），慈濟志工提供最快速服務，獲得社會極大肯定，顯示宗教凝聚社會資源與人力的能力相當大。

雖然施教裕（1999）指出近些年來我國志願服務在形式、內涵與運作上有很大改變。從過去參與領域多以慈善救助和緊急救援為主，擴大至社會公益；參與內涵從愛心關懷到半專業化的諮詢、支持和輔導，而機構運用志願服務者也從愛心號召、短期運用，到有計畫招募培訓，甚至講求人力資源管理運用。但是，這並非排除宗教性志願服務，而是強調運用志願服務人力內涵之擴大。

目前通過的志願服務法，其精神在於激起民眾對於社會的關心，以專業的訓練及管理方式，透過社會參與的過程，激發社會成員對社會的責任感和增強社會責任之分擔。國內許多人視志願工作為愛心慈善和業餘性質的工作，而非貢獻專業所長，回饋社會，這是反映出有待加強公民社會下的志願服務價值。不過若期待透過志願服務來提升民主社會價值觀，或許還需要積極宣導開發志願服務。因此，有待重新界定志願服務之假設和內涵，其中志願服務之動機是否僅能以宗教性慈悲、利他和不求回報的視角做界定，還是要擴大至包含誘發互惠動機之取向來規劃志願服務之制度。

(四)志願服務的品質與責信爭議

　　許多政府官員提及運用志工是想替代專職人力，並且視志願服務是免費運用之人力（陳庚金，1995；徐立德，1996），但是不論是公私部門運用志工提供服務時，已經面臨品質和責信（accountability）之要求。Lucas（1996）指出對於志工的組織性控制立基於下列三要素：(1)個人關係；(2)運用志工達成組織滿意的任務；(3)期望志工分享其價值與想法。Billis（1989）認為志工參與機構志願服務時，心態上必須將強調非正式、成員間的關係、合作的個人期待，以及強調系統和過程的科層組織做結合。因此，志工所持的動機與工作表現，若是與機構的期待不符時，將會影響機構是否繼續運用志工的決策，也會導致志工持續服務之動力不足。雖然曾華源等人（1998）的研究顯示志工自己認為應加強志工服務能力、明確化工作結構，但是卻不贊成機構要重視志願服務工作績效和設置志工升遷或發展制度。這和蘇信如（1985）研究結果相同，即當組織重視理性運作和效率，講求專業服務品質時，會使志工覺得不受機構肯定和重視。因此，如何領導這群熱心有餘但是服從不足的志工（Billis & Harris, 1996），以提升服務品質，值得思考。

　　志工可以是有正負向影響的人力資源，其參與動機與對機構管理取向之態度，將影響其表現。前述許多研究均指出當志工投入志願服務時，並非只是情感衝動的行為，而會衡量每個活動帶給他們的成本和效益。人們有許多理由做志願服務，除了對社會公眾有益的理由外，志工也要知道對他們知能的提升、人際關係的拓展和生涯發展是否有幫助。如果一個志願組織對志工有一套完善的管理和發展制度，更能激勵志工之服務意願，而且能給志工更好的專業化形象。因此，在這些因素影響下，志願服務的慈善性不再被視之為

必然唯一，機構性質不同，志願服務參與對象之動機與滿足因素亦或多或少有差異。施教裕（1999）建議志願服務機構營運管理宜有所轉型和因應此一趨勢，對於建構志願服務制度上，應該更講求運用管理知能。因此，運用志願服務人力資源提供直接服務時，除了需要強調機構志工制度規劃與管理工作專業化（professionalization）（Heidrich, 1991；曾騰光，1997；曾華源等人，1998）之外，尤其是志願服務法通過之後，還需要認識志工為需要負擔相當程度成本的人力資源。

六、結語

　　志願服務是一項人力資源運用的工作，國人參與志願服務的動機、對志願服務所抱持的價值觀，亦是影響志願服務推展的重要因素。許多人群服務組織的行政者時常誤認志工人力只有正面積極效果，而不知道如何運用志工。他們學習過的管理技巧，並不能使他們區別領有薪資的工作人員與未領薪資的志工有何不同。雖然志工對於組織來說是一種助力，並且志工也會帶來新的能源、觀念、財源與資源，影響機構的生存與發展（Rapp & Poertner, 1992）。在傳統的非營利社會機構，志工提供協助及人力，例如在一些委員會、資金籌措及方案推展上，與工作人員都是組織所不可或缺的人力資源（Rapp & Poertner, 1992）。但是如果不能運用志工成為有用的人力資源，也有可能會帶來更複雜的組織效能問題。

　　面對上述研究結果，機構的使命感和價值基礎為何，如何和為何運用志工；機構管理志工方式是否反映對人性善惡論的假設，以及受到福利多元主義影響；機構對於志工的管理制度的訂定、工作分派、訓練等是否要強調績效；滿足志工的需求或激發參與動機之

一些措施,是會加強志工的組織承諾和工作滿足,或是會造成志工
人力的流失,對於機構而言,這些都是必須深思的問題。

第十一章
評估志願服務價值之方法

一、前言

　　志願服務一直被認爲對社會有許多貢獻。志願服務參與統計是最常被用來作爲社會發展指標。例如Darling和Stavole（1992）指出獨立部門調查全美二七七五戶家庭的資料，大多數美國人的志工工作是在宗教和慈善非營利機構中做的。宗教機構有19％，健康機構有15％，青年機構有14％，人群服務機構有12％，教育機構有11％，29％參與娛樂性、一般募款、公民、政治、社區行動、社會福利和文化機構的志願服務。其中約有40％的人參加非營利志願服務。

　　雖然在機構的年報中，大多會報告每個獨立的志工方案有多少志工參與其中，但是，志工所貢獻的價值大都還沒有呈現在機構財務收支帳上（Karn, 1982）。例如Hodgkinson和Weitzman（1990）調查一九八七年非營利組織部門中整體人力之運用，指出有41％是志工人力，相當於一一四〇萬全薪人力，占了6％的美國勞動力。但是這種全薪人力的說法是如何計算出來的，不僅很少人去質疑，而且志工過去提供的服務常被視之爲是一種善行義舉，很少會被要求要提出志願服務工作成果的報告，所以如果要求瞭解志工服務績效，常會被視之爲是一種不尊重。

　　目前政府與社會各界對於要投入志願服務部門資源與分配上，越來越重視志願服務方案成效的具體證據。機構爲了要生存，就必須要精確地呈現服務效能和效率。此外，機構運用志願服務人力要投入時間、金錢和人力來甄選、訓練和獎勵志工，所以志工也不是免費勞力（Darling & Stavole, 1992; Smith, 1989）。如果要維持志工多方面的服務，以及有好品質的服務，就要認識志願服務有何具體貢獻價值，機構管理階層和贊助者才會有意願做這種投資。這種著

重運用志工服務的責信問題，將使我們在評估志工所提供服務的實質價值，就成為特別需要的一種挑戰。本章重點將放在過去對志願服務價值處理方式，並且提出幾種可能評量志工價值之取向，以為具體評估志願服務價值之參考。

二、衡量志願服務價值之重要性

Hodgkinson和Weitzman（1990）研究指出志工比非志工捐出更多慈善性經費。檢視志工服務的成效，能提供資料讓行政人員評估對服務的責任及承諾的實現程度。目前，機構與社會所檢討的範疇多著重志願服務的內容，而忽略了估算志工參與的價值（Ellis, 1992）。一般說來，志願服務有多元性經濟與非經濟之價值。

(一)對社會之貢獻

撇開實際勞動力來說，志工的服務對機構帶來許多不可量化之實際利益。由於政府和非營利機構的工作對大眾有好處，所以市民和企業願意奉獻時間，將他們的資源投入來實踐慈善、教育或宗教使命，或是彼此相互之利益，這是一種經濟價值。除此之外，(1)對大眾和被服務者來說，他們被認為較有公信力和同理心，比政策制定者更客觀，和比受薪員工更有批評自由；(2)志工能更強而有力地對媒體和公共政策制定者表現倡導行動（Ellis, 1986）。

(二)對機構之貢獻

志工透過提供勞動力、技術、管理和其他他們可以提供的資

源，使非營利機構能夠極大化他們的服務工作，否則機構就要自己付費進行服務。這是對機構很重要的一種經濟價值。

另外志工對機構有強大的非經濟價值。志工是機構內外的溝通管道，能有效地幫助機構抓住社區的脈動，增強社區對機構的印象。志工常給機構帶來活動力，他們帶來經驗、技術、奉獻心和熱情來接觸社會大眾。志工一種「能做」、「願意做」的態度成為機構的文化。他們被視為機構之中心，而不是支薪員工的延伸。

(三)對社會國家之貢獻

在非營利經濟體中，志工人力特別重要。Weisbord（1988）指出未能注意志願主義的貢獻，使我們在瞭解非營利部門如何運作上面受到阻礙，也未能瞭解真正志願服務在勞動力市場的整體功能。由此看來，如果忽略運用志工勞力的支出和利益，非營利機構就無法成就他們的真正價值。由於志願服務價值沒有反映在財務報表上，所以志工價值也就無法反映在國家經濟的估算上，如國民生產毛額（Gross National Product）（Darling & Stavole, 1992）。所以收集志工活動在非營利組織、政府部門與全國性經濟活動上生產力的價值，可以呈現出志願服務對社會的整體貢獻。

三、傳統的志工貢獻處置方式

一般來說，志工參與及物資捐贈的價值往往未被列入機構財政報告項目之內（Ellis, 1992），這可能導致誤解志工及捐助者所付出的價值及忽略他們對機構的貢獻。志工的價值應該刊載在機構帳簿中，志工所貢獻的時間或服務應該等同於機構購買勞務之費用。在

會計帳上，這些開支常被偽裝放在另一項目中，如人事成本，而難以精確解釋運用志工之成本。在經常帳上也未說明運用志工的開支與收入（Darling & Stavole, 1992）。如果以轉換成金錢的方式登錄，而且刊載在機構年度財務報告中，志願服務應該算作捐贈的資產，但是很少機構這麼做（Chornical of Philanthropy, 1990）。

非營利機構準備年度報告時要依照Generally Accepted Accounting Principle，在一整年的收支帳中列出機構財產、信託和基金的損益平衡帳，在細目帳（Operating Statement）中列出財務運用情形（收支來源與開銷），以及在現金帳（Statement of Cash Flow）中要列出基金來源的種類和總數，以及如何使用這些金錢。這種作法的目的在顯示機構財務概況和機構財務的健全性，並且讓民眾、捐款者和董事們知道機構運作是否合法與有效。如果來源或收入使用有問題時，國稅局（Internal Revenue Service）就要求審計這些資料。

有時這些資料可以用來評估機構之效能，藉由比較機構在行政開支、人事費、募款、財產捐贈和補助金等方面之比例。

上述這些分析缺少了志工活動這一重要面向。Ellis（1992）提出計算社會服務成本的一個粗略公式：

活動的基本開支＋職員及志工所付出的時間（等值）＋所需物資設備的供應（包括捐贈的項目）＝服務的支出總值

由於機構沒有把志工做的事情真正轉換成金錢，放在機構財務報表中。所以Ellis（1991）指出當機構提出財產、信任、成本效益和資源給民眾時，志工是隱含不見蹤影的，並且因此常造成志工所為沒有得到財政上的支持。許多非營利機構是以「花錢來賺錢」的方式呈現財務報表，因此，會考慮募款的人事與活動開銷，但是志工的參與與提供的各種資源，就沒有被算進到「成本中心」之中。

如果承認志工的服務是某種收益形式，那麼就要像募款和募款人一樣，把運用志願服務之預算列出來。由於前面已經談到志工有其真正價值，且能使機構充分運用來追求目標的達成，如能轉換成金錢方式計算，將有助於做準確的成本效益分析。這也是良好志工管理者完成志工管理方案所要做的。自一九九○年以後，美國國稅局要求非營利組織每年要將捐贈和服務放在報告中，但允許他們把這些數字當成是對機構的支持或機構之開銷（Ellis, 1991）。

目前美國國稅局在現金帳上，規定志工捐贈應放在社會大眾支持上（public support），與補助、禮物和募款放在一起，才能實際顯現機構收入比以前多，而看起來更有效率，真正反映出機構財政活動之情形。如果省卻了志工捐贈這一部分，就無法反映出服務方案之真正成本，而且使服務方案的成本變低，如果放進志工捐贈在收入之中，可以使機構收入來源多樣化，且匯集社區所提供之支持。

四、評估志願服務價值之取向

目前仍無一致之方法來決定志工的貢獻。除了以統計參與時間、人數和投入資源等輸入方式之外，另外在計算勞務價值上，比較新的作法是將志工投入轉換成為成本費用，以便作為志願服務之價值，但是這些計算方法仍然無法顯現志工的非經濟性價值。

計算志工工作價值有幾種不同計算方式，大致上可以分為概略時薪或準確的時薪二種來計算。

(一)以輸入決定志願服務勞務價值

目前有越來越多人注意到以量化方式來評估志工工作價值的可能。通常經費贊助者會想要知道他們的投入在志工方案上的經費有何成果。當他們考慮捐助前，會很認真地衡量機構現有的財務情況和資源使用上的能力，以便判斷是否應該贊助對該項服務的捐助。如果他們認為所捐助的數目，加上志工參與的價值，最後的總值可能是他們捐助的二倍、五倍，甚至二十倍的話，他們必定十分願意去贊助該項服務的費用。志工方案行政者在上級要求他們為志工方案效益的提出辯解時，尋求可靠的成本效益公式。目前最常見之方式，就是統計有多少志工參與或奉獻多少時間，而他們的訓練與管理費用和服務多少案主做為呈現志願服務方案之價值。

(二)以概略之時薪決定志願服務勞務價值

通常計算志工的勞務常以志工所奉獻的時間為主，將之視為等同於志工工作價值。奉獻計算時間的價錢有幾種算法，下列的計算方式較為粗略，但也較為容易。

1. 以政府最低工資資料來計算（Karn, 1982）。但是有些志工提供的技術價值常常高於最低工資，所以這種計算常常算錯和低估。這種計算方法適合十四至十七歲少年志工的活動（Hodgkinson & Weitzman, 1990）。
2. 以全國中位數時薪來乘以志工總時數，這種計算方法是最常見的。此法並未考慮志工技術層次，故對同等價值的志工活動仍有低估之可能。

3. 以機構內最低和最高工資之一半爲時薪。這種方法亦未考慮
志工提供服務上的技術價值，會導致低估志願服務價值。

4. 另一種方法是以志工本職工作的職位薪水來計算，雖然不會
低估，但是不夠準確。因爲內容有重要性之差別，但是工作
者權力有不同。如會計師做清潔工的工作是不能以會計師薪
資來算，除非是協助機構做會計工作。

5. 以年齡來區分，十八歲以下和十八歲以上。例如一九八九年
獨立部門（independent sector）採此種方式計算志工工作貢
獻。以美國總統所做的經濟報告中非農業的平均時薪10.91元
爲計算基礎，其中十四至十七歲少年時薪是3.35元，所以這
是他們所做的志工工作位置的時薪（Hodgkinson &
Weitzman, 1990）。

(三)以工作知能所需之時薪決定志願服務勞務價值

Karn（1982）認爲計算志工服務價值，應以志工實際工作的內
容爲依據，而非用志工當時的專職工作身分。例如一位律師在食物
銀行（food bank）工作，和另一個時間在擔任法律諮詢顧問志工，
二者應分別計算價值。將志工所提供的服務，視之爲像是對專職員
工的服務一樣來做計算，才能眞正反應出志工的貢獻。因此，機構
方案管理者將志工服務轉換成各種專職工作者的服務的類型後，再
以每個小時付給專職人員費用之比例來計算；其中專職員工的福利
和間接服務時間也必須計算在內，才能達到反映志工服務「眞實的
價值」。Ellis（1992）認爲一些志工的工作，其工作責任與專職員
工職位的工作責任等同的話，比較容易計算志工參與的金錢價值。
其計算方式是基於志工們的不同資歷、經驗及所承擔的職責要求，
亦應等同於專職人員的資歷及待遇作計算。甚至專職人員福利、假

期、退休及其他保障津貼等，也應該包括在計算志工參與的金錢價
值之內（**表11-1**）。

　　此種計價方式之優點在於若將專職人員的支出、活動開支、志
工參與的等值一起計算，並列明在機構財務報告內，可以較清晰地
顯示整體機構於財政資源上的運作情況。其實，要突破傳統的記帳
方法，把志工參與的價值計算及記錄下來，這似乎需要一些時間適
應及積極嘗試。因為對志工服務的紀錄作詳細及準確的記錄，可能
會帶來日常工作的壓力，同時亦需要管理階層的推動及鼓勵，並訂
下清晰的準則，來評核志工參與是否等同受薪職員的價值。例如：

　　1.能清晰界定提供給志工參與的服務工作目標、範圍及參與程

表11-1　以金錢計算志工參與價值的記錄表

```
志工職銜：

1.等同專職職銜的類別：_____
2.所等同專職職銜的年薪為：$_____
3.所等同專職職銜的福利計算：
    3.1.醫療津貼          $_____
    3.2.保險             $_____
    3.3.退休保障          $_____
    3.4.津貼             $_____
    3.5.其他             $_____
                                    福利總值：$_____
4.年薪＋福利總值＝$_____
5.每年所規定工作時數：
    每星期_____小時×52星期＝_____小時
6.每年無需工作的受薪時數：
    6.1.年假           _____小時
    6.2.公眾／法定假期    _____小時
    6.3.病假           _____小時
                        合共：_____小時
7.每年實際工作時數：
    （每年規定時數－無需工作專職時數）_____小時

8.志工參與的金錢價值時數計算：
    【（年薪＋福利總值）÷每年實際工作時數】$_____／小時
```

度；其職責的確定才能夠界定等同於僱用專職員工的條件及工作要求。

2. 對志工責任及品質上的要求，需要與管理專職員工的要求一樣。例如對於他們的工作時間、地點、性質及工作表現等，都需要按照機構審核專職員工所訂立的標準一樣。

3. 機構必須有一套明確記錄志工服務時間的指標及方法，如此才具有可信度。

4. 志工的來源可能來自各個組織、團體或其他公司的雇員，但當他們以志工身分參與機構服務時，便可算為服務機構與專職員工的關係，將他們的參與時間作專職員工薪酬方法計算。

　　這種計算方式有些限制或危險存在，首先，這種方式可能會導致某些人有錯誤想法，認為多運用志工來提供服務，便可節省財政上的開支。所以最重要的事是不可以將這種計算方式用來說明「運用志工是一種節省開支的方法」，而正確的概念運用是「在有限資源下，志工參與可以擴大運用現有的資源來提供服務」。

　　其次，還有要注意的事是這種以工作責任，考慮該位置所需之知識、技術和能力等方面在做計價的方式，需要對志工特定工作描述清楚，才能比較受僱分類標準（Karn, 1982）。雖然大多數行政管理者認為這種計算方式較為精準，但是決定各志工服務之職位等同性（equivalency）卻要花時間。如果機構內有許多不同志願服務工作職位時，將花許多時間建立志工職位系統，並且還要和組織內負責人事與會計的人和單位溝通，使整個機構來支持此一志工方案。

(四)以品質和效益觀點決定志願服務勞務價值

就方案績效評估來說，有「效率」、「效益」和「品質」等三種觀點之評估取向（如圖11-1）（Martin & Kettner, 1996）。這種整體性系統模式方案設計與績效評估較為精準。

嚴格說來，以轉換計算輸入勞務之價值，這種方式不是一種績效和績效評估，因為無法指出服務品質和真正被服務者的經驗感受和幫助為何。案主接受服務的時間和提供服務量只能夠呈現服務方案的部分梗概而已，無法得知是否達成方案之目標或案主受到志願服務的影響。

這種呈現服務成果或績效的方式隱含一種錯誤觀念，即是因為志工對此一服務不必負責，所以就不需要評估其服務效果。由此亦可以推估此種觀念也意味著只要是志工所提供的服務，那麼就是好的服務，不需要改進。這種呈現服務成果之方式是許多機構所採用的，但是越來越受到質疑和被批判為不夠具體和真實。

雖然以金錢方式來替換計算志願工作服務的價值很有意義，不

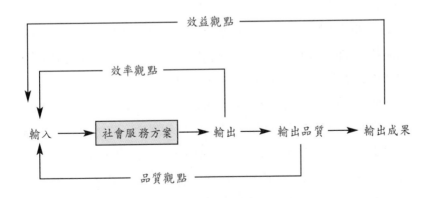

圖11-1　整體性系統模式的方案績效評估

過就績效評估來說，以數字的方式來呈現工作績效，是精準度低而且效度（validity）也不高的一種方式（Martin & Kettner, 1996），所以以金錢來衡量志工價值務必小心。Darling和Stavole（1992）指出，如以固定價格來衡量志工奉獻時間，會認為志工可取代專職員工。機構運用志願服務的信條是「志工提供協助，而非取代付薪職工」，但是也要記著，量化志工所提供的服務價值是無法觸及志工真正內在價值和貢獻的。

■以金錢方式計算志願服務貢獻有所不足

如果機構以預算考量來估算整個服務輸送中志願服務到底是占多少費用，那麼這種演算方法還算是合理。但是有固定可用的經費下，機構就比較會去僱用專職人員而不是志工。因為大多數志工所提供的服務，常常只是機構低層的服務，是屬於相當便宜的勞務。如果耗費那麼大的力量來估算志工服務的價值，將使人產生那又何必運用志工的疑問。

如果機構選用志工提供服務，只是因為志工在整個服務輸送體系尚有其獨特之貢獻，那麼將志工服務時間以專職受薪員工之時間為基準，來換算比較志願服務的價值。前已提及所能反映的是否只是輸入而非成果？如果以案主的經驗為基礎來計算志願服務的價值的話，那麼是與志工參與服務輸送之理由相符合的。如何在評估志願服務方案的價值上，讓志工這種具有自發性、主體性和與生俱來的特質能融入其中，Curtis和Fisher（1989）評估此一成果可以採取另一種自然的取向（naturalistic approach），即同時採用質與量的資料來瞭解志願服務如何投入而使方案能夠成功，評估對達成服務目標之影響程度（Curtis & Fisher, 1989）。此一取向有三種要素在內：一為成果證據之指標在方案參與者和／或社區之生活中。二為指出志工活動和成果之間的因果關聯。三為以量的字彙呈現質的資

用志願服務獎章來表揚優良志工服務貢獻精神。
圖片提供：中華民國志願服務協會

料。如果這種方式和以輸入方式呈現志願服務價值來做比較的話，那麼這種方式是更為適當的和有用的，不僅能讓志工有比較好的感受，並且也能瞭解其貢獻。

　　自然取向評估法也可以讓志工表達自己對工作的貢獻。曾華源等人（1998）的研究中，志願服務者認為自己的工作與專職人員工作是不能相互取代的。Curtis和Fisher（1989）指出，志工對於自己的貢獻價值被以金錢方式來替換後和專職員工做比較，常會感到不舒服。對於這種作法，志工常表現相當強烈的不同意，而偏好將他們的服務視為有獨特性，說成是具有「不可取代」、「無價的」。不能接受以金錢方式來衡量志工價值的理由之一，在於在轉換成金錢時，將減低了志工對人關懷的價值。志工的這種關懷性價值多少是超乎經濟規範之外，因此，以金錢方式來衡量是不足以表現出這種價值的。

■同等工作性質是否等值？

　　在助人專業工作中，專職員工與志工雙方均是透過機構結構性或方案，與案主互動，設定時間和投入之範疇以形成關係，並且承

諾對案主提供協助,然而,雙方關係之本質是有差異存在的。由於
這二種角色內在有差異,所以計算標準是不一樣的概念,二者不能
用相同標準計算,所以比較雙方的時間是不適當的。專職的專業人
員是在讓案主復原和成長,運用理論架構和實務工作模式來提供協
助,就像是製作麵包一樣依賴食譜和製作程序。而志工和案主建立
的關係是經由自然真誠地與人交往,散發人性,完全顯現個人性風
格,不只是像朋友一樣關係親密,有時也能夠參與家庭活動。雖然
雙方都有一特定工作要做,但是由於雙方取向上的差異,投入所產
生之後果是不同的。

■志願服務的無形價值應如何計算

　　傳統上,對具體關懷評估的作法是以金錢方式來轉換。Curtis
和Fisher(1989)自然取向作法的優點之一,是當案主對於志工服
務有正向結果的影響時,提供一管道表達有關無形的成果的訊息。
透過此一方式,蒐集與呈現描述質性的資料,以協助管理者和資金
提供者更深入瞭解有關案主服務的情形,特別是志工所做的部分。
這些成果包括案主自尊增加、改善判斷、有能力來增加人的內涵。
雖然目前管理者和資金提供者要求投入分析和替代成本分析,不過
仍可以經由此一方式讓他人更充分瞭解和賞識志工的一些投入。

五、自然取向評估法之執行步驟

　　自然取向評估的方法分為三個步驟執行(Curtis & Fisher,
1989),但是可以略做修正來適應每個方案特質與影響。

(一)步驟一　建立服務成果標準和達成與方案目標定有關的量度

首先描述有關服務案主數量、服務時間和方案成本。此一訊息是讓決策者和資金提供者對整個方案的概況有所瞭解，例如針對高中少女和未婚生子的少女母親所提供的「家庭生活教育」方案，至少有三百位志工提供價值一萬美元的一千二百小時的服務。其次，成果標準要以預期的影響來描繪方案目標，以便能夠量度方案是否達成，而不是以事先偏好的標準來量度。其焦點在案主人口群所經驗到的，而非只是方案整體工作總量而已，例如「有90％的服務接受者報告他們有效控制憤怒和壓力的能力增加」。每一個方案要有多少個成果標準視方案的範圍而定，可以一個或多到五個。「有80％的服務接受者報告他們提高教育成就水準達20％以上」、「有75％的服務接受者報告他們增加了參與和滿意孩子的教育」、「有90％的未成年母親參與預防方案後，有十年時間不再未婚懷孕」。

另外一種是以整個社區為基準來陳述方案成果標準。(1)整個社區未婚懷孕比例下降20％。(2)就讀完社區高中的比例增加20％。(3)少數民族就業率增加10％。其中對於定出達成率之範圍，可以規定如果有80％-90％的參與者報告增加「××能力」的話，則屬於高度成功，而在60％-80％之間，則屬於中度成功。

(二)步驟二　擬出資料收集過程，呈現所建立之成果標準已經達成

在此一步驟中要收集質與量的資料，以及案主感受到的實質幫助之證據。資料的收集和解釋要能與成果標準相互搭配，如果可能的話，最好還能和志工所做的成果相連接，以便支持志工的服務是有實質效果的。Curtis和Fisher（1989）建議運用目標達成量尺和案

訪視是最常見的志願服務績效評估方法。
圖片提供：台中市政府社會局

主調查這二種資料收集之技術。

■目標達成量尺（goal attainment scaling）

　　在目標設定上，志工活動必須以實質的方式和成果標準相連
接。這種連接是以描述志工角色為達成目標之主要變數。目標選擇
也提供志工結構化活動，並且做為案主討論活動之基礎。將案主朝
目標邁進之流程圖畫出來，也提供志工對工作有效性的回饋。因
此，要收集能夠用來證明志工服務和目標達成與否之因果關聯的資
料。

　　目標達成量尺的陳述方式要能和案主需要與工作目標關係結
合，例如某家庭服務機構的家庭協助方案（family aide program）
是志工配合協助有社會孤立與困擾的高危險少女母親（high-risk
teenager mother），這類母親有兒童虐待和疏忽之高危險可能，酗酒
和／或藥物濫用，以及其他社會問題。在目標達成量尺之陳述為

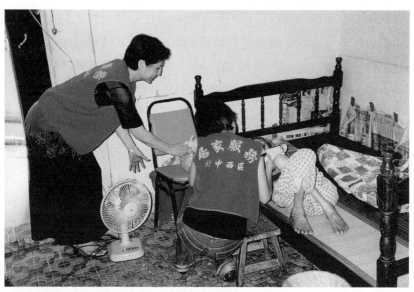

溫馨關懷與日常生活照顧方面的價值不易量化。
圖片提供：台中市政府社會局

（能以百分比呈現更佳）：

1. 案主明顯增加親職養育和保護行為（有80％案主明顯地增加親職養育和保護行為，或案主親職養育和保護行為明顯增加60％）。
2. 案主明顯增加有效的和非暴力的控制憤怒情緒和壓力行為。
3. 案主明顯增加瞭解嬰兒發展階段和能夠接受孩子在每一階段之行為。

　　目標選擇上也可以用加權的方式選擇某特定優先的目標，以反映案主認為哪些目標達成才具有價值。這是提供給志工分類找出案主所選擇哪些目標之間具有相對重要性。

　　此一方案也可以運用個案管理體系，其中有一種格式用來記錄案主在這段時間內朝目標進步之情形。志工與案主討論目標並諮詢

方案管理者之後，列出五個不同類型之潛在結果，其焦點在各種不同成功可能性層次。從最低到最高的可能結果。預期目標達成層次是給特定的個別案主，讓志工在一年內定期就案主在固定時段內的進步情形做記錄。

■對案主的調查（client survey）

可以採用既定的表格或由案主口述來收集資料，為能取得資料的信度，使案主比較有可能開放地表達意見，最好有中立的第三者而非由志工來收集案主資料。收集到資料以後，再由方案管理者摘要和詮釋案主的說法，以便反映案主朝向預期成果標準進步的情形（Curtis ＆ Fisher, 1989）。例如案主描述她與家庭生活協助方案之志工的關係：

> 目前我們之間的關係密切，這個方案所提供的服務讓我生命中充滿各種可能性。……當我有問題或需要時，知道何時找何人談話。

案主描述志工對她的幫助：

> 我的朋友提供一條社會管道給我，使我看見和聽到她如何為人父母。當我需要她的時候，她提供幫助給我，支持我完成學業，恭賀我的成就。我參加她的家庭聚會，而她也參加我的家庭聚會。她是我孩子的教母，並且引領我參加天主教會。她真是一個完美朋友的模範，是我最要好的朋友。

至於方案管理者摘要詮釋案主的說法為：

> 案主看到她生命中有新的希望，她更注意到資源和社會出路。她從家庭中的互動和親職教育中成長，並且從志工所提供的支持和讚賞中增長自尊。她回到學校上課，並完成生涯目標，證

明自己有能力和價值。她在心理上已經成長，她有一個完美朋
友的模範。

　　志工、社工員或方案管理者對案主的觀察所得都可以放進資料
中，其主要是以志工和案主接觸期間的成長為主。除了蒐集質性資
料（qualitative data）外，當然也可以儘可能地蒐集量的資料
（quantitative data），如考試成績、量表前後測比較、統計資料等
等。

(三)步驟三　準備和提出給決策者和資金提供者報告

　　收集資料之後，需要以描述性方式更加精簡扼要地提出目標達
成程度和案主的意見。然而，質性的資料要以量的方式和成果標準
相連接，同時讓讀者更理解方案所帶來的影響。經由目標達成量尺
所得到的資料可以彙整後，轉換成一種反映朝預期目標達成程度之
說法。諸如在80％的志工—案主的關係下，少年母親朝目標達成預
期程度更高；此一地區有60％的保護性母親，其中有70％的人減少
社會孤立。

　　案主調查的資料也可以轉成量的資料，例如指出所有被服務的
案主中，至少有80％的案主增加自尊、親職技巧和社會互動技巧。
方案管理者檢視案主調查的資料，並解釋這些資料後，將可以決定
案主是否在上述幾方面有所成長。要寫出案主在每一方面改變的摘
要，能以數字呈現會更好；諸如，有80％的案主說她們反應孩子情
緒需求的親職技巧有進步，或是有75％的案主表現溫暖的溝通行為
比過去多60％，或有65％的母親表示比過去有控制情緒和解決問題
的能力。

六、結語

　　在志願服務輸送過程中，評估志願服務者的貢獻是非常重要的。方式之一是轉化志工的貢獻爲高度經濟價值，但是除了計算勞務價值來評估之外，另外收集被服務案主的意見或表現，可以提供實質的證據，正確反映出志工的方案之價值，也有避免不易量度和無法預見後果的好處。此種資料亦可以讓人瞭解，此一方案中志工與案主所發展的關係是否具有治療性本質在內。在達成機構目標上，運用評估案主的回饋和目標達成之資料，能夠提供一個管道，以便有效評估志工的服務價值。

　　除了志工參與等值的計算，上述提到一些物資的捐助，同樣地也需要一些方法去計算物資的價值，並將其數值記錄在機構的財務報告之內。例如，今年外界曾捐助一些經常使用的物品予機構使用，那麼便要將其等值計算入今年機構開支項目之內；若明年得不到捐助時，也同樣可以向政府或捐款團體顯示此項開支的需要性及數額要求。

第十二章
志工的運用與管理

一、前言

在社會福利服務領域中，從慈善組織到睦鄰中心，運用志工提供社會服務已有很長的一段歷史。目前志工的角色也逐漸轉變，兼具政策的形成者到直接服務的提供者（Lewis et al., 1991）。志工參加服務工作是本著自願、助人的精神，本質上存在自主的意涵，然而為了使志願服務更加有系統、有組織，保障機構服務效能及志工持續參與的動機，志工專業化的管理已是不可避免的趨勢，組織的完備與管理的有效，乃是志願服務行之久遠的必要條件。尤其是對於日益膨脹的社會福利服務及民眾需求，提供服務的任一部門，無論是政府或民間機構，面對福利多元主義的趨勢，在服務輸出上愈來愈重視服務的績效和品質，以求經費的資助及民眾的肯定，此亦即服務責信的展示。

大部分人群服務工作是由人來完成，所以機構約有85％的支出是用於人事經費上。當我們談到機構資源運用時，時常受限於自己的思考，認為提供服務唯一的方式是僱用正式的工作人員，而很少會去想到可以運用志工來從事一些事務。Weiner（1990）指出，有些機構人力只有15-20％的比例是來自於志工人員，當機構缺乏資源時，通常也會缺乏人力，有許多社會福利機構及其他相關機構都運用志工來提供服務（Skidmore, 1990）。所以，對於人群服務組織的資源分析，必須包括志工提供給機構的時間及投入，將其換算成相等的金額，可以減輕組織財務上的負擔。從另一方面來說，一個有效的人群服務的管理者必須貢獻其精力，使志工成為人們與管理過程之間整合的一環（Weiner, 1990）。

前章已述及過去對志願服務者的看法較為狹隘，常認為在他們

執行組織任務時，是無法取代正式職員的，僅能以補充性的角色來看待。所以志願服務可以一方面提供志工自我發展和自我成長的機會，一方面也補足了政府因為經費及人力的限制，而有照顧不全及不足之處。不過民主社會中的非營利機構，常運用志工提供各種協助及滿足人力需求，例如在一些委員會、資金籌措及方案推展上，志工與工作人員都是組織所不可或缺的人力資源（Rapp & Poertner, 1992）。一個有能力的行政者會承認志工是人群服務重要的資源，可以協助組織提供社會需要的服務。因此，本章重點將放在說明志工管理之理念和幾個重要的作法。

二、志工管理的重要性

雖然志工對於組織來說是一種助力，諸如志工也會帶來新的能源、觀念、才能與資源，並且影響機構的生存與發展（Rapp & Poertner, 1992），但也有可能是一種阻力。近年來，在志工服務的發展趨勢上有一些爭議出現，包括志願主義對於社會問題並沒有治療的功效、志工對於全職工作人員是一大威脅、志工系統增強了婦女的經濟依賴（Stenzel & Feeney, 1976）。對大部分的組織來說，運用志工時會有一些障礙產生，其理由為：

1. 大多數組織的主要責任是由有給職的員工來擔任，在運用志工時，因其傾向於非密集性、暫時的工作，因此組織分派給志工的任務大都無實質的責任。
2. 通常志工在組織中居於邊緣性的地位，也會影響到他們對組織實質上的貢獻。因為大部分組織不會要求志工投入程度很高，可是對於專職的工作人員則有很多要求。

3.專職的工作人員視志工與其具有相等的責任，並認為對他們
造成莫大威脅（Morris & Caro, 1996）。

方祥明（1995）、江明修（1999）、曾華源等人（1998）提及國
內目前志願組織在運用志願服務上所產生的困難：

1.志願組織所運用的資源普遍呈現出質的不當與量的不足之問
題：除了財力與物力缺乏的困境外，在人力資源的運用上，
也常常無法招募到適任而足量的志工。此外，國內志工服務
網絡不完備，常常造成許多服務的重疊和資源的浪費，加上
參與管道與資訊的流通性不足，使許多有興趣參與志願服務
的志工，增加參與時的困難性。

2.志工的流動率偏高，使得服務效果不易持續，許多業務無法
順利推展。志願工作者較易離開工作崗位，或因志工能力、
個別差異、工作倦怠感、服務熱忱降低等，促使流動率偏
高，服務效果不易持續。許多志願工作者也因規劃及運作不
當造成業務推展上的困難。

3.志願服務組織的內部運作體系未臻健全，對志工的角色定位
認識不清，並且缺乏約束力。由於志工的工作特質不同於其
他機構成員，特別是許多志願服務組織仍未建立有效的目標
規劃、組織分工、選用訓練、督導溝通及評估績效的制度。

4.外部環境條件未能充分配合。志願服務組織與外部機構常因
立場與共識不足，無法良好配合，並缺乏良好的組織氣候，
導致志工效率低落及離隊率高等問題。

5.志工的工作多為重複而經常性的工作，或繁瑣而次要的工
作，對志工來說缺乏挑戰性，常使他們覺得不受重視。

由此可知，志工的流動率偏高、志工資源質與量的不足、志工

志工共同參與研擬服務方案有助提升士氣。
圖片提供：台中市政府社會局

　角色定位問題、組織環境不佳、組織的人力資源管理制度不良，都是志願服務組織目前在運作上所面臨的困擾，究其原因，諸如主要管理者不瞭解志願服務，認為推動志願工作可以省錢，所以不用心且不重視人才培育，另外對志工工作規劃的適當性不足，而這是缺乏培育與運用志願工作規劃與管理之人才所致（曾華源等，1998；施教裕，1998），而這些問題都與組織對志工人力資源運用與管理有關。

　　蔡漢賢（1978）認為有效推動志願工作應注意兩個重點，即內在謀求組織的健全，外在謀求條件的配合。其中組織內部體制的健全與否將是影響組織存續的重要關鍵，因此，志工管理是要達成兩個目的：(1)使機構的服務更有效能，並讓志工對於工作滿意。(2)要平衡機構和志工之間的需求，如果任一方有過高的期待，都會使志工管理的目的無法達成，對於志工、機構和服務對象都會造成困擾。如同Billis和Harris（1996）所言，事實上志工管理面臨著困

難，因志工是本著自由意志、自由行動及選擇的價值，很難以定型化的管理工具，如工作說明、程序、激勵等來規範其參與服務的熱忱。然而，社會福利機構工作的領域不斷在擴張，需要借重志工新技術的長才及持續勝任所賦與的工作，志願服務對於管理的需求是不容忽視的，尤其在志工角色的改變上，已從支援性質成為訓練有素、專業的不支薪的工作人員。如果機構要留住這些志工，就必須提供對他們有意義的成就，讓他們對工作有責任，有參與決策及晉升的機會，工作成果受到激勵，並且得到充足的訓練，同時心態上必須將強調非正式成員間的關係、合作與強調系統和過程的科層組織做結合（Drucker, 1989; Billis, 1989）。

三、志工管理之意義與內涵

在志願服務的過程中，管理也是一個很重要的概念，其普遍性的定義為，「是一種為了達成組織目標，運用資源從事計劃、組織、指導與控制員工的活動」。管理的效果決定於情境，所以管理者必須瞭解情境（Lucas, 1996）。西方對於管理普遍的通論是指在組織內進行的活動、為該組織服務的，它是為了達成組織目標而採行的活動。西方的管理重效率及應變能力，因此，Robbins（1996）認為管理的兩大目的即是效率（effective）及效能（efficiency），也就是過程及結果並重，其管理的意義較著重在企業組織各部門不同機能（function）的健全控制，亦即結合管理的五項機能（規劃、組織、用人、領導、控制）及企業機能（行銷、生產、財務、人力、研發），企圖投入能發揮最大效率和最大生產力，同時隨時針對環境的變遷進行調整，以維持組織的生存。所以在非營利組織中，志工管理的目的是為了要達成組織的目標，且對於組織所服務

的人口群提供更好、更完善的服務。

　　人群服務組織的行政管理者常不知道如何運用志工，他們學習的管理技巧並不能使他們區別領有薪資的工作人員與未領薪資的志工有何不同。將管理的理念與技巧轉換到組織管理志工上，「營利及非營利」、「公部門和私部門」和「有薪資及無薪資」等幾個概念要加以區分，以便有不同的管理。Stenzel和Feeney（1976）指出志工和專職員工有五種不同的面向：

　　1.志工並不是一個職業工作者，志工是無酬勞的，可以自由決定對組織提供多少的服務時間，因為他們並不是以服務工作為職業的人。
　　2.志工提供的服務是不支薪的：原則上他們僅可以申請交通補助費、餐費或是參加研討會與訓練之費用。
　　3.志工與機構內的工作人員具有不同的責任。
　　4.志工對於志願服務有不同的準備，不像機構內的工作人員需要有在這個職位上工作所需要具備的學經歷。
　　5.志工對於組織的認同程度不同。

　　由此看來，組織之背景和屬性之差異，加上工作者的參與條件不同，對於他們的管理理念和工作方式就需要有差異。要能有效運用志工人力，則必須對志願服務本質有所認識，也要對參與志工的心態有所瞭解，亦即要先認識志願工作屬性和參與者之後，才能考慮如何規劃吸引、養成、任用、激勵與持續等人力資源管理議題。

四、組織自我分析運用志工人力可能性

　　為使志工能符合組織人力的需求，首先應針對志工人力運用上

進行規劃，在規劃之前，應先行對自己運用志願服務與否之因素進行自我分析。

(一)組織運用志工的考量

是否要運用志工應該考慮機構屬性、機構哲學和機構服務人力所欲提供服務之素質。

■機構不運用志工的原因

· 案主的抗拒

案主對於運用志工服務提出質疑，而他們接受服務以後的反應會影響機構的經費收入和募款，因此機構認為專業化是很重要的。

· 志工管理不易

機構發現志工忽視專業的標準、難以訓練、對督導抗拒，以及為難或忽視機構的政策。如果以專業的標準來考量服務品質，那麼運用非專業的助人者可能對案主會有危險產生。此外，機構覺得志工太汲汲於地位、權利和自主的爭取，不相信志工是可信賴的，不認為志工比受過訓練的助手更容易訓練和控制、志工所要求的超過我所能給的、志工反抗督導、志工缺乏責任感，所以運用受過專業訓練的助理比志工更適合，而且機構現在有受過訓練的助理，他們的工作很難再細分給志工，使機構不認為有什麼工作可以給志工做。就機構現有人力的需求考量，因為專職員工容易訓練及督導，招募志工則需要太多的投注，相較之下，志工角色關係不易處理、志工對於機構的政策缺乏執行力，志工不能密切合作，都使機構不願意運用志工。

· 專職人員的抗拒

如果沒有受過招募、訓練及督導志工技巧上的訓練，機構專職

隆重舉辦獎勵活動，強化志願服務榮譽感。
圖片提供：中華民國志願服務協會

人員認為自己能力不足以扮演督導志工的角色和功能，恐怕無法勝任志願服務的領域工作。加以專職人員認為訓練和督導志工要花太多的時間，不想放棄直接接觸案主。同時認為和不同種族、階層、教育程度的志工一起工作是不自在的。

· 組織條件不足

　　機構對於督導的經費已經減少，或是缺乏經費提供志工餐點、交通費，以及缺乏空間提供志工執行方案，都會使機構不願意運用志工。

■機構運用志工可能的原因

· 機構管理哲學

　　事實上，很多志工是訓練有素、有高度的承諾意願和有能力可以完成專業事務的。對於機構而言，如何組織、協調和培養這些志工才是對於專業領導的一大考驗。這些理念的形成，可能來自管理階層的經驗，諸如決策者認為和他一起工作過的志工相當優秀，他們喜歡訓練並且合作工作。志工可以在機構與案主間扮演關鍵的連

結角色，所以最好的服務輸送需透過由專業人員、助理和志工組成團隊。其他諸如董事會認為應讓不具專業的人提供更多的服務、主管重視志工的廣泛運用、提供經費重視運用志工、機構的政策是運用志工來發揮許多角色功能、運用更多的志工是專業和全國一致的趨勢等考慮，將會擴大機構運用志願服務。此外，機構主管認為看到志工從參與中的成長，會增加機構對社會影響，擴大機構使命的完成。

· 機構服務理念

　　志工可以更有效滿足需要協助的人群，尤其是無法付費的人。此外，即使專業可以提供貧窮社區服務，也比不上當地志工團隊所提供的服務，因為專業文化、經濟背景和種族的因素往往造成與標的人口連結的困難度，而當地社區性的志工卻可以突破此困境。如果再加上服務的需求量遠超過培訓專業人員所能提供的服務，所以在考量機構的經濟因素下，機構不見得可以維持足夠的專業人力及訓練費用，因此大量運用不支薪的志工協助。

· 現實條件因素

　　當前志工在人數上和服務多樣化上不斷增加，志工可以協助機構提供案主更好的服務。此外，目前機構需要拓展服務，可以藉由志工將方案推展至新領域，並且增加志工對於預算的分配有幫助，所以應該招募更多的志工進來。

(二)機構有效運用志工的條件

　　就實際的需要來看，機構想運用志願服務並不一定就能順心如意，機構運用志工時應該建構適合志願服務的環境和條件。

　　1.機構的決策者和行政主管能建立一種重視志工的運用、鼓勵

運用時間從事志工的招募、訓練、協調及輔導的組織氣候。

2. 機構有專業的發展能力，可以協助提升內部對志工招募、訓練、行政和協調的工作。對機構外的研習、研討、諮詢等提供很好的服務。

3. 專職人員有機會和同事公開討論志工工作的重要性及管理技巧，並且在志願服務業務上參與發展目標、計畫和承諾之發展業務。

4. 志工和機構彼此有回饋的機制。案主和案主團體對於志工工作回饋與評估，此可以協助專職人員更有效運用志工，並促進訓練和諮詢式督導的功能。

5. 由專職人員及志工共同組成團隊建立一套研究、訓練、計劃和評估的程序，並重視溝通的過程、人際的情感和工作關係的問題。

6. 經費預算上允許機構花費時間和金錢運用志工。

五、志工人力資源管理與內涵

　　志工管理是一個相當年輕的專業領域，現有文獻較著重在組織中志工的安置、誰負責指導與協調他們、如何設計其工作，以及志工與工作人員之間的關係。也有一些文獻是從功能管理的角度來看，例如行銷與公共關係、資金籌措及招募與篩選志工（Lucas, 1996）。既然志願服務是透過志工以協助機構推展工作，因此，管理志工的工作事實上就是人力資源的管理，人力資源管理的概念是近二十年發展出來的，張火燦（1982）認為，人力資源已逐漸成為組織在管理經營上首要注重的課題，原因是任一組織其物力及財力的運作，都有賴於組織中工作人員的執行。對於社會福利機構而

言，志工是重要的人力資源，一般我們談到志工的管理，亦即指志工的人力資源管理，人力資源的管理過程必須配合前述管理的機能而規劃。

何永福、楊國安（1993）將人力資源視爲是機構中所有與員工有關的資源，包括員工的能力、知識、技術、態度與激勵。

人力資源管理包含四項主要的功能：(1)人員的晉用；(2)培訓與發展；(3)激勵；(4)維持。而人力資源的管理則是將機構內與人力有關的資源，從一開始資源的獲得，到資源的培訓、發揮，甚至是激勵以及後續的資源維繫，這中間的所有過程和活動皆屬於人力資源管理之內涵。

通常人力資源管理被視爲是組織經營管理的重要部分，這是爲了能將組織內之所有的人力做最適當之確保、開發、維持與活用。組織所進行的員工開發和運用的措施；包括成員的能力、知識、技術、態度與激勵（Byars & Rue, 1991；何永福、楊國安，1993；黃英忠，1996；Robbins, 1996）。Robbins（1996）歸納人力資源管理工作有七項：

1. 選──人員甄選，選用適當的人才來擔任適當的工作，而非爲某特定的人創造新工作。
2. 用──人員有效運用。
3. 訓──人員的訓練，使員工獲得工作的知能、以適任指派的工作。
4. 評──對員工績效公正地進行評估。
5. 留──人才維護及保留，結合員工需求，對員工進行前程輔導及永續發展。
6. 展──意指員工潛力的繼續開發。
7. 酬──員工的獎酬制度，以發揮激勵效果。

張東隆（1984）及吳惠玲（1990）將人力資源管理的範疇轉換為四項：

1. 招募甄選及用人規劃──人員取得、選擇標準、人員任用、升遷。
2. 績效評估──工作表現的考核、考核標準、考核後採取的措施。
3. 薪酬──物質及非物質的獎酬和激勵。
4. 訓練發展──訓練活動的規劃和目的。

根據McCurley（1994）的觀點，志工管理的過程必須要有機構內高層主管的支持及專職人員的參與，同時志工的管理也擴大到機構以外的社區參與，顯然McCurley對志工管理的看法強調要走出機構內的服務範疇，要有區域觀走入社區服務網絡，同時應將志願服務視為一個連續不斷的過程。

若我們將志工人力資源管理視為一個連續的過程，並配合管理四項機能──規劃、組織、領導、控制（Robbins, 1996），則可將志願服務人力資源的管理內容彙整如**表12-1**。

六、志工的招募

志工的招募是組織運用志工的第一步，是組織或機構有效管理志工重要的工作之一。「招募」就是徵召志工加入機構的工作過程。由於志工是在自願的情況下投入時間和精力，因此對於組織或機構來說，招募並非是要說服人們來從事他們所不想從事的工作，而是在告知人們，他們有機會可以從事他們所想從事的工作。而願意接受志工工作的挑戰而達工作目標的人，才是組織或機構所想要

表12-1　志願服務人力資源的管理內涵

管理機能	志工人力資源管理	說　明
規劃	1.需求評定	瞭解機構對志工人力需求之面向、調查所需之人力及目前志工參與動機和形態。
	2.整體性的方案規劃	依照機構宗旨規劃志工方案。
	3.階段性完成的目標	設定長期、中期、短期的階段性志工發展及管理目標。
	4.經費	編列志工預算、募款、財務管理。
	5.相關之策略──行銷、創新、網絡合作等。	宣導、創新方案、區域網絡的聯繫等。
組織	組織方面 1.志工組織架構設計 2.志工的分組、分工	
	3規範的訂定	志工的服務章程、出缺勤規定、倫理守則與工作規範。
	4.制度的訂定	志工甄選、獎勵、考評制度、福利之制度規則。
	5.授權	參與決策、團隊運作。
	1.志工工作流程	詳盡的志工工作規劃、明確的工作說明書。
	2.志工招募及甄選	志工來源、資格限定、甄選方式。
	3.志工教育訓練	重技巧或個人成長、職前訓練、在職訓練（定期／不定期）（片斷性／持續階段性）。
領導	1督導型態	督導領導型態、督導與志工關係。
	2.溝通協調	志工組織間、人際間溝通。
	3.福利及激勵	保險、表揚、其他志工聯誼活動。
控制	1.建立志工工作評估標準及方法	如服務瑕疵、出勤狀況、評估面向、由誰評估。
	2.志工基本資料建檔	時數登錄、參加訓練記錄。
	3.志工需求及滿意度評估	作為下年度計畫的參準。

資料來源：Robbins, 1996。

招募的志工。

　　組織或機構所招募參與服務的志工有兩種形態，一種是短期的志工，另一種為長期的志工（陳金貴，1994）。短期志工的招募方法較屬於志工本身的抉擇，機構較不易掌握。短期志工是受到工作本身所吸引，組織不需使用特別的方法來招募志工，因為志工是直接對組織或機構的特定志願服務工作有興趣，或是受到組織的特定活動之型態所吸引，而與完成組織工作無關，另外是他們被朋友或同事要求成為志工。他們會參與志願服務，是因為與請求者之間的關係，而非對機構的情況有所瞭解。

　　但從另一個角度來看，如果組織的活動多樣，內容豐富有意義，自然可以吸引更多短期志工，短期志工多，也較可能培養出長期志工。長期志工的招募，也就是一般的志工招募。由於志工的招募不像一般支薪的職員有特定的程序及嚴謹的過程，其方法較有彈性，用很簡單的自我推薦或是很複雜的行銷均可，只要能有效地找到適當的志工，加以延聘即可。

(一)招募志工規劃應有的考慮

　　在前一章志工參與動機分析中，即提到要重視志工參與服務的自我滿足感與增進社會關係之因素。因此，招募志工一定要注意對象所具備之條件。志工必須要有強烈的服務意願，要有參與服務工作的時間，要有參加服務工作的健康身心，並且有不從服務工作中獲取任何經濟報酬的意願、條件和認識，如具備有參與服務所需的知識與技能則更好。

　　招募工作最好注意時機和方式的搭配。大量招募時，尤其要注意流程完整，缺一不可，否則引進不適任的志工，形成「請神容易送神難」的局面，將徒增困擾。因此，志工招募的方式不是只用一

般傳播方式即可。林萬億（1992）研究公部門志工得知，機關招募的訊息以宣傳單或海報最多，其次才是機關志工和員工的介紹，也有透過新聞媒體得知消息的。曾華源等人（1996）研究發現，一般民間機構的志工有超過一半的人是透過親友介紹，另約五分之一的人士透過宣傳。

首先招募志工最好能先調查分析目前組織內志工參與的動機和背景，以找出志工彼此之間的共同點，例如：他們是否都來自於類似的團體、是否從相同的管道得知招募訊息、是否有相似的背景或生活經驗、是否出於相類似的動機等等（李淑珺，2000），或是分析機構過去採用招募方式前來參與的人有何特質、他們對組織工作推動有何影響，透過這些分析來找出共同的相似點或優缺點，以便確認機構屬性會吸引哪些人參與此類的工作及活動，進而能從這些資訊中去決定如何尋找所需要的新志工。

其次選擇志工的過程必須如同正式工作人員之招募一般，需要有一個明確的計畫（Lewis et al., 1991）。招募是尋找志工的過程，這個過程包括尋找合適的志工，以及鼓勵他們參與志願服務工作。前章已論及志工參與動機之複雜性，而且志工參與行動之前也會有自我分析和預期，研判行動之可能性和結果。一般說來，下列幾方面是人們未能參與志願服務之可能原因：

1. 缺乏對志願服務之認識：包括對志願服務的整體概念，服務機會在哪裏，以及如何投入參與等，或是人們對志工、志願服務和某些服務對象或機構的印象有誤解、不瞭解或感到不夠吸引。
2. 缺乏志願服務經驗：在家庭和日常生活方式中，未曾接觸過志工活動。
3. 個人因素的考量：個人內向羞怯和缺乏自信，較不願意參與

志工情感聯誼有助於工作滿足與持續投入。

圖片提供：中華民國志願服務協會

　　和有所擔憂，包括擔心做志工的開支、擔心與專業人士一起
工作時是否會有知識上的距離、如何和有需要的人直接溝
通、對工作是否能投入參與。此外，還要考慮一些未知的因
素，如心中是否能接受要接觸行為偏差及殘疾人士、是否有
個人安全顧慮、家人及朋友對志工的看法是否支持等。

　　所以要考慮是什麼原因令人對志願服務工作望而卻步，什麼對
志工有實際之誘因。招募志工參與服務時，要明示會提供的實質誘
因和作法，包括（Morris & Caro, 1996）：

1.分派給志工的工作必須使志工擔負足夠的責任，並使其從工
　作中獲得滿足，能對組織投注長期的努力。分配志工任務時
　需注重兩大原則（Bembry, 1996），一為必須具有明確的目的

及目標，其次為分配必須是公平的。

2.當志工投入額外的努力時，會給予其立即性及連續性的認可。

3.吸引志工加入服務行列，必須有使其與社會互動的機會。

4.對於志工也可提供一些有形的酬賞（如交通補助、誤餐費等）。

(二)志工招募之方式

組織招募志工的工作是讓社會知道此一消息，這是組織在社會上聲名可以保持持續不墜的方法，同時提供大眾參與志工的機會。志工招募工作要持續地進行，不要以為每個人都知道你的組織。要瞭解你招募志工計畫每天都要跟我們面對的眾多訊息競爭，所以招募志工的資訊是要和其他的消息，以及和其他志工組織競爭。如何讓大眾知道你的訊息是一項藝術。其實知道並不表示會有實際參與行動，所以口耳相傳仍然是吸引大眾注意最好的方法。

最好的招募者就是熱心的職員與快樂的志工，以及對服務滿意的顧客。因此，沒有單一的招募策略，招募必須是多樣化以及公開。由於我們生活在一個高度移動的社會，人員流動很高，可能人選之變化度頗高，所以可重複報告說明組織的情形，以利新會員的瞭解。要記住季節改變的影響，例如各學校在假期或畢業時段不易招募到志工。只有在擬定好工作計畫，同時得到專職員工的支持之後，才能開始進行招募志工工作，例如招募的日期和宣傳內容，要每個參與工作的人都同意。

每個組織都會有不同的招募方法，不同的方式各有其優點及缺點。有些是隔一段時間定期進行招募，有些組織的招募工作則是一直沒有間斷，選擇最適合機構的方法、資源以及想要吸收對象的方

法。重複招募是值得的，要持續不斷努力地累積效果。機構招募工作應守信，人們願意申請加入志願服務行列，是因為他們相信機構的招募計畫，不要承諾你做不到的事。

招募消息或傳單要設計得簡短易懂，廣告詞要好記，能吸引大家的注意。訊息要明確，要做精確地說明指出志工可能獲得的好處，並且要提供聯絡人的姓名、地址、電話、傳真及電子郵件號碼以供有意者查詢。在招募工作上，要注意準備回應有興趣者的詢問。因為如果有人對你的志工招募有興趣而來詢問，但是他詢問的人卻對招募計畫不太清楚，無法提供必要的訊息時，再好的計畫和廣告都不會有效，所以確定已準備充分的資料給接電話的或接待查詢的人是相當重要的。準備一份簡介（包括組織簡史、應徵表格、工作說明書）給應徵者參考，如果可以由志工來介紹機構，會更有說服力。

(三)志工招募之途徑

一般志工招募的方法可歸納為下列幾項（陳金貴，1994）：

1.個人或一對一的接觸。
2.幻燈片介紹或演講人制度。
3.開放參觀。
4.郵寄小冊子或宣傳單。
5.宣傳促銷。
6.透過媒體傳送資訊。
7.展示。
8.發行通訊。

上述所提及運用招募志工的各種方式與台灣研究所發現者有些

差異。國人參與志願服務管道和訊息來源，主要是參與自己的團體所舉辦的不定期志願服務（內政部，2001），或是親朋好友的邀約和所傳遞訊息爲主（內政部，2001；曾華源等，1998），顯示志願服務的觀念宣傳與眞正參與之途徑是有不同的。所以招募志工大致上可以有大眾傳播方式和人際網絡二大途徑。

其中大眾傳播方式可分爲：

1. 招募傳單或海報：散發機構的傳單或海報，上面刊載招募志工的訊息。此種招募方法的文案內容必須要能引人注意、簡潔有力，也要包含足夠的資訊，讓有意願的人們可以主動探詢擔任志工的機會（李淑珺，2000）。

2. 公益廣告：此種招募方法是利用在電視、廣播或當地報紙中的適當欄位刊登志工招募的訊息；有時非營利組織機構會請社會上知名的人士爲其機構的志工招募廣告代言。

3. 對社區團體演講：另一種志工招募的方式是與社區團體做結合，利用到社區演講或服務的機會，傳達招募志工的訊息。

4. 建立網際網路網站：網路宣傳無遠弗屆又廣又快，尤其台灣上網的人口多，效果顯著。

至於運用人際網絡吸引志願服務者的方式有：

1. 同心圓招募：此種方法的理論是跟組織或組織內的志工有關係的人，就是其最好的招募目標。例如：讓現有的志工去招募其他的志工加入。

2. 團體招募：此種方法是要在一個有高度認同的團體下來進行志工的招募，而這些團體的成員彼此間要有很強的連結，以及這個團體有共同的價值觀存在。當在團體中的成員體認到「志工」是一件有價值的事，且成爲此團體的共同價值，此

志工召開會議，共同研商組織會務。
圖片提供：門諾林森松柏中心志願服務隊

時團體招募志工的方法即適用（李淑珺，2000）。

(四)志工的甄選

　　不是每一個願意做事的人就能把事情做好，影響行為意願之因素很多，必須瞭解其意願之背後影響動機和期望。所以要選擇適當人力才有助於工作之推動，否則將影響組織挪用可以用來做其他工作之資源來管理和培訓志工。要能做好志工甄選工作應該事先分析要志工工作之項目所需之知識與能力，然後做為人力甄選評斷之基礎。

　　甄選可以採用之方法很多，例如模擬情境或角色扮演可以用來瞭解其工作之態度和能力，也可以讓受面試者談他過去的工作經驗或談論他對時事之看法，以認識其內在價值和觀察力等等，所以甄選方法之運用應視情況決定。基本上要瞭解應徵者對機構之認識、對可能工作之看法與期望、自我判斷自己對工作之勝任情形，其餘

項目可以就實際需要而增加。對於未甄選上的志工，務必要擬好妥委婉善之拒絕信函。必要時要親自接待抱怨者，以便傾聽和瞭解其抱怨有無道理。

七、編製志工作業支援手冊

(一)使用志工作業支援手冊之理由

志工是組織內重要的工作力來源之一，如果沒有志工，許多組織就沒有辦法發揮功能。但是，志工與一般職員一樣，需要有人提供工具使他們工作表現有效率和效能。對於志工能否有效自主性地發揮功能，當他們有問題時，可以立即找到資源，便於提供適當之服務，這是有效管理志工的重要途徑。如果志工剛開始興致勃勃地工作，但是工作中卻一再地費神尋找到底要做什麼的時候，常會讓他們的熱忱洩氣殆盡。如果要人家心裏感到滿足和成功地完成工作，就要知道工作細節。沒有任何一項工作是簡單到不必準備的。

作業支援（job aid）手冊是指協助個人完成任務或決策，就像是食譜、組裝說明、購物單、飛機緊急問題處理手冊和影印機問題處理手冊一樣（Barkman, 1990），這是分析手冊的使用者應該完成何種工作而撰寫的說明書，換言之，此一設計是透過提供要做什麼、如何做和何時做，以便用來改善或控制人的工作表現。作業支援手冊是配合志工之定向工作（orientation）和訓練，俾能提供志工工作細節和需要之工具，以協助他們完成工作。

Barkman（1990）認為使用作業支援手冊有五個理由：

1.作業支援手冊著重志工工作執行，而非政策、歷史、個人意見、機構背景或人際關係的描述。這與工作任務有關，提供如何準確執行工作的的指導。

2.如果作業支援手冊以簡單、有邏輯之形式提出，那麼可以協助志工記起關鍵性要素，否則可能會忘記。

3.比起其他指導性形式，制訂作業支援手冊花費的金錢和時間較少。

4.作業支援手冊較有彈性，當工作程序改變時，容易修正。

5.當使用作業支援手冊支持訓練時，可以縮短訓練時間和加快獲得知識與技術之速度。

(二)何時應使用作業支援手冊

Barkman（1990）指出在志工管理的四個過程中應使用作業支援手冊：

1.安置志工（locating volunteer）：主要著重在篩選志工做各種工作。這是一個很有用的工具，可以協助志工在工作經驗、興趣、時間限制上和工作做很好搭配。可以讓志工事先知道被期望作些什麼，以及要有何承諾。

2.定向志工（orienting volunteer）：志工接受服務角色後，為了能讓他更瞭解工作，以及配合整個組織，管理者應該在這個時候列出作業支援手冊主要大綱讓志工知道，並且指出哪裏有資源和到哪裏尋求協助。這一個步驟很重要，因為可以協助志工瞭解如何使用作業支援手冊，以及提供機會問問題。記住，志工一再地抱怨他們不知道對他們有何期望時，運用此一步驟可以解決。

3.和志工一起工作（operating with volunteer）：在此一階段中，志工之工作滿足有兩個重要因素：一為志工是否有機會透過獲得新技術和知識而成長，二為志工是否可以看見由於花了時間和精力而有影響或成果。使用工作手冊可以讓志工檢查他們工作完成之進度，並可以測度已經做完的部分。當工作改變時，工作手冊很容易改變，志工也可以適時提出修正。

4.永續的投入（perpetuating the involvement）：鼓勵志工永續投入服務的動力來自正面評估與讚賞。關注和尊重志工是最有意義之讚賞，如果有作業支援手冊就能夠好好比較志工的工作執行情形和預期表現之關係，正確比較能夠有正向之成長並指導志工發展方向。

（三）如何製作作業支援手冊

製作工作援助手冊是依照要執行何種工作而定。這可以分為演繹和非演繹二種類別（Barkman, 1990）。

■演繹性作業支援手冊

演繹性作業支援手冊需要使用者做邏輯思考活動（exercise）。在純粹演繹性協助中，使用者不能依賴詳細指導來帶他完成工作，使用者只要選擇一部分指導立即運用在任務上，並將資訊連接到執行任務中，就能成功地執行工作。

1.流程圖：以有邏輯性的圖表方式安排一個簡要的指導順序，以帶領做出正確決定。通常流程圖在決策點上，以不限形式的方式列出，常會有分支次任務。當使用者對第一個陳述反

映時，就會帶進相關的第二個陳述，直到任務完成。

2.決策表（decision table）：這個表單是用一種多元性情境「如果」、「然後」與「和」之直欄來做決定。其分項要很簡單。

3.工作單（worksheet）與空白表格：：這是用來收集資料或資訊，工作單要使用者填寫單上所需的資料和資訊。

■非演繹性作業支援手冊

非演繹作業支援手冊之特質是其內容在本質上是程序性質的，使用者只要依照詳細指導之順序來完成工作。

1.連接步驟的指導：將某一特定任務之每個步驟按照順序列出來。這是用在任務較為簡單，不需要決策或少許決策即可的情況，其說明是加在主題中以增加清楚度。

2.檢查表（checklist）：跟連接步驟指導一樣包含一連串順序的步驟，包括有個空白處可以檢查完成的工作。檢查表包括哪個步驟需要在何時（月或日）完成之資訊，常用來協助志工計畫、執行和評估各種事件與活動。

3.空白表格：提供空白地方，以確保所有的資料填寫完畢和適當地做處理。

4.程序表：以表的方式呈現連接步驟。

(四)設計作業支援手冊

作業支援手冊不是工作說明手冊。許多機構給志工個人的大多是工作說明（job description），而通常這些工作說明只是工作概述和少許介紹工作如何完成的說明。

一個工作說明書應該包括幾個要點（陳金貴，1994）：

1. 名稱：說明工作名稱或職位。
2. 目的或工作目標：說明服務工作要達成的目標。
3. 權責或是要負擔的工作：精確列出每個工作之責任和權力。
4. 資格：包括所需要的知識和技巧、體能的要求、實際的經驗和教育。
5. 時間架構：預估工作時數、期待志工承諾時間的數目。
6. 導向訓練和訓練要求：提供訓練的種類。
7. 工作地點：志工在何處工作。
8. 督導者：說明督導者的姓名和職銜、報告的要求。
9. 福利：列出志工的福利，例如免費停車、托嬰服務、保險等。

設計好的作業支援手冊是要真正去做。基本開始步驟如下：

1. 指認標的對象：亦即要好好認識使用這一手冊的志工。要記住，進入機構的志工個個有不同教育背景和經驗，這些人在

表12-2　志工工作說明書樣本

```
部門或服務的目標：＿＿＿＿＿＿＿＿＿＿＿＿＿＿＿＿＿
這個工作的目的是：＿＿＿＿＿＿＿＿＿＿＿＿＿＿＿＿＿
工作職稱：＿＿＿＿＿＿＿＿＿＿＿＿＿＿＿＿＿＿＿＿＿
執行的任務是：＿＿＿＿＿＿＿＿＿＿＿＿＿＿＿＿＿＿＿
預估花費時間數：＿＿＿＿＿＿＿＿＿＿每週/兩週/月
日期：＿＿＿＿＿＿＿時間：＿＿＿＿＿＿＿＿＿

報告的順序：＿＿＿＿＿＿＿＿＿＿＿＿＿
需要的工作資格/技巧/特質：＿＿＿＿＿＿＿＿＿＿＿＿
我們能提供給你的好處：＿＿＿＿＿＿＿＿＿＿＿＿＿＿
特殊狀況（包括需要出席之會議、守密、訓練、保險項目）：
＿＿＿＿＿＿＿＿＿＿＿＿＿＿＿＿＿＿＿＿＿＿＿＿＿
```

做不同的工作，而每一個工作又需要不同的技巧和專長。接電話的志工所需專長和主持委員會的志工所需不同。要確切指認出志工所要做的特定工作上之需求、技巧和知識，以便設計作業支援手冊。

2.進行任務分析：接下來要做的就是決定工作範圍和執行工作上要做哪些決定，要包含所需技術和設備之所有重要的資訊。任務分析是過程中最花時間的部分，也是最重要的部分。任務分析提供要包括在作業支援手冊中重要的資訊。

3.選擇工作援助表格：同一種表格不見得適用於每一項工作。執行工作需要的型態可以用來作為決定最有效表格的線索。表12-3提供一些決定使用作業支援手冊之指南。

在實際情況中與志工一起考驗不同表格，可能可以協助決定那個表使用起來最簡單和最有效。

1.在製作志工作業支援手冊上，要記住必須使用志工可以懂得的語言，才能符合志工需求，並且要適合使用在工作情境

表12-3　選擇作業支援手冊表格之決定表

如果	然後
參與任務： 行動次序	考慮： 每一步驟之方向 檢查單 流程圖 程序表 流程圖 決策表
核算/文件 文件	檢查單 表格 工作單
每一步驟程序和決策的混和	每一步驟搭配起來和決策表一起列出

中。只提出執行工作上需要的「重要資訊」，這樣才容易使用。

2. 訓練志工：為能有最大成果，志工要有訓練。訓練要包括工作總攬、指導何時、何處和如何使用此一手冊。訓練務必確保作業支援手冊是簡要的和容易使用的。

3. 評估：要確定手冊是否有效率和效果，可由志工是否使用過此一手冊、他們工作表現如何、手冊是否需要做改變或修正等方面得知。

八、建置機構之志願服務倫理

志工服務是基於個人自由意願的一種參與，但是為確保志願服務的績效及服務對象的權益，有助於機構完成組織目標，應該擬定一種共同信守的倫理守則，以規範志工的行為。前已提及，志工有許多不適當之行為表現；諸如志工過分投入工作，甚至不惜辭去原來的專職工作，以便專心做好志願服務。甚至他們可能在機構服務時間比新進專職人員還久，不僅干涉他們的行政工作，而且變成好像是組長或督導，完全忽略工作上權責差異，及彼此應該相互尊重職責的工作倫理。有時候志工也會彼此相互惡意批評，互不合作和爭權奪利，甚至怠職，刻意避免參加重要訓練等等。

為了能夠有效發揮志工管理，避免志工陽奉陰違，要重視志工服務倫理。林勝義（1999）指出，志工倫理可能之內涵包括遵從機構政策、接受機構督導、嚴守秘密、不圖求回報、公平服務、重視同僚合作、盡力提供服務、不斷自我成長。美國志工行政協會（Association of Volunteer Administration）認為志工行政上有關的倫理核心價值應包括的原則如下（Seel, 1996）：

1. 公民權及慈善行為：包括志願服務及社會責任哲學的基本倫理原則。
2. 尊重：包括自動、禮貌、謙恭、親切、瞭解、接納、人的尊嚴、互惠及自我決定的倫理原則。
3. 關懷：包括憐憫及慷慨。
4. 公平及正義：包括公平、無私及平等的程序。
5. 信任：包括誠實、信心、真誠、率直、對契約做公平的解釋、理性的承諾、忠誠、保護隱私的資料及避免利益的衝突。

　　志工倫理守則應該是文字陳述簡明扼要又能實踐的行為指標，而非曲高和寡、模糊不清的道德性宣示之字句，倫理守則應做為志工參與行為遵循的標準和評判爭議之依據。

九、志工考評的困難

　　規劃志工的福利制度與獎勵是一項重要的工作。對於專職人員來說，福利與獎勵是重要的激勵因素，但是，志工不是為了生活而參與提供服務，也不會是為錢的因素而來。所以好的福利制度應該不是吸引志願服務者的重要條件，而曾華源、鄭讚源（1998）的研究結果也顯示的確如此。那麼志願服務人力資源規劃上，到底應該重視什麼？

　　對於志願服務者來說，工作要有安全保障是第一優先，其次是建構互助體系。志工難免在服務工作上發生傷害性的不幸事件，諸如開車到外地提供服務時不慎撞傷他人，或提供資訊有錯而使他們權益受損，所以法律和財物賠償上的保障是很重要的。目前志願服

務法已提及此一問題的處置原則。

　　獎勵之作用在激勵士氣和動機，所以獎勵要公平，就要有實際績效或事蹟做為根據。但是有志工不喜歡被考評，所以如何建立公平制度相當重要。

　　另外，在志工管理中，較少機構願意進行志工的考評，因為一般機構不願意去瞭解做好考評對組織的助力，也有可能他們根本沒有能力做評估。他們也擔心考評政策對志工的甄選、聘用及公共關係會有不良影響。對志工來說，他們是不支薪又自我奉獻時間及精力的志願服務者，考評將會造成他們的重大壓力，甚至有懷疑他們能力的感覺。在組織及志工都不樂意的情況下，志工的考評很難推展。

十、結語

　　現代社會中，服務的需求快速增加，在資源有限的情況下，如何有效地運用志工，使其成為組織人力資源的一環，是值得我們再思考的方向。志工管理對組織是一個有用的工具，如此志工的時間才不致被浪費，並且對志工宜有妥善的計劃、組織、指導與控制。

　　志工人力資源管理的過程涉及機構事前的規劃，評估、修正與創新，這些管理的過程主要目標是透過各個管理活動，促使志工留在機構，並且激勵其持續參與，甚至帶給志工自我成長與發展。對於志工的管理方面，一方面要強調情感及人性，另一方面也要重視制度的建立和責任的劃分，這是要工作取向和情感取向兩者並重（陳政智，1999），否則志工會帶給機構「災難」而不是「助益」。

第十三章
志工人力資源管理策略

一、運用志工之潛在價值與問題

(一)志工有助於社會發展

任何組織的任務均要由人來執行和完成。透過組織的成員發揮團隊精神，彼此通力合作，並有效運用組織內的各種資源，才能達成組織的目標和任務。如果單靠物力資源，分配給成員運用，而缺乏工作動機的激勵，很難保證成員得以完成組織所交付之任務，達成組織之期待和目標。尤其在當前日益競爭的社會中，組織要能獲得社會肯定，欲屹立不搖而不斷發展，則組織如何發展和利用人力資源，協助組織成員發揮潛能，是不可忽視的課題。

台灣社會變遷快速，社會問題與需求日漸複雜，而解決這種問題和需求不能只單獨靠政府力量來處理，許多民間力量也需要投入，才能彌補政府在處理這些社會問題上的能力不足。志願服務不僅是提供服務，更重要的事是要能確實反應社會需要，作為一種發展之助力。

由於台灣教育的普及、經濟的進步、社會的繁榮，使社會中更多有錢、有閒、有專業知能的人可以投入志願服務的行列。對於社會工作專業而言，運用志工是處在兩難的困境，一方面不能不運用專業知能不足之志工，擔心過多志工的參與會影響專業權威之形象。另一方面志工之參與社會福利工作，的確是有助於服務層面的擴大，許多福利機構考慮財政因素無法投入大量人力，並且在對福利素質要求也不高的情況下，才考量運用志工（林萬億，1992）。如有許多民眾參與志願服務，一方面可以充分運用社會資源，另一

方面透過實際之服務經驗和教育訓練，可以讓志工實際體會到服務品質與專業訓練之關係。因此，當前推展社會福利工作的主要課題是如何有效運用志工人力資源的問題。

(二)志工不是無成本之人力

志工來自社會各階層，並擁有各種才能與資源，對組織而言，志工之人力可說具有可以開發之無窮潛能，然而，運用志工提供服務也並非全是益處。林勝義（1990）、李鍾元（1993）與林萬億（1993）之研究均指出志願服務的推展有正面價值，但在運用志工上，也有許多問題有待解決。根據台灣省政府社會處對志願服務工作的自我評估，顯示運用志工有許多缺失存在（台灣省政府社會處，1984，1987，1994），諸如志工流動率高、訓用不合一、運用志工管道狹小、缺乏運用志工體制及工作項目過於廣泛。Nacy（1989）指出志工提供服務時，應該考慮到傷害案主和個人受到傷害時的倫理問題。Mcnulty和Kltt（1989）研究指出，志工與機構受薪人員一樣，有許多令人不喜歡的行為，諸如只說不做、容易洩密、抱怨工作和有工作倦怠感等行為，因此，對機構而言，僅僅憑著志工的愛心與熱心提供服務，並非一定是機構的資產。除此之外，許多研究（王麗容，1992；Gillespie & King, 1985）指出志工不一定完全以服務他人為主，有許多志工是為了從中學習日後工作所需要的知識，或以自我滿足和成長為主要動力來源，因此，服務責信的問題就必須特別重視。由於志工是相當有價值的人力資源，而且志工人力資源的數量並非無窮盡，同時運用志工提供服務亦存有許多問題，因此如何有效運用志工人力資源是值得關注的問題。

二、運用志工之趨勢：專業化管理

國內許多機構早已注意到志工人力資源的價值和潛在問題，並且著手開發和改進。例如「張老師」青少年輔導中心早在民國六十七年已制定「督導制度」、「義務張老師進階制度」來延續志工之服務年資和提高工作素質。政府方面也訂頒各種相關法令辦法來鼓勵和規範志工，內政部社會司訂頒「志願服務記錄證登錄使用要點」（1989），台灣省政府訂頒「台灣省社會福利志願服務工作人員平安保險實施要點」、「台灣省優秀志願服務人員獎勵規定事項」，台灣省出版《如何推動志願服務》，台北市志願服務協會出版《志願服務工作手冊》以及辦理志工督導人員研習活動等等。凡此種種措施，均希望能有效吸收社會資源並妥善管理志工，才能使志願服務在現代社會福利體系下健全發展（白秀雄，1982；林啓鵬，1988）。目前在美國的志願服務之推動上，不僅發展成爲志願主義（volunteerism），志願服務形成風潮，而且在推動志願服務管理上，最突出的趨勢則是「專業化」（professionalization）（Heidrich, 1991），聘用專業的經理人對志工進行管理，對志工做了很多與專業人員一樣的人事規劃與培訓，諸如設計與定義志願服務，撰寫工作描述，甄選和面談志工，並且給予志工導向訓練、在職訓練、督導、評估和獎賞。

這種志願服務的發展趨勢有下列幾點值得重視：

1. 許多志願服務組織和志願服務方案越來越大，爲了能增進組織功能和工作效率，許多志工管理者已學到企管界所發展出來的管理技巧。

2. 社會越來越關心志願服務所帶來的負面效果，已迫使機構增進控制由志工提供服務的方案。由於案主有可能被志工所傷害，因此更加注意以志工背景為主的甄選和安置程序。志願組織覺知他們有責任仔細選擇、訓練與督導服務他人的志工，正如一個運動球隊的教練，或帶領熱線諮商員的督導一樣，訓練方案和督導應只是志工人力資源管理的一部分。

3. 志工在奉獻時間和知能給組織時已變得更會盤算。王麗容（1992）之研究顯示，婦女投入志願服務是自我滿足取向高於他人取向（other orientation）。志工傾向於在社區中積極參與活動，做一位忙碌而有貢獻的人，但當志工投入志願服務時，必會衡量每個活動給他們的成本和效益。人們有許多理由做志願服務，除了對社會公眾有益的理由外，志工也要知道對他們知能的提升、人際關係的拓展和生涯發展是否有幫助，如果一個志願組織對志工有一套完善的管理和發展制度，更能激勵志工之服務意願，而且能給志工更好、更專業化的形象。

4. 志願組織中之管理者已變得更專業化。許多主管均有公共行政、企業行政或非營利組織的管理等專業背景，這些經驗豐富的人已經將他們多年的行政經驗，混合進入目前對志工管理的策略上。

三、志工人力資源管理效能之必要性

不論志願機構的需求為何，對於志工而言，志工並非機構的受薪者，其有很高的自主性和自發性需要，希望受到尊重、支持和肯定其工作價值，管理工作必須要注意志工內心的感受，使其更願意

投入。因此，Naylor（1992）強調對志工的管理要去除冰冷的科層式管理，必須是符合人性的管理。許多志願服務機構已逐漸瞭解到志工應被視為最有價值的工作人員，如紅十字會（Red Cross）之志工權利法案（Bill of Rights for Volunteers）中，強調志工應被視為工作夥伴（co-worker），要給予適當的工作，要使其瞭解組織和接受訓練，要給予足夠的督導，要有適當的場所工作，逐漸加重其適當之責任，為計畫團隊的一員，其努力要受到肯定等。因此，志願服務機構所採取的人力資源管理方式，志工看法和態度的傾向很值得重視。志願服務機構必須瞭解志工對機構人力資源管理策略的感受，以及這種感受和其工作表現之關係。

然而，國內相當缺乏對志工人力資源管理策略之研究。就目前所知，林萬億（1992）的調查研究雖有助於對國內公務機構運用志工的情形有概梏性瞭解，惜未能對如何有效運用志工提供整體性之意見和探討。另外其他研究之主題（黃明慧，1985；黃春長，1984）大都集中於志工之工作滿意度，或志工督導和工作滿意度關係。另外有些研究（施孋娟，1985）是針對「張老師」、「少輔會」等機構運用志工及其工作滿意等方面影響因素之研究。

由於志工之工作滿意度可以降低流動率，但不一定會有工作效能，也不一定願意持續留在組織，為組織付出和奉獻。因此，就志工角度而言，志工對機構之人力資源管理策略認知為何、態度感受為何、對於其留任機構或組織承諾有無關係存在，都是值得探究之問題。本章希望針對此一問題之探究，尋找志願工作組織適當的人力資源管理策略模式，並建議機構應採用何種管理方式來降低志工之離職率，以及增進志工組織承諾與工作投入。

四、人力資源管理的意義

　　對於任何組織而言，組織中之器材設備資源與財務之運用，均仰賴機構中各個工作崗位上的人才，簡建忠（1994）就強調人之所以成爲人力資源，除了本身學有所長之外，由於人具有統合物力、財力的能力，使得人力資源較一般資源更具價值。因此，人本身即爲資源，其作用在統合其他資源，並創造更高的價值。而組織的效能由組織中人員本身的知識、能力高低，工作是否負責認眞，以及彼此之間能否相互協調配合等因素所左右，簡言之，人具有專業知識、技巧、態度及創造力等心理要素，因此，組織中的人力即可視之爲富有潛力的資源。

　　何永福與楊國安（1993）將人力資源（human resources）視爲「組織中所有與成員有關的資源，包括成員的能力、知識、技術、態度與激勵等」。此一觀念對人性的假設較爲中性，非絕對的性善與性惡，而是人與組織管理環境之互動，而產生不同的人性表現。因此，如何妥善而有效地開發人力資源，相當受到各種組織之重視，並已發展成爲一門專業，即人力資源管理。

　　人力資源管理是近十多年來所發展出來之概念，對此一概念學者之間有些差異存在。Milkovich和Boudreau（1991）認爲人力資源管理是一系列有關員工僱用之決策，它會影響員工和組織的效率，此一定義偏向傳統的人事工作。Byars和Rue（1991）視人力資源管理爲提供和協調組織的人力資源而設計的活動。French（1994）認爲人力資源管理是有關組織中人員管理的哲學、政策、程序和實務。何永福與楊國安（1992）則認爲，組織內所有人力資源的取得、運用與維護，以及一切管理的過程和活動，即爲人力資源管

理。上述之各種定義和過去的人事管理相近，偏向協調和穩定性，缺乏對人力資源運用的主動性和全面性。

Singer（1990）認為人力資源管理是透過發展方案、政策和活動，使人的潛能適度發揮，以增進個人需求與組織目標之滿足。謝雨生（1985）則主張組織的人力資源管理是指經由一些必要性的功能和活動的進行，使得組織內的人力資源有效地被使用，進而使個人、組織和社會都受益。Ceuzo和Robbins（1994）認為人力資源管理就是組織中人力資源的徵募、發展、激勵和維持所組成的過程。上述之定義比較把員工視為具有可發展之潛能，並且視組織之運作及措施而有不同的發展效果。以最近之發展趨勢而言，人力資源管理之內涵應是統籌開發和運用人的特質而獲得的作用。因此，人力資源規劃與管理之內涵，應包括配合組織發展所需要之人事安排、人力素質提升、工作效率、福利措施及考核等各方面之工作。

由上述之討論得知，人力資源管理至少包含了下列幾個特性：

1. 強調要瞭解人類行為，並認為人類存有許多潛能。不過要透過組織所設計的各種措施和制度，才能開發和運用潛在人力資源。

2. 人力資源管理是以系統的觀點，強調人力資源管理與運用必須考慮達成組織發展及組織目標所需要的人力素質。其內容不僅要重視員工本身的成長，也要考慮組織內在、外在環境現況與長短期目標的需要。

3. 人力資源管理是以提高人力素質、增進組織生產力、反應現實環境，以達成組織目標為主旨，因此其具有主動性和開拓性。

由此看來，人力資源管理之工作內容比傳統的人事管理工作更加豐富，不僅使組織中的人事管理單位從過去只是消極從事員工之

招募訓練、薪資與福利等工作，躍升爲對組織發展負有重責大任，且更具有主動性、動態性和重要性。人力資源規劃要配合組織與社會發展趨向、發展目標及社會競爭對手等因素做考慮；確認人才之招募以何種性質爲主，要如何培訓機構所需之人才才能配合機構發展與競爭；工作設計上要考慮如何讓組織成員有自主性、滿足感，並達到自我負責和工作激勵之目標。由此看出，在競爭激烈與變遷急速的社會中，人力資源管理工作是任何組織中所不可或缺的一項主要工作。

五、志工人力資源管理策略之類型

(一)人力資源管理策略之重要性

　　人力資源管理的作業或措施是依組織人力資源管理之策略衍化而來，所以對組織經營成效之影響甚鉅。Thomas（1988）指出策略是組織的活動與計畫，其目的在使組織目標與任務相互配合，經由適當的方式來達成。Hofer和Schendel（1978）則認爲策略是目前與未來對資源之安排，以及和環境互動之過程，用以指出組織將如何達成目標。Quinn（1980）主張所謂的策略就是整合機構的主要目標、政策和活動順序，使之成爲一體的組型或計畫。Jauch和Glueck（轉引自Glueck, 1989）則補充說明策略之所以被運用，是因其能使機構的優勢與對環境之挑戰相關連，確保經由組織適當執行，而達成組織基本目標之功能。由此看來，策略是指要達成某種目標而擬定的行動方案，其行動方針與重點，包括了組織任務的特質、目標的選擇、制度的訂定和方法的配合。因此，策略是透過對

組織內外環境與任務的分析，並配合機構任務特質，訂定各種制度，選取適當之方式來執行。所以人力資源管理策略是指針對組織內外環境實際需要，以某種特殊方式選聘、任用與培育組織所需的人才，並塑造適當的組織環境，以求取人力資源能得以在組織環境中充分發揮。

志願機構為求志工人力資源的發揮，而訂定一套關於志工人力運用的政策方針，機構依照此方針來進行志工的招聘、培訓、激勵和維持，並為志工創造出適當的機構環境。

依何永福與楊國安（1992）引用康乃爾大學研究結果，認為人力資源管理策略可分為三大類：

1. 吸引策略（inducement strategy）：其組織以中央集權為主，生產技巧複雜程度不高，透過高度分工和高度外在誘因（如薪資、福利）來促使員工增加穩定性。組織不重視創新，也少對員工培訓和投資。勞力密集企業大都是如此。

2. 投資策略（investment strategy）：重視創新性產品，生產技術複雜，聘用較多員工，著重員工的訓練和關係之維持，對員工工作保障高，非常重視員工能力之提升，以求取創造和發展。

3. 參與策略（involvement strategy）：其特質是許多決策權下放至低層，使員工透過參與決策，以提高員工之積極性、主動性和創造性，使問題能很快地被發現和解決，並使員工有較大的滿足感，避免工作單調。

選擇管理策略必須要適合組織的內在與外在環境。其中投資策略需要有穩定而高度專業化的員工，由於組織產品相當複雜，在任何服務性行業之研發部門，或是工作相當專業的部門，才有可能採取此種策略。在社會組織的志工運用上較可能採取的策略，則是吸

引策略和參與策略。

(二)人力資源管理重點

人力資源管理策略是組織中妥善計劃運用人力資源，以達成組織目標的過程。此策略經由幾個作業系統相互配合而來，以期發揮組織的最大功能，不論組織的人力資源策略為何，學者們以為擬定組織人力資源管理策略，至少應考慮下列幾個管理重點（謝雨生，1985；何永福、楊國安，1993；張火燦，1994；Perce & Robinson, 1988），即組織文化、培訓、人力來源、工作描述、薪酬、激勵與績效評估和組織中的人際關係。

1. 組織文化：指機構中成員所形成及共享的內在化價值觀（value）和信念（belief）。其形成的方式有三：一是機構所處的環境地位，尤其面臨同業競爭時；其次是機構的設立宗旨，以及創辦人、負責人以及員工在加入機構後，將其原有的次文化也帶進組織中；最後則是機構成員共事時，因互動產生出來的，例如同事之間的處事態度是各自負責、相互競爭，或是彼此合作、相互支援的模式，將會塑造出不同的組織文化。Quinn（轉載自何永福、楊國安，1993）依組織文化的特徵，將之分為四類：

    (1) 發展式文化（developmental culture）：強調創新與創業，組織較為鬆散，著重組織的成長與創新。

    (2) 市場式文化（market culture）：注重工作導向及目標的完成，機構重視的是如何達成機構工作目標。

    (3) 家族式文化（clan culture）：組織就如同一個大家庭，成員彼此幫忙，人際關係的維繫十分重要。

(4)官僚式文化（bureaucratic culture）：組織文化的特質就是機構所訂定的規章，此乃成員工作行事的準則。重視穩定和恆久，組織較為結構化、正式化。

2.培訓即所謂分析、設計、執行及評量組織所需要人員訓練的計畫。主要的目的在於增進員工的知識、技術和能力，進而提高員工的工作績效。在一般的組織中，Nadler（1970）認為機構所辦理的培訓，應以目前的工作為著眼點。簡建忠（1994）就指出訓練的內容應以技能的學習為主，俾能馬上應用在工作上，以期增強工作表現或解決工作難題。

3.人力來源：組織要尋覓符合機構所需要的人才。而這類的人才是要從組織外的勞動市場公開徵求，抑或是從組織內現有的工作成員徵調，是組織在找尋人才時需要考慮的重點。

4.工作說明：組織向成員說明工作的項目、特性與內容，以幫助成員儘早瞭解工作並適應工作的整體運作狀況，並促進機構整體作業的效率。

5.酬薪：這是人力資源管理很重要的重點，因為它將影響組織與成員之間的工作關係。廣義來說，酬薪是指組織對成員因工作關係而提供的各類財務支出，例如薪金、福利、員工優惠存款等。對組織成員來說，酬薪代表組織對其所付出的時間和勞力的報酬，也代表組織對個人工作表現的重視程度。因此，酬薪具有激勵的成分，使成員對組織產生相當程度的歸屬感。除了酬薪之外，學者認為還應將組織的福利制度考慮進去，例如休息、休假、事假、婚假、產假、保險、員工進修……等。

但也有學者以為，對組織成員來說，工作上的報酬並不能概括所有來自工作上所得到的酬薪，尤其以個人的角度來看，人除了自

組織獲得有形的酬賞之外，應該尚有無形的酬賞所呈現出來的內在收穫，前者稱之為外在酬賞，後者則為內在酬賞。Katz和Van Manna（1977）將工作的收穫以工作酬賞稱之，將它分為：

1. 任務酬賞（task reward）：指直接與做此一事情有關的內在酬賞，包括工作有趣、挑戰性或變化性、可以自我引導和負責任、可以施展個人能力及技巧。
2. 社會酬賞（social reward）：工作中與他人互動所得之外在酬賞，其基礎是人際關係互動之價值，如友誼、協助、同伴之支持和督導。
3. 組織酬賞（organizational reward）：組織所提供的外在酬賞，以催化和激勵工作表現，並與機構維持關係，如待遇、升遷、福利措施、安全和良好工作條件。

六、志工的組織承諾及其相關理論

(一)承諾的意義

有人認為承諾（commitment）是因一個人扮演某種角色，以致身陷於某種社會關係或利益中，而必須持續表現之行為，如 Stebbins（1970）指出有兩種承諾：一為價值承諾：為了潛在酬賞而等待的行為；二為持續承諾：因為社會規範拒絕經常變動的原因而導致的行為，此種論點忽視個人意願及內在心理信念行為的一致性，而強調個人外在規範或成本因素，使個人為了避免某種懲罰或獲得獎賞而表現。Kanter（1972）認為承諾是個人願意將其精力和

忠誠奉獻給所屬的團體，這是因為個人與團體結合一起，團體的價值即為個人的自我價值所致。Burke和Reitzes（1991）持相同看法，認為個人為了維持自我認同而表現出行為一致的結果。

另外Brickman（1987）從認知失調（cognitive dissonance）之角度討論承諾之意義。他認為人們在自由意志下作選擇時，由於有自我融入（ego-involvement）其中，導致個人態度與行為不易改變，面對選擇衝突時，個人內心會尋求辯解來支持自己的選擇，因而有高度抗拒改變的承諾。

就上述論點中，可知承諾是個人內心不一定喜歡，但是會堅持某種行為的表現，其中有人認為承諾是因為外在酬賞或懲罰因素所導致（Becker, 1964），而有些人則認為承諾是內在酬賞或懲罰（失去自尊，覺得沒面子）而導致持續行為。有些人則認為承諾是個人自我認同價值目標而導致的（Bruker, 1987）。

(二)組織承諾的意義與相關因素

組織無法完全控制成員的行為，許多動態的工作過程和工作職責，組織無法巨細靡遺地描述或規範，需要成員願意主動負責。因此，如何讓成員能自動自發地擔負角色職責，能認同組織目標，融入組織之中且關心組織的問題與需要，並願意主動採取行動處理，則為重要之管理課題，尤其是成員心裏不一定喜歡，但是卻願意留在組織之中為組織奉獻，使組織克服外在困難並日益成長進步，這才是任何組織所期待的。因此，這二十多年來，組織承諾（organizational commitment）就取代了工作滿足（job satisfaction）而成為重要研究主題。

Keyton、Wilson和Geigeer（1988）認為組織承諾為組織認同的一個面向，是個人融入組織時的心理與行為表現。因此，

Eisenberg、Monge 和 Miller（1983），Rusbult 和 Farvell（1983）與
Kissler（1971）均認爲，組織承諾在概念上包括：(1)對組織目標和
價值有強烈的信念和接受。(2)願意相當努力地爲組織獻心獻力。
(3)相當強的意願做爲組織的一員。由此看來，對組織的涉入
（involvemet）愈深，則對組織之承諾愈多，意即個人透過對工作的
評估而產生情感上的依附。因此，可以經由探求個人對組織價值的
認同、留在組織意向等方面，來瞭解個人的組織承諾。

就組織承諾理論部分而言，許多學者（Brickman, 1987）均認
定個人對組織的承諾是一個過程。個人在進入組織之後，會去評估
組織的結構環境和個人的表現與可能的結果，是否能符合自己的想
法、期待與價值，以決定是否值得繼續在此組織工作。其中預期價
值論著重分析決定個人的行爲表現之各因素，強調個人是否滿足工
作酬賞與工作價值。自我認同論強調個人行爲爲何有一致性的原
因，個人如何確認自我價值，以及維持自我認同的價值，如果個人
認爲違反自我認同價值時，將使個人付出代價，而將堅持行爲表
現。而歸因理論認爲如果違反個人目前之認同價值將獲得較大的酬
賞，而表現不堅持自己的認同時，將會產生認知失調，那麼個人態
度上將會合理化那些行爲並持續，如此一來，下注理論似乎又可以
有部分支持之理由。故以上各理論著重點雖有不同，但似乎不全然
對立。

有關組織承諾之實證研究不少，但各研究之間的結論有不一致
存在（Richard, 1985）。除了上述理論各有實證研究支持外，另外
許多研究發現是各理論均可得到部分支持。Steers（1977）以科學
家和工程師爲對象，研究結果發現影響組織承諾的因素是成就需
求、工作特質和團體規範等組織因素爲主。Luthans、Baack 和
Taylor（1987）研究發現影響組織承諾的因素，除了個人因素（如
教育、年齡、在組織中的地位等）外，就是組織能否讓個人有內控

之歸因和領導者能否相互配合等組織的管理因素。Shore和Thorntor
（1989）針對四四九名都市勞工進行研究，指出工作價值和工作特
性等因素是影響組織承諾的主要變數。Morris 和Sherman（1981）
以心理衛生工作者為對象，研究發現影響組織承諾的有個人因素和
組織因素二方面，包括角色壓力、自我效能（self-efficiency）、年
齡和教育等因素。Argyris（1964）的研究中發現，個人在組織中的
自主性、挑戰性、參與度、責任、權力、報酬和獎懲公平性等組織
管理因素為影響組織承諾之主要因素。

七、國內外有關志工組織承諾之實證研究

截至目前為止，國內並無有關志工組織承諾方面之研究，因此
整理摘要與本研究相關之實證研究結果，以做為設定研究架構和變
項選取之參考。

(一)國外部分

Miller、Katerberg和Hulin（1979）檢驗志工方面的一些研究發
現，態度因素（如工作滿足和組織承諾）以及個人或情境因素（如
其他可能之工作機會或社區聯結等）為影響個人是否會留在機構從
事志願服務的原因。Gidorn（1985）研究發現工作成就、人際關係
及工作內容才是造成留與不留的因素，而非工作滿足。而Miller
（1985）的研究指出，志工時間的方便性和被運用的範圍與組織承
諾有關。Miller、Powell和Seltzer（1990）研究發現志工的工作滿足
和組織承諾影響志工的離職意願和離職行為。

(二)國內部分

　　由於許多研究指出，志工來機構參與服務，其誘因是來自內在的滿足，而非外在個人利益的誘因（黃春長，1984；黃明慧，1987）。陳尹雪（2002）的研究結果認為機構可以多運用「家庭策略」，也就是與志工培養感情，讓志工對機構有感情，增加志工對機構的認同感、與機構的工作人員熟悉，因為感情的因素可以緩和志工的離隊想法。吳旻靜（1999）研究顯示青少年福利機構中，志工人力資源管理策略中的「投資策略」對離隊承諾、持續承諾具有影響性。江宗文（1998）研究表示社教機構之志工人力資源管理策略以「吸引策略」較佳。曾華源、鄭讚源、陳政智（1998）研究發現志工期待機構運用志工的管理哲學是尊重、自主與情感。方祥明（1995）的研究顯示志工愈覺得服務工作具挑戰性、創造性、成就感、能發揮抱負與專長，離隊意向會愈低。這樣的結果與曾騰光及陳尹雪（2002）研究的結果是一致的。呂又慧（1994）研究發現機構因為志工的參與，工作人員在認知上感到人力負荷減輕。而機構部分案主則因志工的參與，得到機構以外人際互動的關係，另外，志工的性別與服務內容，影響了志工的參與滿意。而影響志工持續留在機構服務的主要可能性，乃在於機構能否提供某種程度的機會，使志工感受到環境中開放與關懷的訊息（而非機構能否提供完善的工作環境）。

　　劉明翠（1991）研究發現交換互惠型的參與動機是現代人參與志願服務時的重要影響，但也連帶地反映出機構志願服務方案的適切性。研究中顯示志工的組織承諾頗高，但並非盲目型的承諾，比較傾向職責倫理型的組織承諾。其中工作特性變項是預測組織承諾的重要變項，特別是工作變異性、回饋性、角色明確性。工作體

驗、組織結構與組織承諾間的關聯顯然已受到了相當的肯定，王精文（1994）研究發現志工若感受到愈高的人際取向督導、組織承諾及工作滿意愈高時，其離職意願會愈低。而對全體志工離職意願最具預測力的因素依序為：留職承諾、訓練滿意及工作本身滿意。黃翠蓮（1998）研究發現公務機關志工的參與動機、志工的領導型式與「組織承諾」因素之間呈正相關。吳旻靜（1998）研究發現機構的便利熟悉性、人力資源管理策略可以影響服務持續和疏離承諾，並在組織特質和個人特質對組織承諾之間扮演調節作用的角色。至於人力資源管理策略中的投資策略，對疏離承諾最具影響性，而參與志願服務的利他型動機，對情感承諾的影響最大。財團法人組織性質、社會型參與動機、機構的便利熟悉性、性別，投資型人力資源管理策略等因素對持續承諾的影響最大。李瑞娥（1998）對交通義勇警察大隊成員的研究中，發現組織認同、努力意願、留職傾向與組織承諾有相關，其中工作滿意度最具有預測力。

曾騰光（1996）研究救國團之組織人力資源管理策略和志工對組織之感受與組織承諾之關係，發現其間有極為顯著之相關性存在。在人力資源管理策略上是偏向家庭式的特質，強調要讓志工感受到組織中有溫暖、有支持性的人際網絡，且能讓志工覺得志工能夠在組織中有所發揮或貢獻是最重要的。其中影響志工組織承諾的因素是救國團縣市團委會義工強調組織要有支持文化，而義務「張老師」強調親和性督導關係與工作自主性因素。故要讓志工願意繼續留在組織工作，除了要繼續加強外在環境之支持性文化外，亦要重視使個人產生內在之能力信心；尤其是志工來機構服務主要目的不在賺取報酬、追求組織地位，故志工自己預期能對組織有貢獻，自覺對工作或服務對象有價值，則是相當重要。

在某些文獻中，認為管理實務是建立在人們與組織層次上一種明確的關係，這也隱含了在志工的安排上有階層與功能的關係，就

如非營利機構的組織性控制是被接受或是容易增強的。

總括上述之研究結果，在國外研究中，影響組織承諾之因素可以歸為個人特質因素和組織特質因素兩類，其中組織特質因素可再分為結構特質因素及個人工作經驗因素，前者如獎懲公平、參與決策、角色明確、責任分派、組織承諾等等因素，後者如自我表現、符合期望、自我效能、工作滿意度、組織的可信賴度、組織對工作人員的關心等。救國團對志工研究中發現，志工參與志願服務之目的不在獲取具體的實利，可能在於組織中之親和需求之滿足、自我表現和獲得個人價值之肯定。因此，組織的管理制度、組織的文化與組織氣氛，以及組織提供參與機會等，都將影響志工是否覺得個人有志難伸，是否組織氣候不佳和壓力過大而想離職。而這些因素可歸納為組織人力管理內容是否適當，能否讓志工之間有良好的人際關係網絡，產生內在酬賞，符合價值觀，感覺和預期個人能在組織中有所表現，並獲得成就感，這些在影響組織承諾上相當重要。

八、我國志工人力資源管理策略取向

企業組織之型態與志願工作組織型態有差異存在，雖然都同樣要求效率與效能，但是衡量企業組織效能之標準常常以盈餘利潤之多寡而定，但志願工作組織效能與效率之評估指標，則是要多元共存的。Pearce（引自Lucas, 1996）指出對於志工的組織性控制立基於下列三要素：(1)個人關係；(2)運用志工達成組織滿意的任務；(3)期望志工分享其價值與想法。每一個組織都有核心的與邊緣的志工，視其參與程度而定。核心的志工通常在組織中花很多時間、對於組織的承諾較高，且對其他志工有高度的期望。邊緣的志工只做他們被要求該做的事。在某些確定的情況下，有意義的命令與請

求其分享價值做爲控制機制是有效果的，但是個人的關係仍是所有志工完成工作最主要的力量。由於許多相關研究指出，志工並非尋求個人外在利益而來機構，其誘因是來自內在的滿足而非外在誘因（黃春長，1984；黃明慧，1987）。因此，在管理工作上必須重視志工的主觀感受和認知，組織要能創造吸引志願服務者、形成使其願意努力任事的文化。在人力資源管理作業上，必須要有效地傳達訊息，模塑成員的行爲，影響志工的信念和認知，以達到管理的要求。因此，組織社會化是組織運作成功的重要影響因素，組織社會化除了培養工作知能外，更重要的是組織成員能內化組織文化，以形成適當的態度和行爲。在社會心理學的研究領域中，已有許多關於態度形成與態度改變之研究，諸如認知失調論（cognitive dissonance theory）、預期價值論（value-expectation theory）、自我覺知論（self-awareness theory）等。無論如何，組織的人力資源管理內容與方式，會使志工在進入組織之後，逐漸接受組織社會化，而形成對組織的接受或拒絕之態度，而表現認同而繼續留任，或拒絕而離職。

對於志工之管理策略，適合「吸引策略」的組織必須是其交付執行的工作能化約爲較簡單的形式或任務本身即不複雜，因此工作上所面臨的問題比較少，員工不需要有高度專業知識和技巧。許多志願工作機構的志工只是重複單純的工作，如醫院的餐飲推車服務、掛號服務台等。由於志工對此類工作不容易有工作成就感，因此如果要留住志工，則必須依賴親密的人際網路和感情。「參與策略」則適合分派志工負責較複雜的任務，其任務執行之動態性較大，且要彼此相互配合。因此，團隊可從中獲得濃厚的感情，工作有較高的自主性，解決問題的成就感也較高。「投資策略」適合複雜度高之工作，機構著重在職訓練和建立比「吸引策略」嚴密的控制與督導，或機構相當強調機構之哲學精神、工作原則與知能，並

鼓勵工作上的自主性、參與性、創造性，彼此要相互合作，就像一家人一樣。因此，融合何永福、楊國安（1993）、曾騰光（1997）及吳旻靜（1999）的研究結果，志工人力資源管理策略可歸為四種，而各種策略的管理重點說明如**表13-1**。

(一)吸引策略

在該策略下，機構所安排的工作簡單而不複雜，無高度專業性

表13-1　志工人力資源管理策略與人力資源管理重點的關係表

	家庭式	投資式	吸引式	科層式
機構文化	承諾與投入 人際和諧 （網狀關係） 強調一體	學習成長 認同承諾 自主發展	人際和諧 親密	依規定辦理 放射性人際網路 階層分明
培訓重點	兼顧感情、知能和機構認同	能力提升	機構認同 工作價值	基本技巧
培訓內容	知識技巧可應用的範圍廣泛	知識技巧可應用的範圍適中	知識技巧的應用侷限固定範圍內，而且能立即運用	知識技巧的應用侷限固定範圍內，而且能立即運用
工作設計	參與和執行 團隊合作	參與和執行	執行	執行
工作說明	原則規定	制度化	制度化 （描述清楚）	制度化 （描述清楚）
工作內容	複雜，面臨問題多，需高度知識和技巧	複雜，面臨問題多，重視團隊合作	簡單，固定，面臨問題少	簡單，固定，面臨問題少
獎勵	內在酬賞 （自我負責）	內在酬賞	外在酬賞	外在酬賞
評估	自我評估	自我評估	外在評估	外在評估
福利	全面性	實質性	實質性	表面性

資料來源：增修自吳旻靜（1999）、曾騰光（1997）。

可言，適合不需太多的知識及技巧、一般人皆能勝任的工作為主，例如擔任機構的服務台詢問員、醫院中負責推送圖書給病人閱讀者、幫忙整理機構環境等皆屬之，是志工可一人獨立完成的工作，工作的變化性不大，所面臨的問題也不會太多。機構對志工的管理，強調志工能將工作範圍內的工作做好即可，也就是有穩定而一致的工作表現。由於是重複而單純的工作，志工在工作成就感上較易欠缺，以企業來說，企業會利用薪酬制度的運用來吸引員工，包括企業利潤分享、員工績效獎金等，但是志願服務機構則以各種福利措施來吸引住志工，這些福利包括車馬費、餐盒、旅遊活動……等。

(二)投資策略

在投資策略上，志工的職務會較前者複雜而具專業性，工作中的動態性增大，較具工作自主性，工作講求志工團隊之間彼此相互配合及合作，志工在此所得到的工作成就感勝於前者。機構關心志工能力的提升，因此特別重視志工的訓練、開發，並給予志工所需要的資源、訓練及支援，志工在此所得到的專業成長和工作成就、自我成長也會較多，例如機構中的美工組，海報製作時需各部門的資料提供，而志工在海報設計過程會擁有工作自主性，機構與志工會維持一定的關係，因為該工作的取代性較低，一旦志工離隊，會為機構造成困擾。機構會提供一定的美工訓練課程讓有經驗或有心參與的志工能維持一定的美工技巧，不讓志工在機構中自生自滅，且在美工器具的提供、場地的配合方面皆需給予志工支援。

(三)家庭策略

志工在此機構的自主性高,其工作內容亦是複雜度及專業性較高的工作,因此志工所面臨的挑戰性會較高。這樣的工作類似諮商輔導工作或法律諮詢的工作等。機構同樣給予資源和資訊上的提供,不同的是志工在工作上具有參與性、主動性和創造性。機構的志工訓練內容重視志工的溝通技巧、問題解決方法等。機構以情感因素來吸引志工持續投入,也就是給予志工高度的關懷、情緒支持,人際關係之間親密和諧融洽,每個人都是大家庭中的一分子一樣。

(四)科層策略

志工在此機構的工作內容與吸引策略一樣,同樣是屬於內容簡單而無複雜性,也不需太過專業的知識技巧。由於服務內容所面臨的問題不多,因此志工大多一人即可以應付及處理。機構內階層分明,制度明確而清晰,機構對志工的管理傾向只要志工的工作表現不出錯,將份內應作之事完成即可,其餘不會有任何的要求,而機構對志工不會有任何人際關係的維持或是福利、教育訓練的提供,因此志工來機構提供志願服務就像是完成例行性的工作一樣。

由此瞭解四種策略皆有其重視之處及差異性,例如家庭策略以強調與志工的感情為主,投資策略以重視志工的訓練為主,吸引策略以提供福利吸引志工為主,科層策略則是以利用志工為主。而這些策略的行使,必須依機構所交付給志工的工作內容、工作性質來配合策略的應用,也就是志工的工作內容、工作性質不同,就有不

同的人力資源管理策略。

九、結語

　　志工要能獲得服務工作之專業知能並非不可能,但也不是一蹴可幾。如果能讓更多志工參與志願服務工作,一方面可以充分運用社會資源,另一方面透過志工實際服務經驗和教育訓練,可以讓他們體會到服務品質與專業訓練有密切關係。因此,如何有效地運用志工之人力資源,是當前推展志願服務工作的主要課題。歸納相關文獻與研究結果,志願工作機構需要針對志工工作性質的不同,而採取不同之人力資源管理策略,其中最不可忽視的是志工的社會性連結與自我成長兩種重要的需求,以持續志工之服務動力。最後值得努力的方向為繼續建構志願服務價值體系、建立志願服務管理系統、拓展志願服務人力資源。

第十四章
志工的教育訓練

一、志工教育訓練的重要性

　　志願服務不當將會帶來傷害，不僅會傷害機構與案主，甚至成為法律事件。要使志工能認識與接受其角色職責，及認同機構組織目標，有適當的工作態度和工作能力，而這就要依靠組織的教育訓練工作。我國志願服務法第九條（志工之教育訓練）規定，為提升志願服務工作品質，保障受服務者之權益，志願服務運用單位應對志工辦理訓練和特殊訓練。基礎訓練課程由中央主管機關定之，特殊訓練課程由各目的事業主管機關或各志願服務運用單位依其個別需求自行訂定。

　　林萬億（1992）研究發現，政府部門運用志工上最主要的困擾是出席率不理想、訓練資源浪費、不知提供何種訓練內容、找不到師資，以及不知何種訓練方式較好，最後是志工參差不齊，難以施訓。許多組織很重視教育訓練工作，但是是否都認識教育訓練工作的原理與原則則不一定。許多人只是把它視為排課程、請老師、講講課、找人來聽聽課的工作，所以志工不一定會珍惜志願服務之訓練機會。

　　整體說來，我國志工的教育訓練工作普遍有待改進之處為：

1. 教育訓練課程目標不明確，不一定配合工作角色需求而安排。
2. 課程之間缺乏連貫性。
3. 過分偏重概念和理論介紹。
4. 訓練效果缺乏考核。
5. 偏重講授方法，缺乏運用其他教學方法來配合。

本文之重點將說明教育訓練之概念、訓練之模式和籌辦過程與方法，期能提升志工訓練之層次。

二、教育與訓練之意義

教育和訓練二者好像是在一條線的兩端，由一般性到特殊性，由動作操作到抽象思考。

1. 就範圍而言，訓練的範圍較狹小，而教育的範圍較廣。
2. 就內容而言，訓練的內容特定，偏重與任務或特定目的有關之技術和專門性知識的傳授。而教育內容針對個人在認知、情意與行為方面的整體改變。
3. 就目的而言，教育在增進學習者的思考、分析、判斷、創造能力，改變態度、價值或觀念、想法等，而訓練較著重表現適當或更好的行為，以提升效率與效能。因此著重在「如何（How）」、「做（Do）」，重視立即效果。
4. 就重點而言，訓練重視結果，以是否達成預期行動表現來評估，而教育則透過瞭解來表現適當行為，強調歷程與結果並重，較強調「知」或「知而後行」，以及「知行合一」。故特別著重學習過程，允許個人嘗試錯誤，把學習當成實驗室，可以嘗試創造或試驗新觀念和新方法。因此，學習可以是緩慢的、潛移默化而達成的。
5. 就時間而言，訓練可以是短期性的，在某段時間內進行，而教育可以是長期性的，是終其一生都在學習的。

教育與訓練二者的關係可由**圖14-1**加以說明。

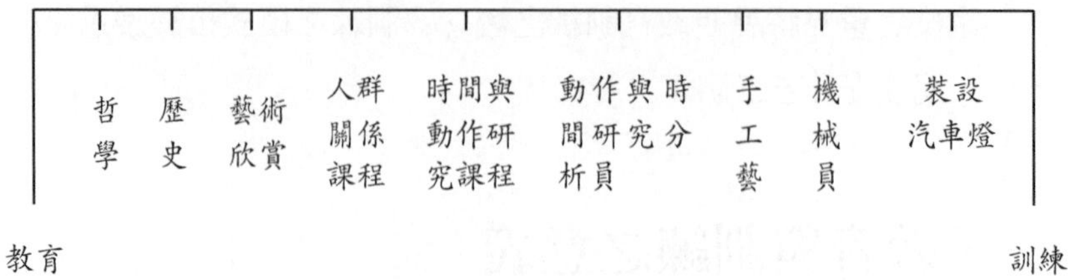

哲學	歷史	藝術欣賞	人群關係課程	時間與動作研究課程	動作與時間研究分析員	手工藝	機械員	裝設汽車燈

教育　　　　　　　　　　　　　　　　　　　　　　　　訓練

圖14-1　志願工作教育與訓練的關係

三、志工教育訓練籌劃及辦理的過程

(一)教育訓練之類型

　　大體而言，社會服務機構通常所設計的培訓方案類別有下列各種：

■職前訓練

　　指機構對新聘用的志工在到職之前所舉辦的訓練。職前訓練（pre-service training）又可分一般性的職前訓練和專業技術性的職前訓練兩類。前者目的是向新聘請的志工介紹機構的一般情況，以增進新志工對機構的認識和信心，後者主要目的在使新志工切實瞭解處理工作任務的原則、技術、程序與方法。

■在職訓練

　　指各志工於在職期間，參加由服務單位或其母機構所提供之志工培訓活動。依其性質之不同，在職訓練（on-the job training）又可分為補充學識技能訓練、儲備學識技能訓練、人際關係訓練和

「理念整合技能訓練」（conceptual integration skills training）四種。

第一種的在職訓練包含補充學識技能訓練、儲備學識技能訓練，指對所屬志工執行現任工作時應具備的技能中所欠缺的部分，經由「定向」（orientation）、「督導」（supervision）、「問題解決性職員會議」（problem-solving staff meetings）、「實習訓練」（field training）及基本技能訓練課程等培訓活動予以改善，使其能勝任現職及增進效率。

第二種在職訓練包含人際關係訓練和「理念整合技能訓練」，則是為那些工作績效優異及具有發展潛能的志工而設，對其將來擔當更繁重工作所需之學識和技能作先行訓練儲備，以便遇缺隨時調升並能勝任新職。機構提供人際關係訓練，目的是增進志工對人際關係的認識，促進志工間相互的合作。最後的理念整合技能訓練乃是指機構為解決現存問題，組織部分志工，激勵其高度運用智慧與思考，提出處理問題之策略、程序與方法，以協助管理者解決問題。

■職外訓練 （out-of-the-job training）

指機構可以遣派志工參加外間機構或訓練學院所舉辦之會議、研討會、培訓課程或其他訓練活動等。機構提供職外訓練給予志工參加之原因主要是由於機構本身沒有足夠的資源舉辦上述的培訓活動，另一主要的原因是希望提供機會給予志工與來自其他機構的參加者互相交流切磋，以擴展志工的眼界。

為了使志工有效地執行工作，職前訓練活動是必須的，至於安排志工參加在職訓練和職外訓練的活動，則要視乎志工之學習需要和機構之發展需要而定，管理者才可能作出妥善的安排。一般而言，安排志工參加不同類別的培訓和教育課程，不但可改善志工的知識和技能，亦可為機構儲才，確是一舉兩得的事。

(二)計畫前階段

教育訓練規劃工作不是隨心所欲地來做，而是切實考慮多種情況與需要，有系統地循序來規劃。諸如對運用志工來說，應先考慮要志工做些什麼、志工要有什麼能力才能做好此工作、機構需要投入多少時間和精力來培養志工此種能力、職前訓練的主要目標和課程為何、在職訓練之目標和課程為何、彼此間的關聯性為何、是否符合成本效益、運用志工是否真能達到預期效果、有何正負向的結果。

Doelker和Lynett（1983）以區位學的觀點認為規劃志工的訓練工作應有的考慮和步驟為：

■辦理訓練之目的

機構的志工人力素質、組織文化與組織目標之間的關係如何（如組織強調效率與節儉，但志工對組織服務程序瞭解不多）？目前志工的態度、工作能力是否有助於目標的完成？志工的效率不彰是態度問題或能力問題？志工領導人員之素質對團隊組織功能的發揮有何影響？對志工的訓練所要完成的目標有哪些？要有何種成果？此訓練是用來改進目前的工作技巧，解決機構現存的問題或創新發展？要因應外界的挑戰，志工的能力水準能否應付？上述問題是運用志工時常會面臨的問題。

一般說來，依照訓練目標性質可將訓練分為三大類型：

1. 以訓練資淺的志工為主，其目標在協助資淺的志工熟練工作上所需要的知識、態度和技能（即K.A.P.）。
2. 以問題解決為主。處在不同層次的人，可能對問題有不同的看法。必須事先廣泛接觸，瞭解對問題的各種分歧性看法，

志工踴躍參與訓練，提升服務知能。

圖片提供：中華民國志願服務協會

　　再安排教育訓練。

3.以改變創新為主。這是引進新技術、新觀念和知識，以改善
　組織之服務方式，提高服務內涵，進而擴大發展組織。

■評估與決定訓練需求

　　受訓的對象是誰？其需求與期望為何？由誰來決定志工訓練之
需求？需要何種類型的評估？將如何運用訓練的成果（即訓練結束
後要做什麼事）？如何確定？

　　「需求評鑑」是指一個過程，藉此確定機構志工之感受需要
（felt needs）和與志工培育有關之組織需要；這過程亦是嘗試將機
構志工對需要（這需要已融合志工個人和組織的需要）之優先順序
達成共識。機構為了善用資源和滿足參加者之需要，培訓活動必須
建基於小心評鑑志工真正的需求。志工培訓的需求主要是決定於志
工個人現有的能力與完成預期工作所需能力之間隙，或決定於他們
工作績效不足的程度，正如下面的公式一樣：

培訓需要＝標準績效（standard performance）－實際績效（actual performance）或培訓需要＝期望績效（desired performance）－實際績效（actual performance）

上述公式看似簡單，但要判斷志工的學習需要實不容易。評估志工之學習需要主要方法有八種：

1. 從年度績效評核中決定該志工應參加何種培訓活動，績效考評制度必須滿足「評估和發展的功能」（evaluative and developmental functions），故一個良好的「志工績效考核制度」（staff performance appraisal system）可提供管理人員有關其下屬明確的長短處之回饋，及提供寶貴的資訊，以導引志工培訓活動之設計。

2. 根據職務要求來決定：受聘於社會服務機構的每位志工，通常均獲發給一份「工作說明書」（job description），註明要擔任某項工作的志工所應具備的知識、技能和經驗等，並列明受聘任職的最基本教育程度。機構主管可根據職務要求來篩選不符合要求的志工參加培訓活動。

3. 培訓需求調查：機構主管若要掌握有關志工培訓需要之全面資料，應向各志工進行調查。調查的方法可透過個人與個人的直接訪問和問卷方式進行，以蒐集他們之培訓需求資料。

4. 評估機構在現今服務推行上之問題：機構主管可召集機構內服務之提供者，利用「結構性小組方法」（structural group methods），例如大腦激盪法、得爾法技術（Delphi Method）、名義小組方法、問題解決方法（problem solving）等，找出現今服務提供上所遇到的困難和問題，並尋求解決之方法。

5.面談時志工之建議：志工可在督導的面談時間內，向直屬主管提出建議，表達想要參加的培訓活動，或可在志工座談會上反映意見，以供機構主管考慮。

6.諮詢志工管理者：在機構裏擔任督導職級的人員，由於經常與志工保持接觸，並且透過日常對志工績效之觀察，對志工未能感受到或未能表達出來的需要，都會有一概括性的認識，因而對志工之學習需求可作出適當的建議。

7.機構之「長遠計畫」（long-range planning）：在正常的情況下，組織是會不斷發展的。綜觀機構的總目標及其長遠的計畫，可分析機構的發展方向和著重點，有助決定新的訓練和培育活動的內容。因此，社會服務機構管理者應將志工培訓計畫列入機構長遠計畫其中一部分，以配合服務的擴展。

8.「評鑑中心」（assessment centers）：評鑑中心應用多種考核方法或技巧，例如面談、測驗、實習及觀察等，並由多位考核員作出評核，以便判斷個別志工的訓練和培育的需要。

　　上述八種方法均可提供資訊給予機構管理者設計志工培訓計畫之用。究竟應採用何種方法，主要有兩項準則可以考慮，即「目的」（purposes）和「可行性」（feasibility）。前者是指志工培訓設計是用來達成何種目的和爲誰提供培訓活動；後者則指在時間和人手限制下，哪種方法能有效率地完成。無庸置疑，機構若採用多種方法以評估志工之學習需求，理應可獲得較可靠和有用的資訊，進行訓練和培育項目之策劃。

(三)訓練計畫擬定階段

　　當受訓者需求的看法越趨向於一致時，辦理教育訓練的時機就

漸趨於成熟。完成計畫的同時，就是將下列問題回答完畢時。

■訓練的具體目標（objective）與範圍為何？

　　培訓計畫一般都有特殊的訓練目標，作為培訓計畫設計及實踐上的指引。當學習需求已能清楚地識別後，則可將其需求詳細地用目標列明。一般而言，參加培訓的志工經受訓後，他們的行為應有所更變，因為他們已發展了新的技術，獲得新的知識，或學習到新的態度。因此，在培訓活動設計前，應清楚地描述哪些期望是可達到的。

　　訂定培訓目標時，可參考下列五大原則（簡稱SMART原則）：

1. 目標必須明確的（specific）：所訂立的目標要明確，不可語意含糊不清，甚至模稜兩可。

2. 可以衡量的（measurable）：目標的設立應可以衡量，可以評估其成效和達成率。

3. 可以達到的（attainable）：目標不能訂得太高，否則徒然浪費所投下的金錢和時間，最好的培訓目標是應該讓志工知道，受訓後所學到之技能和知識可立即應用在工作上，而且所學到的都是他們迫切需要的。

4. 實在的（realistic）：目標要簡單扼要，針對事實情況來說明，否則志工覺得只徒具形式，或者作為暫時避開單調工作的藉口。

5. 要有時間性（time-related）：目標應列明培訓的時間，並期望經過培訓後，多久時間內可達到預期成果，通常在評估時可以測量出它的時間效益。

　　訂定明確及可行的培訓目標之好處有四：

1.令機構高層人士易於瞭解及明確地肯定培訓活動之意義，促使培訓活動較易得到核准，甚至獲得充分的支持。

2.受訓志工的管理者很清楚地瞭解該志工接受培訓的目的何在，將來可以依此設計「績效指標」（performance indicators），以便有效地評核志工受訓後在工作上之績效如何，並考核志工的工作效率和工作態度是否有所改善。

3.讓受訓者在培訓前先有心理準備，並激發志工的求知慾望，使培訓效果獲得更大的效益。

4.明確和可行的目標可作爲志工培訓者之指引，以確保他們所做的都是邁向目標達成之方向。

■決定教育訓練層次

當訓練的具體目標較爲明確時，應進一步考慮教育訓練的層次。教育訓練的層次可以分爲內容層次和行爲能力兩個層次。在內容層次上可再區分爲四個層次：

1.知識層次（knowledge level）：重點在提供目前的資訊，協助志工瞭解、運用這些知識，並能瞭解自己的信念和價值觀。

2.理解層次（comprehension level）：提升瞭解的層次，探求是什麼因素影響現存的問題、制度、組織，指認這份工作與自己實際上所運用的技術。

3.應用層次（application level）：在實際執行時，能夠有效地運用微視面及巨視面的知識，理論與實務相結合。

4.價值及態度的整合（value and attitude-integration）：肯定知識價值，並認爲是一個有效方法，對所學的方法有所承諾，將所學融入個人的自我中。

教育訓練之能力行為表現的層次上，要求四個層次：

1. 知道如何做（know how）：知道如何做他們的工作，並維持發展；專業知識範圍在瞭解目的、主題、技術等方面。這時提供的內容以知識及理解層次為主，重點包括瞭解目標、自己的信念和價值觀、基本知識的瞭解及技術的學習。
2. 能夠做（can do）：志工被期待將他們的知識付諸實際的行動。同時能夠確認所用的技術，對於這個專業能夠有承諾。
3. 願做（will do）：願做機構或自己想要做的事，理論與實務的結合，或可直接做技術的示範。
4. 成長或自我改進（will-grow）：志工被期待能自我進步，這就是一種成長。

不論是以考慮內容層次或能力表現層次而言，對於教育訓練方法之選用、評估指標的確認，均有積極性影響。例如只是知識層次的教育工作，可能採用小組讀書討論、講授法即可，評估方式可採考試之形式。而涉及應用層次則要採用案例討論、實際操作的方式配合，且評估方式應採面試或角色扮演方式，甚或是實習表現方式來評定。如果是志工的職前訓練，且時間不長，恐怕只能先著重在知識層次和理解層次，輔以部分應用層次。等志工服務一段時間後，視其表現再著重應用層次和價值態度層次。因此，教育訓練的課程安排應有結構性，並且要有統整之課程，以協助學習。

■就教育訓練方式而言

採用密集式或分散式來進行訓練較為恰當？此二種方式就學習原理而言，以分散式較佳。但是就問題解決或實際情況因素的考慮（如受訓人員不易集合或屬於資深人員），則可以考慮採用密集式。有時機構亦可發展建教合作方式，或選派在職人員至大學或研究所

進修一段時間等方式亦可。

擬定培訓方案要看需要達到之目標類別和所能運用的資源而定。但基本上，任何培訓方案之規劃，除考慮機構現存之人力和可用的資源外，還要注意下列各點：

1.培訓方案應是切實針對志工的學習需要或配合機構之未來發展需要。
2.培訓方案是否能夠達到機構所訂的培訓目標。
3.要取得受訓者主管的同意，必要時，甚至可與他們共同擬定培訓方案內容大綱。
4.應設計多種學習途徑和方法來反應志工的需要與個別差異。
5.培訓方案內容需要有系統，並力求實用。
6.學習方式宜活動化，培訓課程實施時能夠從實際生活或工作中學習或體會到，以期志工能知行合一。
7.有關培訓方案課程單元的決定和課程程序之安排，應注意課程間相互聯繫，講求實用。

■教育訓練方法之選擇與安排

一般說來，訓練的方法有：

1.講授法。
2.團體討論法。
3.個案研討法。
4.個案教學法。
5.影片、視聽教具或角色扮演等示範觀摩法。
6.實習操作法。
7.參觀研習法。

各種不同的方法，有其優點與限制，應考慮訓練之性質和課程

進行的生動活潑，而有所抉擇。假如新觀念和理論之介紹，在概念上應先有系統性之說明；如果是問題解決，則可採團體討論；至於技巧訓練則不可缺乏示範與實務演練。切忌對有工作經驗的志工，完全採用講授法來進行訓練。

■時間架構方面

訓練時間的長短與方式將視目標、方式、機構狀況、訓練性質及參加人員的條件（如年齡、地位等）而決定。一般密集式的訓練時間過長，則不易達成預定目標。時間長，則志工動機會減弱。如果是創新發展、學習新技能與知識，可分級次進行，或選派適當人員長期學習。年齡大的受訓成員，則不易長時間受訓；機構內的主管人員亦不易撥出較長時間接受訓練。此外，何時辦理訓練工作亦應考慮。

■地點的選擇方面

應視經費、訓練內容、訓練方式等方面來加以考慮。如果選擇在機構內進行，除非機構訓練設備完善，否則應以短時間、經費可以較少一些等做為決定的考慮。選擇機構外的訓練地點，除了可以讓受訓成員無法分心兼顧工作外，風景優美的地點，亦可讓志工調劑身心，但費用可能較高。

■講師之選聘

講師是決定訓練目標能否達成的重要因素。除了如何找尋適當人選之外，尚涉及與講師討論期望課程之內容、進行方式、所需時間等。通常講師或訓練員的條件，以對訓練主題有豐富經驗或學識，而且熟諳訓練方法者為佳。平常負責訓練工作人員應多方瞭解講師之人力資源，以備訓練工作之所需。

聘請講師負責某課程時，對於教育訓練的目標、課程內容層次

加強志工訓練活動，提升服務品質。

圖片提供：中華民國志願服務協會

或行為能力層次、受訓志工的背景與人數等，均應事前傳達給講師，以便講師針對需求設定課程內容與進行方式，並準備訓練教材。如果只傳達給講師課題，講師只好憑空想像，最後常導致講師所準備的教育訓練內容和進行方式，無法配合實際情況，例如各課程之間的內容有重複或不符需要，或無法按預定方式進行課程。其不僅影響受訓志工的學習動機，亦使講師無成就感，最後影響訓練目標之達成。有些機構為了表示慎重與尊重講師，或打印聘書，或由機構主管親自邀請講師，俟講師答應後，其課程方面之細節，再交由負責訓練工作之人員來聯繫傳送。

■受訓對象方面

受訓志工在經驗及知能方面的同質性越高越好，否則將會影響

訓練課程之進行。對於初級訓練，志工異質性稍大的話，尚不至於對訓練之進行有很大影響，如果是進階訓練，受訓志工差異性大，則對訓練之進行會有很大影響，不僅困擾講師、影響訓練過程，亦會使其他受訓人員感到不滿。

■訓練經費方面

訓練經費充裕與否，常會影響訓練方式、地點、時間、受訓人數及講師之聘請。如果經費沒有預算，或運用上沒有彈性，將深深影響到訓練工作的籌辦。

■評估訓練成效方面

評估工作不應在訓練要結束時才考慮，應在計畫擬定時，就明確地指出評估之指標與方式。例如要能在溝通時表現出有組織、有理解、有專注、有澄清……等能力，或瞭解機構服務輸送程序、服務規定等。進行評估的指標應與日後工作所需要表現的知識、能力相結合，評估方式不論採用考試、面試或問卷調查均可。如果能讓受訓志工事先瞭解評估指標，則有助於激發學習動機，讓受訓志工有努力之方向。

(四)執行訓練前的準備階段

計畫擬定過程中，籌辦訓練小組或人員應主動與機構主管或決策人員保持密切之協調聯繫，俟計畫核定後，就進入訓練計畫執行前的籌備。其主要工作包括：

1. 編印教材，由授課講師提供或訓練小組蒐集編印。
2. 調訓受訓志工，編列名冊。
3. 受訓場地之佈置，訓練器材之準備。

4.工作人員之協調與講習。

5.小組輔導員之小組課程預習。

6.其他庶務工作。

事前籌劃工作越周到，越能讓受訓志工覺得慎重，不可隨便。

(五)訓練工作執行階段

在此階段中，有幾項重要工作必須做到。首先是做定向工作，讓受訓人員能對訓練課程有整體性之瞭解，包括訓練目標、進行過程、課程安排之結構、講師之簡介、受訓人員配合事項及注意事情等。除了讓志工能夠主動配合，掌握自己的學習狀況外，還可以激發學習動機，重視此次訓練。在職訓練工作如果能夠得到行政主管熱心的參與與支持，例如致賀詞、經常巡視和介紹講師等，也常常會影響參與者的學習態度（Doelker & Lynett, 1983）。定向工作應該在訓練最先開始的時候做。有時候，安排一個簡單隆重的始業式，包括主管的致詞和定向說明。

其次為訓練課程進行之控制或掌握。在職訓練並非一成不變，有時必須視情況而略加變動。負責訓練工作人員與受訓志工保持密切聯繫，瞭解志工之學習狀況和對課程之意見，以便研究課程內容和進行方式是否有改變之必要。簡而言之，必須保持溝通管道之暢通，蒐集成員受訓時的各種回饋，並對回饋要有反應。尤其是訓練內容是政策所決定的或行政上所要求的，更要注意這種溝通的必要性，以便能經由回饋、磋商與校正訓練之內容和改善訓練方式，使志工負起學習責任。

(六)方案訓練的結束與追蹤

訓練結束階段的工作包括學習總整理以及評估工作兩大部分。其中評估部分又包括訓練方案本身之評估和受訓志工學習績效之評等兩部分。

■學習總整理

此一部分是將各個課程連貫起來，使志工有整體性的瞭解，並且也是一種複習，讓志工能夠對課程印象深刻。如有未能在課堂上得到解答的問題，或單元課程結束後才衍生的疑問，都可以在總整理的時候，尋求答案。因此，總整理的工作是很重要的，而且也是教育訓練工作上應做的一項工作。

■訓練效果評估工作

・訓練方案之評估

廣泛性的訓練方案評估是多層次的。

第一層次是瞭解受訓志工之反應，包括受訓志工對課程內容、方法、實用價值等態度反應，如以問卷問志工「對課程是否滿意」。除此之外，還包括方案目標、時間架構、人數、講師、訓練方案之執行過程等。評估工作可以使以後的訓練更為有效。

第二層次是針對志工學習上具體收穫之驗收工作，亦即志工每個人的學習結果是否能夠達到訓練方案中所期望的水準，是必須瞭解和掌握的，尤其是訓練與升遷、獎懲有關時，更應該有驗收學習效果的工作。其評估是針對態度、知識和實際表現等三方面為主。評估方式有舉行測驗或考試、實際操作表現、筆試或口試、繳交心得或學期總報告等。

學習成果的驗收除了可以瞭解志工的學習狀況外，還可以成為

學習動機之增強劑，以及做為和前測結果比較的後測。因此，驗收成果是一項不可或缺的工作。

(七)評估培訓方案之效能

有時培訓方案活動花費昂貴、占用時間很多，以及期望能達到某些特殊的目標，故需要查究是否明智地使用金錢和時間，以及是否達成目標。機構如已聘用一位專業的培訓負責人，則應在培訓活動推行之前，訂定對每項培訓活動的評估方法。要評估培訓活動，必須首先弄清楚評估的對象是誰、期望達成什麼目的、評估的標準又如何。換言之，只有在確定了培訓目的後，才有可能進行評估。培訓目的可分四個「層次」（levels），現概述如下（Bohldner, Shell & Sherman, 2001）：

1. 第一層次：反應 ── 使受訓志工對培訓活動作出積極的反應。受訓志工會對培訓活動作出反應。他們會對訓練者的講授內容、方法、實用價值，及志工參與程度、欣賞程度等等有一定的看法和態度。凡此種種的反應都可在培訓期間、結束時或結束後加以衡量。

2. 第二層次：學習 ── 使受訓志工學有所獲。受訓志工可能學有所獲，他們會在工作知識、技巧及態度方面發生變化。對於這些變化，可以在培訓結束後，受訓志工返回工作崗位前加以評估。

3. 第三層次：工作行為 ── 使受訓志工的工作行為有所改進。受訓志工回任後工作行為可能發生變化。對此變化的評估，大多在受訓結束之後的一段時間內進行。

4. 第四層次：組織績效 ── 使組織績效有所改善。受訓志工的

行為變化可能對其服務的機構產生正面影響，諸如服務量增加、志工抱怨少、被服務者投訴減少。這些影響可以通過多種方法加以衡量。

以上四個層次好比是一條互為因果的鏈子，其中任何一環均可能脫節。換言之，受訓志工可能對培訓活動作出良好的反應，然而卻學無所獲；可能學有所獲，卻不能學以致用，也可能他的工作上的行為有所改變，但對組織績效之改善並無裨益。因此，培訓活動評估者最好是在每一層次進行評估的工作。近十多年來，此一四段訓練成效評估法已經普遍被採用。

· 受訓志工學習績效評估

受訓志工學習績效評估包括兩個層次，其一為受訓志工在行為上的具體變化，包括一段時間之後測量在工作表現上的變化。然而，工作表現上有變化，並不代表對組織績效有貢獻。因此，另一個層次是探討受訓後對組織績效是否有積極正向的影響。評估資料的來源與類型可分為二大類型，其一是來自調查訪問受到志工所得的數字資料（hard data），可用統計技巧，分析各變數間的關係與影響因素。另一類型則為主觀的資料（soft data），來自志工的日誌、負責訓練人員的觀摩報告、專家的看法或由行政人員、志工代表和專家等組成小組的意見。這二種類型的資料各有其利弊，記得要避免評估資料過分主觀或不完全。

四、結語

教育訓練是增進機構內全體工作人員素質的主要途徑，它是一種長期性的投資。因此，任何一個機構如能以系統性和前瞻性的角

度辦理教育訓練，將會使機構有穩定的成長和驚人的成就。機構運用志工提供服務時，應同時重視他們服務素質的提升。因此，志工的教育訓練工作是一個好機構不可忽視的工作。目前已經通過的志願服務法第九條規定，為能提升志願服務品質，保障受服務者的權益，運用志願服務之單位應對志工辦理基礎及特殊訓練，顯示政府注意此一需要，但是卻規定基礎課程要由政府訂定，雖然可能是怕有些機構辦理訓練草草了事，但是基礎訓練的內容與方式如不一併說明規定，只是坐在那裏聽課，可能對運用單位未來實際需要課程幫助有限。

任何一項教育訓練工作均應注意其與機構目標之關係，兼顧成員之個人需求，確認訓練之目的與目標、妥善規劃課程內容和評估訓練成效。如果要做好教育訓練，對教育訓練有基本認識，除了應制度化之外，也應該依照教育訓練規劃和執行之原則辦理，才可能有成效。

第十五章
對志工的督導管理工作

一、前言

　　近些年來，我國內社會經濟快速發展，國民所得不斷提高，行有餘力的人也就越來越多。許多公共服務部門的工作，有越來越多的志工（國人習慣稱爲義工）參與其中，諸如環境保護、諮商輔導、婦女運動、警政、醫院、文化、宗教、社會福利、休閒娛樂等等領域中，均有許多志願服務人力投入。這顯示國人不僅關心社會，而且有積極參與的實際行動，這對社會發展將會有實質的助益。

　　許多人認爲志工對工作具有熱忱和自主性，是眞心想要幫助他人，想要提供有意義的服務，所以要信任和鼓勵他們。如果設置督導人員是表示對他們的不信任，將打擊他們的熱忱。然而，這種說法是沒有任何實證資料可以佐證的。Heidrich（1990）認爲督導志工是有必要和值得持續不斷的，好的督導工作是積極性的，並非只是在抓他人的錯誤或失敗，而是在建立個人長處和改進弱點。其實任何機構組織的人力運用都必須考慮甄選、訓練、工作分派與督導管理的實際需要，以便人力能充分發揮功能。因此，如果志工的人力沒有妥善規劃與督導時，則志工對組織不一定能充分發揮積極性的貢獻。

　　一篇以志工和志願服務管理者爲對象的研究（McNulty & Klatt, 1987）指出志工與一般機構工作人員相同，有許多令人不喜歡行爲，例如光說不練、沒有保守機構與案主秘密、抱怨和工作倦怠感等等行爲。Nacy（1989）指出志工提供服務時，應考慮有關傷害案主與受到傷害的倫理與法律問題。因此，Wilson（1979）認爲對機構而言，志工常僅憑著熱心與愛心提供服務的話，並非一定是

資產，如果沒有足夠的訓練與督導管理，有時反而會讓專任人員花許多心思去關照他們的心理需求和工作。在督導過程中，常會遇到令人感到棘手的情境，例如，資深志工抗拒新進專職年輕的督導者在工作上的要求；資深志工工作精神欠佳，工作績效不彰，反對機構意見又特別多；志工之間有衝突存在，彼此無法合作；新進志工對工作程序不熟悉，常犯錯誤；志工工作士氣低落，對工作有不滿和抱怨；許多志工有工作疲乏，離職率增加；志工工作能力不佳，又不遵守機構規定；如何分配和掌握志工工作等等。

上述這些情境主要涉及督導管理上有關權威建立與權力運用、人員安置、工作委派與控制、工作動機與士氣激勵、衝突處理等課題。由於民族文化的差異，反映在個人價值需求和組織特性上亦有所不同。因此，本文擬針對上述論及之課題，加入文化的因素，探討組織如何督導管理志工，以便善用志工人力資源，提供良好的服務品質，有效地在機構中發揮功能。

二、督導管理的意義

在不同的領域和年代中，督導的意義與功能是有不同。早期的《社會工作百科全書》(*Encyclopedia of Social Work,* 1965) 視督導為一個教育性的過程，偏重傳遞知識技術給缺乏經驗的學生或新進人員。在一九七〇年以後，除了心理治療與諮商輔導領域外，督導工作的性質轉向以偏重行政性功能為主的工作，如《社會工作百科全書》(Miller, 1971, 1977) 視督導工作為完成工作和維持組織控制與責信的過程。有些社會工作學者則認為有效的督導應兼顧績效和人性化取向，督導者為受督導者達成工作目標的支持系統，因此視督導工作為兼具教育、行政與支持功能為主的工作，如Kadushin

（1985）、Austin（1981）均採此一觀點，這顯示督導工作除了稟承傳統上重視教導訓練的功能外，還被賦予更多的行政領導管理的功能。

不論督導的內容重點為何，督導工作的主要內容在傳達工作內容和如何使工作做好（Skillingstad, 1989），其主要目的是為了確保機構人員能令人滿意地達成工作目標。然而，工作是由人來完成，每個人有不同的動機需求、工作能力、價值觀念、工作習慣、學習能力、溝通能力與情緒反應方式等等，因此有效能的督導者會以人群關係（human relation）為基礎，瞭解受督導者的能力與動機，並且經由適當的方式提供各種資源與支持，包括澄清工作性質與目標，協助去除工作上的障礙，培養工作技能與才幹，發掘他們的潛力，安排適合的工作，甚至幫助他們有信心地完成工作，使工作成果能令人滿意。

在督導的過程中，綜觀受督導者的工作表現，不僅可以瞭解工作成果、工作能力與技巧，也可以瞭解工作態度、工作動機與情緒，以及團隊的士氣。當發現工作績效與目標有差距存在時，督導者可以針對原因，採取許多步驟，諸如提供額外訓練以增強工作能力或認同機構，修正工作說明（job description）使角色職責更加明確，改變人員選訓方式與內容，調整適合個人專長的工作，改變或增加工作資源或條件，改善督導關係，鼓舞工作情緒，提供更多參與機會，甚至增加或減少計畫中的人力等等。由此看來，督導者就像是球隊的教練，從球隊的組成、訓練，到帶領球隊作戰，臨場指導打球，均屬於他的職責。

志工督導需要具備督導知識。
圖片提供：中華民國志願服務協會

三、督導者如何獲得權威與有效運用權力

　　督導工作的過程即為雙方互動彼此影響的過程。督導者被期望要能「帶得動」受督導者，也就是要能擁有影響他人的力量，才能指導要求工作與檢查工作表現，而達成組織目標。影響力的來源不僅是影響者擁有資源多寡或權力來源基礎的問題，也包括被影響者的需求程度和雙方互動情形。換言之，如果督導者無法協助受督導者有效工作，滿足工作上各種需求與疑問，以獲得他們心理上的接納與認可，則督導在缺乏專業權和參考權之支持下，督導功能必然大打折扣，督導者也無法獲得他人尊重。

　　中國人被視為權威性取向較高的民族，在領導管理上，被領導者相當重視管理者是否有足夠的「資格」指導和要求他們，或檢查

他們的工作。要能夠成功地影響他人，並非只是依靠權力做為基礎即可。許多人認為只要賦予權力，即能夠成功地使他人接受影響，而表現出被期待的行為。然而，成功地影響他人應該不只是表面的行為，更重要的是他人願意接受或依照期望表現行為。

中國人強調帶人要帶「心」，以產生威信和威望，使被領導者能自願順服，這是權威合法性問題。因此，影響力重視個人態度上的接受或改變為主，以避免不服而心理抗拒，導致有陽奉陰違的行為。由於組織中任何角色職責的描述無法鉅細靡遺，也無法完全監視個人行為是否盡力依循要求工作，因此領導階層實質影響力的來源就受到重視。

東西方社會中權力與權威來源與運作方式，其間是有差距存在。Bierstedt（1967）認為在西方社會文化中，權威只存在組織範圍內。由組織制度化，並賦予制裁權，使成員自願順從上級的指導要求。因此，權威隱含著他人贊同因素，可稱之為合法範圍之影響力。至於權力是被視之為在未經人們認可的情況下，支配人們行為的強制力量，常使人感受到有壓力或被脅迫的經驗。這是因為人們沒有足夠抗拒力量，或是依賴對方提供所需要的資源。由此而論，在西方世界中，認為受督導者贊同下，影響力才存在。當組織成員接受組織價值標準和制度規範時，理應順從占有管理位置的人對工作的要求，而較不受年資與年齡等其他因素的影響。反之，成員不接受價值規範時，則會不服從指示和違抗命令。此時則藉由權力作後盾，以維持和強化組織之運作。Franch和Raven（1967）指出，如果權力運用得當，可以擴大影響力之基礎，增加權威，否則會削弱管理者的影響力。

在中國文化傳統中，高尚仁與伍錫康（1988）認為權威與權力的觀念是密不可分的。基本上有權威的人是包含著道德品格、有成就表現的，而且是經由計畫和運用策略而獲得的。一旦站在某個位

置上的時候，個人的年齡長幼、年資長短、相關工作資歷的完整
性，均會是影響其權威有無的重要變數外，個人還必須要表現出能
勝任工作，證明有解決問題和危機的優越能力，才能維持權威不
墜。

　　權力較屬於個人層面的影響力，來自個人所擁有的或可動用的
重要資源，而可以干預他人行動。Tead（鍾振華，1973）指出權力
之運用與人際關係有密切關聯，權力之效力在於權力所有者如何與
人相處。雖然權力慾求的動機在自我表現，不過權力的運用也應包
含受督導者的自我表現。採用獨裁、表現優越、欺騙與剝奪或占用
他人資源的方式，將使權力運用的阻力增大。因此，雙方關係的整
合度、信任度和互惠度，與下屬人員接受影響之程度有關。督導者
待人以誠，不表現地位之優越性，表現關心與協助志工處理生活上
所遭遇到的問題等等，都是贏取接受與合作的重要途徑。

四、對受督導者的控制

　　就任何組織而言，為能確保活動產生所欲之結果，在活動過程
中，控制即為一個督導管理上的重要議題。志工到機構來的主要目
的是想把工作做好，但是如何才能把工作做好，則涉及能力、意
願、環境條件的認識，和有技巧地來完成。不過有些志工常率性而
為，或常常是無法瞭解機構內行政事務規則與行政過程，而造成錯
誤和衝突。有時是無法瞭解個人負責的工作在整體工作計畫中的地
位而無法配合。志工常只習慣做他所負責的工作，無法瞭解機構全
盤的工作計畫與擁有執行上有關的知識技巧。此外，志工並非是因
為擁有專業知能而參與服務工作，因此，除了甄選和訓練外，如何
確保服務方案輸送的品質，顧及服務倫理與法律責任，則為機構和

督導者所應關心的。

雖然志工是以機構一分子的角色提供服務，但志工對機構所負的責任是有限的。通常對志工的工作表現不易要求負法律上的責任，也不易要求限時完成工作。有時也因為工作時間不定與有限，也無法承擔重要執行的工作，其工作大多具有高度可替代性，並且工作也需要有特定角色協助銜接和整合連貫，對於工作上的情形與問題，也常需要有人深入瞭解和代為溝通反映有關問題與需要。因此就志工的工作需求和角色特質而論，如何做好控制的問題相當重要。

Child（1977）指出控制過嚴，即緊密地督導，經常察看受督導者的工作表現情況，會讓受督導者覺得沒有自主性、不被信任，而抑制工作動機，無法吸引熱心和有能力的幹部。此外，控制輻度過大，即人數過多，時間不易分配，會導致溝通問題和活動效果不易掌握。適當的控制是必須因人與事而異的，控制程度受下列四方面因素所共同作用來決定：

1. 工作性質方面：通常視工作結構明確度、工作變異性和意外發生度而定。如果有工作規範不夠明確、工作職掌不易明確說明、執行工作常需要與其他單位溝通協調、工作情境瞬息萬變而考驗個人隨機應變能力等情況，將使督導者對受督導者工作控制偏高。

2. 受督導者個人方面：視受督導者的能力與其他條件，如年資深淺、技術純熟度、工作抱負和角色認知而定。受督導者重視工作成效將會較為主動，並且願意處理問題。受督導者工作經驗豐富，對工作角色職責的瞭解清楚，有較純熟的工作知識與技巧，自發性會比較高。

3. 受督導團體方面：視受督導團體成員之間的社會性與功能性整合程度而定。如果成員之間凝聚力高，對機構目標認識清

楚，彼此能互助合作，則可以降低控制度。

4.督導雙方關係：視彼此合作經驗與相互瞭解的程度而定。如果督導者對受督導者有信任感，不僅能有較大的授權，而且也會降低控制性。

五、志工的工作動機與激勵

　　影響每個人參與志願服務的因素可能有相似與相異之處，而進入機構之後，是否會持續參與志願工作，主要是依憑工作滿足與社會支持承諾為持續參與的動力。雖然志願服務是利他傾向的，個人並非在藉以謀求實質利益為原初動機，不過這並不是表示他們服務品質良好，服務過程中就沒有各種需求，甚至問題行為，如與其他志工有衝突、對服務工作有挫折感或倦怠感等等。根據研究（Frances, 1983；鍾任琴，1990）顯示，志工在機構中的人際支持網絡、工作成就感，以及他人的肯定，都是激勵他們持續參與的主要動力來源。由於志工並非以獲得薪水和職位為主要目的，所以在工作上要能獲得尊重，希望有機會發揮自我，獲得鼓勵支持，自覺在此處能有所貢獻。由於組織體系階層化會降低低階層者的參與機會，因而會導致低階層者對組織有疏離感（Likert, 1967），特別是組織高度集中化和形式化的情形下（Akain & Hage, 1966）。因此，對志工的督導方式應與對專任工作人員有所不同。督導者的態度和行為要能獲得志工喜歡和信任，才能有影響力。對志工的激勵可以著重在情感和強調工作意義，並肯定他們的工作價值。

　　前已述及，在組織管理領域中，討論工作動機的理論相當多，其中Herzberg（1959）的兩因素理論、Maslow（1964）的需求理論及根源於Mayo的霍桑研究（Hawhorne study）的人群關係學派

（human relation school），似乎受美國文化偏差所影響，其在處理人們的目標與需求上，幾乎都侷限在個人層次上，認為人基本上受人的需求所影響。然而，人的需求是有差異的，其不僅無法調和個別成員對激勵的刺激與誘因有差異性反應的現象，而且生產力只是組織成員追求眾多目標中的一個而已。一旦他獲得某一職位的滿足，並不一定意味他有強烈動機在該職位上有表現。上述之理論似乎假設：人之所以會努力工作是因為有需求或滿足需求後而來的，或是知覺酬賞的激勵效能，這樣的假設是完全忽視責任感的因素對個人工作動機的作用。

西方的平等主義、個人主義和契約關係中，工作關係基本上被認為是一種經濟現象，只是雙方的契約。個人的尊嚴與組織成就不是融合在一起的。東方文化中，較強調成員要認同組織、融入組織、分享組織的榮耀。組織成員好像來自一個大家庭的成員。因此，個人的工作表現不一定與個人內在滿足或獲得金錢多少有相關性。在工作倫理與態度上，強調要以忠恕為本。東方文化強調要個人肯定他們對社會與組織有貢獻的價值，必要時，得有犧牲自己的利他精神。由此看來，東方文化在社會化過程中會特別強調此種工作價值與規範，使人將工作的義務及對集體利益的貢獻視為神聖的。這即是中國人強調為人處事必須以忠恕為本，也是督導工作中重要的原則。

高尚任、伍錫康（1987）指出「忠」根本上是一種良心與責任感（幫人做事，就要盡心盡力），當個人對組織、督導、同事之間有了契約承諾，在接受工作分派後，也就有內在動力，使個人能共同努力參與工作，並且表現優良，以期達成集體的目標與共同利益。在儒家的思想中，「激勵行為」與「道德感概念」有所關聯。換言之，激勵行為之持續性與道德訴求有關。故對中國人而言，激勵行為是一種與道德認知及超我引導有關的歷程。Munro（1977）

提到當個人瞭解某些事情的意義，而且意義又帶有價值感時，這種可以刺激個人行動意識的元素就會呈現。故中國人的激勵行為是知識所造成的，與欲望、意識或情感沒有任何關聯。所以人會努力工作，是因為他知覺到表現所知，乃是他的責任。所以在組織中，成員致力於工作，並不單純來自工具性的吸引力而已，更重要的是其承諾履行責任的道德良心。謀求私利是不道德的、不負責任的行為，是沒良心、責任感的，故是不「忠」的表現。

高尚任、伍錫康（1987）指出恕是表示一種親切、恩惠、情義與關顧，以期能達充分互惠，是一種默契式義務。與人相處應以恕為本，必須重視和諧，以和為貴。Heiseh（1967）認為對人的信賴與尊重必須以儒家的人性原則為基礎，Kuo（1982）對臺灣各級政府公職人員之研究發現，督導「對部屬的信賴與融洽相處」是反映工作中激勵與和諧因素最多的反應，其他尚有「參與及投入的機會」、「平等及公平」等。由於志工參與公共利益事務之行為，大都以利他為目標導向，因此，督導時多強調工作之意義與價值，要求團體成員要能融入組織認同目標，肯定個人對工作整體之意義。而督導者必須表現出以身作則，做事負責，待人以誠，對待部屬應公平，一視同仁，兼顧人情，才能激勵志工的工作動機。

因此，在激勵工作動機與士氣上，督導者應成為志工的支持系統，其態度和行為應該是支持性的，其意義包括下列幾方面：

1. 必須要以恕為本，態度上應親切自然，真實誠懇，以同理心來做為督導的基礎，以建立良好的關係。
2. 提供做好工作所需要的資源，依個人興趣與條件安排適合的工作。
3. 藉由評估工作表現提供回饋，包括肯定個人長處，幫助自我覺知對工作及團體的貢獻，以增加工作動機和角色的滿足

感。

4. 表達願意隨時提供協助，必要時主動協助處理工作上所遭遇到的問題與困難。

5. 協助志工建立團體的支持系統，相互支援與欣賞鼓勵個人的工作表現，以獲得歸屬感和自我肯定。

6. 督導者應多提供機會讓志工對組織中各項事務、工作方式與技巧參與表達意見，根據研究顯示（Blaune, 1964），督導者能多提供參與機會，受督導者會有較高的工作滿足，和較低的缺席率和離職率。

7. 表彰負責認真的工作態度，並以身作則，關心受督導者生活上的需要，並提供幫助。

六、新進志工的安置工作

當新招募的志工完成受訓而進入組織體系工作時，常會有很多疑問與需要，例如，認識工作的物理環境，與工作團隊之志工建立人際關係，熟悉機構的工作程序，靈活運用服務知識與技巧，瞭解機構既存的規範文化，以及與志工督導者建立工作關係與默契等等，簡言之，即新進志工有需要學習如何適應其工作環境。這些問題受督導者不一定會主動提出，但是志工督導者責無旁貸要認識志工的需要，並且妥善做好安置的工作。

督導者權威之建立與做好新進志工安置工作有關。通常督導者可以做的新進志工安置方式有下列幾方面：

1. 提供明確的工作手冊。說明工作程序、相關規則和常見問題與處理方式，使志工可以不必事事依賴，並且有途徑可以自

己尋求答案。

2. 協助新進志工認識機構環境，介紹各部門的工作人員，表達需要何種方式的協助。

3. 討論雙方的期望與工作習慣，以及個人資料交換，以期建立工作關係（適當的自我表露是建立人際關係的重要途徑。初期表露內容範圍宜在……）。

4. 協助新志工與舊有的志工建立良好關係。可考慮舉辦小組迎新會並安排適當資深志工負責照顧，根據研究顯示，人際網絡是影響志工對組織承諾與降低工作倦怠的因素（Latham & Lichtman, 1984）。

5. 討論擬安排之工作及工作所需的知能。必要時示範工作步驟、內容與知識技巧的運用。

6. 在安置階段上，督導者必須表現出更多的耐心、溫暖，以期讓受督導者有安全感和信任感，而能將心中的疑問與需要表達出來。

7. 與新進志工討論機構規定，詳細瞭解其對各規則與資源的真正瞭解程度，讓志工有信心工作，並避免出錯。

七、衝突與衝突之處理

　　衝突為人際間與組織內常見的現象，督導者角色功能即隱含了相當程度與志工會發生衝突的可能性。衝突意指同時存在二種以上相互對抗的力量或彼此作用力相反之力量（Deutsch, 1973）。由於每個人均為獨立個體，其間均有差異性存在。因此，只要互動隨著時間的增加，衝突表面化的可能性也相對增加。傳統上將衝突視為對團體或組織功能是有破壞性的，而導致逃避或否認衝突的存在。

衝突學派則視衝突爲平衡與維繫團體所不可或缺的，有助於創造及修改團體結構，使團體在變遷中持續下去（Coser, 1956; Fisher & Ellis, 1991）。不過，Robbins（1989）則指出衝突並非一定是破壞性或建設性的，端視衝突能否得到解決而定。而Pondy（1967）指出衝突處理後會有餘波（aftermath）狀態，而影響未來雙方的關係。有輸贏存在時（不論感覺或事實），會使輸的一方未來有抗拒態度或自我貶抑。妥協的結果常使雙方覺得損失較多，採取問題解決方式，可能會鼓勵建立信任及契約。因此，在團體或組織互動過程中，必須注意衝突的發生，並採取有效的方式處理之。

衝突可能發生在人際之間、個人與團體間，以及團體之間。導致衝突發生的原因很多，在個人因素方面，包括心理需求、價值觀、習慣、性格差異等，而在制度結構因素方面，包括團體規模、酬賞系統、團體間的互賴程度、職權的清晰度等等（Robbins, 1989）。另外，在溝通互動因素方面，包括符號之誤解、溝通的干擾、訊息不足或過多等等，均會引發衝突。此三方面因素也是相互作用，有時會使衝突惡化，如志工之間因價值、性格差異而產生衝突。志工不能接受督導者督導方式，使雙方更加溝通不良而使衝突加劇。當團體規模較大時，因人多口雜，會使溝通誤差增加，使衝突更易發生。

衝突並不容易解決，其可能原因很多。當衝突表面化和持續時，當事人通常會有負面情緒，而衝突發生時，當事人的情緒也會隨之升高，甚至演變成情緒性對立，模糊了造成衝突的原因。甚至變成牽涉個人面子問題時，會使衝突的問題更加棘手。如果衝突雙方缺乏解決問題技巧，任何一方沒有解決意願，資源太少，過去關係不佳，以及視妥協爲認輸的心理等等，均會使衝突更不易解決。此外，階級高低的衝突雙方，起初衝突會較爲隱含，而不易浮現。至於涉及結構因素引起的衝突時，因涉及多種因素之相互作用，而

更不易解決。

　　雖然適度的衝突對團體發展有正向功能，但衝突不斷升高且持續時，對團體績效是有破壞性影響的（Robbins, 1989）。因此要儘早覺知潛在衝突，並做妥善處置，以免衝突惡化時，要耗費更多精力與時間。處理問題之方法和策略很多，基本上處理者之心態與技巧是最爲關鍵因素。人際之間發生衝突時，有很多種反應方式與策略。採取否認、撤退等消極性反應，常常不能使衝突消失；而採取攻擊、抱怨等方式，會使衝突升高。唯有成熟與自我肯定的態度，才是處理衝突的必要條件（Adler & Towne, 1983）。只有在任何一方冷靜理性時，放棄輸贏與面子的想法，才有可能解決衝突（Gordon, 陸鍾璇譯，1983）。

　　督導者的基本功能即在反映問題和解決衝突問題。一般而言，督導者與志工之間有衝突發生時，督導者必須冷靜理性地傾聽受督導者的意見和感受，才能眞正瞭解造成衝突的原因。溝通的過程中，過早解釋與否認是心理防衛的反應，是阻斷解決衝突契機的技巧。因此，督導者面對與受督導者的衝突時，必須冷靜傾聽、不立即解釋，以便志工較爲冷靜時，再利用問題解決步驟處理之。

　　由於衝突有某種程度的事實依據，督導者應協助志工充分表達個人感受與意見，尋找衝突原因。如果督導者要處理衝突時，應先考慮個人的權威、解決問題能力、能否客觀公正，控制好情緒後，才考慮介入處理，否則可委請有能力與權威的第三者處理之。

八、結語

　　志工管理已經是非營利組織管理重要的一環，且逐漸走向專業化。志工是一群不支薪、隨時可離開服務職位、僅提供部分時間服

務他人的人，要如何激勵其發揮潛能及團隊精神，並使他們能持續服務，避免成爲機構的阻力，則是志工督導者所面臨的難題，也是一門管理的藝術。林萬億（1992）研究發現參與公部門的志工對督導之不滿意是以經驗不足、領導能力不足較多，覺得滿意的理由則是經驗豐富、爲人很好、領導能力強，另一方面，政府部門的人在督導志工上，認爲時間不足、不知如何督導爲主要問題所在。葉良琪（1999）研究直指運用志工單位的工作人員，不應將志工視爲廉價勞工，而將自己不想做的工作給志工做。應該視志工爲單位之一份子，願意付出心力維繫這個寶貴的資源。如能支持志願服務及志工的管理，將有助志願服務之推展。重視志工意見除了能提升志工的士氣、激勵志工之外，也是醫院正視問題、改善服務品質的重要機制。對於專職人力的員額與配置應做合理的評估，而不是單方面希望以志工來協助人力不足的部分。

　　志工管理者在督導管理志工的過程中應妥善運用管理知能，以增強志工持續參與的動機，以減少流失率和訓練的成本，進而增加管理績效。

Introduction to Volunteering in Taiwan

第十六章
督導志工的原則與技巧

督導工作對於志願服務之實施效能有很大影響。陳武雄（2001）
即認為志願服務的督導工作對於機構組織功能的發揮、服務成效的
增強，具有絕對的影響作用。施教裕（2001）表示志願服務團隊如
有專職專業督導人員帶領，工作內涵及服務輸送模式容易建立，服
務績效及服務品質均較具保障。由此可見，志工督導在組織中的地
位相當重要，因為其對於組織功能的彰顯、服務品質的維護、服務
績效的提升都能有所助益。

雖然運用志工參與社會服務工作是一相當普遍的現象，然而國
內討論如何督導志工的文獻卻少之又少。雖然在英美地區，大都是
由有專業訓練的專業人員來擔任志工的督導，但是在國內，有些機
構是聘用志工來督導志工。由於二者在機構中角色地位並不相同，
因而在督導志工上，二者會有不大相同的困境，不過在督導的原則
與技巧上差別不大。因此，本章先從志工參與服務之心理動力談對
志工督導之必要性，然後再談督導工作的本質及對志工督導的目
的，最後再提出督導志工的原則與技巧。

一、志工參與社會服務之動力

在實際的情況下，可以發現志工並非人人均服膺社會服務工作
的基本理念，不論在參與服務工作之前或之中，常受個人現實環境
之需求及服務工作性質等因素所影響，而非完全單一的對社會服務
理念之認同，才參與社會服務工作，甚至是在服務過程中，才能對
服務理念有所體會而產生認同。雖然可以在訓練及服務過程中，不
斷說明和導引，而做為其服務行動之參考指針，但無法視為其理所
當然應該完全做到。

目前參與志願服務工作行列的人，已包括在校學生、教師、職

業婦女、退休人員、兒女已成長之家庭主婦或各行各業的工作人員等等，這些人的年齡、職業、性別、教育程度與身分地位均不相同，因此每個人的處境、參與服務之動機與動機之強度亦因人而異。一般說來，參與志願服務之個人動機是相當分歧且複雜。這些動機可能是想獲得學習經驗，充實自己；或想擴大生活經驗及領域；或印證課堂理論；或表達知識分子對社會關懷的理念；或體會服務生涯的滋味；或打發閒暇時間；或對服務工作內容有好奇心；或想交朋友，尋求友誼；或想回報過去受人協助服務之恩惠；或想積陰德、追求榮譽名聲；或受宗教感召；或想藉以證明自己的能力和肯定自己的價值；或想實現抱負或理想；或慕名而來……等等，實是不一而足。不論是志工參與社會服務之動機為何，通常是同時有好幾個動機共同構成參與志願服務之推力。此外，志工的服務動機和意願，亦會隨著參與的時間、個人的成長及環境因素的變化，而使得原先參與服務之動機有所變化，甚至完全不同（詳見第十章）。

二、瞭解志願服務參與影響之可能因素

由於志工並非專職人員，在參與過程中，影響其參與服務之因素是相當多的，其中有許多因素是無法克服而必須接納的，而有些因素可以設法改善，以促使志工願意付出更多時間和精力於服務工作上。

(一)要認清志工參與服務之限度，以便對志工之期望適度

因為在服務過程中，志工可能因為能力、經驗和知識上的不

足,在服務的計畫訂定、協調聯繫與工作執行上遭遇到困難與挫折,而無法達到工作上的要求。也可能因家人不支持參與志願服務工作、個人生病或臨時發生意外事件、個人專職之機構經常臨時要求加班、個人情感上遭遇挫折、家庭臨時發生了事故等等因素,而無法專心參與服務工作。不過必須要抱持既然參與社會服務,就要希望把工作做好的信念。

(二)要能瞭解志工離職的影響因素

一般說來,雖然大多數的志工並非能長期不斷地參與服務,但是對志工來說,既然當初的參與動機是志願參與,是自發性的、不受任何人逼迫的,爲什麼志工在進入組織參與志願服務之後會離開組織?導致志工離職的因素相當多,有些是不可抗拒的因素之外,離職原因也是因人而異,有時不是單一因素所造成,而是數個因素所共同造成的。

離職原因可分從幾方面說明(Schindler-Rainman & Lippit, 1975;曾華源,1996):

■個人處境的變動

如學生畢業往他處就職、調職、結婚與懷孕等等,而使得個人再無餘時與餘力來助人,通常這種情形並非是志工意願或動機發生變化,而是情況有變。個人在身不由己的情形下,不得不暫時或永久退出志願服務工作行列。

■個人內心產生倦怠感

造成個人在工作上產生倦怠感的來源很多,通常是在工作上遭到長期挫折,而無法調適,或個人最初參與需求獲得滿足,而又無法引發新的動機,這又可分爲下列二方面來說明:

1.個人因素方面：

(1)個人需要獲得滿足，不再感到好奇，而機構又無新工作可帶來吸引力，或是個人覺得工作性質與內容與當初所想像的不同，不符合自己的理想，而萌生退志。

(2)缺乏正向的回饋，對自己是否適任工作產生懷疑或衝突，而又無法得到幫助。他人對於志工投入的反對和輕視，尤其是家人、同事的言語或非言語帶給志工主觀的感受，如能力有所不逮、經常被其他同仁批評無法做好工作，或自我期望過高，經常感受工作成效不符自己的標準，無法獲得成就感，其結果常遭致無力感或挫折感。

(3)無法實現抱負與理想，或參與工作少，能力無法貢獻，以及對工作之價值與意義產生懷疑，而導致無意義感的產生。

(4)個人的人格因素無法溶入團體，經常與工作夥伴發生爭吵，被同事所拒絕或排擠，或內心需要他人的讚美與注意，但卻得不到，以致產生孤立感。

(5)對機構期望過高，過分投入與認同，因此，在要求超出機構範圍之外，而機構無法依其意願與期望行事時，造成個人的反感與不滿。

2.組織因素方面：

(1)機構工作環境不良，以致經常影響工作之進行及品質，從而引起志工的負向感受與不滿。

(2)制度不健全，機構目標、政策、功能、體制組織與程序等不明確，使人無所適從，而導致無規範感的產生。

(3)機構內組織氣氛不佳，負向的組織士氣和工作情境因素對於志工的工作會有影響。

(4)專業人員通常扮演工作的引導和諮詢角色，在志工組織融入上有催化的功能。專職人員督導不當、態度不佳或支持不夠，無法產生情感之吸引力，會使志工和專業人員的關係不良。但很多專業人員並不重視志工，讓志工有不愉快的感受，使督導關係的發展受到影響。

(5)機構招募志工時所給的期待並不真實，或機構對志工之期望過高，超出其能力範圍之外，亦即工作負荷量及工作品質之要求過多，這種失望或不滿意的主要原因是當初參加的期望和實際參與之後有矛盾。

(6)機構缺乏在職訓練或限制參與工作之內容與範圍，而使志工無法獲得成長，亦即無法讓人有成長之機會。

由此可知，志工在實際參與服務過程中有許多心理需求要被滿足，有許多工作上的困難需要被協助處理，有許多對機構之感受與意見需要被瞭解和反映。因此，在志工參與工作過程中，督導工作實有其必要性。

三、督導工作的本質與目的

(一)督導工作的本質

督導是機構維持有效運作和掌握服務品質的管理機制。督導制度並非只有在社會服務行業中才實施，許多行業也有督導一職，只是名稱不同，例如球隊中的教練、工廠中的領班、教育界中的督學、警界中的督察，連舞廳中也有舞大班等等。只是各行業中都有其不同的督導重點，有些著重在監督管理，有些則偏重輔導教育，

表16-1 志工離職的分類

	組織可避免	組織不可避免
個人自願	(A) ・受到機構的尊重 ・有學習成長的機會 ・志工管理問題	(B) ・畢業 ・工作變動 ・結婚生子
個人非自願	(C) ・行為不良 ・傷害服務對象	(D) ・生病 ・死亡

資料來源：修改自Abelson（1987）.

有些則二者兼顧。在社會工作專業中，督導工作是同時兼顧行政管理與教育二方面的。一九四〇年代美國著名的社會工作教育學者Towle（1954）對督導工作下了一個很簡單的定義：「督導工作即是透過一個行政程序來達成教育性目標的一個過程。」換言之，督導工作是培養訓練人員的方法之一，但其實施上卻要與行政工作相結合。就此而論，可把「督導」二個字拆開來說，「督」是監督、察看與管理；「導」是指導、教導、引導和輔導。二者是一體的二面，不可分開。

社會工作為對人的直接服務工作，故Kadushin（1975）認為社會工作督導除了行政性功能與教育性功能之外，還應包括支持性功能。就行政性功能而言，行政督導的工作包括工作分派、工作檢查、行政協調與溝通等等。如果運用在志願服務領域中，督導者在督導志工時，其是透過這些行政工作與程序來達成管理志工的目標。例如，志工是否能按時工作、分派何種工作給哪一位志工來做、如何達成對工作目標上的共識等等，這些可能都要透過督導會議討論或面對面溝通來完成的。

就教育性督導而言，志工可能在工作上的觀念與態度不能配合機構要求，或從事服務工作的能力與知識不足，而需要被教導。志工在這些方面上的不足或不當，常是在行政管理過程上被覺察出來

的。此時，督導者就必須適時地提供經驗和專業知識，並邀請志工討論，以改善工作能力與態度。因此，教育性功能的發揮與行政性功能的達成是相輔相成的。

然而，工作的分派是要基於知人善任的原則，工作的檢查要避免逃避與心理的抗拒，而知識經驗的傳授是要講究適當的時機與方法。至於討論不當的服務態度，要能讓人心理願意自我省察和接受，才能產生效果。因此，有的行政性與教育性督導工作就必須要搭配支持性督導工作。

根據Kadushin（1975; 1984）的說法，支持性督導的意義在於督導者與受督導者能夠在良好的督導關係下，使受督導者感受到安全而能夠或願意自我省察，面對督導者的要求、期待或教導，以克服他在工作上或學習上所遭遇的挫折，並進而強化受督導者的自我功能，使其能夠成長與獨立。因此，教育性功能、行政性功能與支持性功能三者是一體並行的。

雖然支持性督導的目標是在增強受督導者的自我功能和學習改變，但是有許多督導者在督導志工時，卻誤認為應先建立關係才能做督導工作，因而認為志願服務的第一要務就是先做支持性督導，使志工的情緒被接納、感到溫暖而有強烈意願來參與服務，甚至認為行政性督導和教育性督導是沒有必要的。其實這三種督導功能是同時運行而不悖的。例如，在分派工作時，督導者若要人性化而有支持功能時，是要考慮志工的心理需求、工作能力與態度，在檢查工作而與他們討論時，就必須講求方法、技巧和時機等等。

常有人說要給志工多一些支持和鼓勵，這種觀點沒錯，但是如果只有支持性督導，那就容易忽略行政性督導與教育性督導的重要性與必要性。例如，有時志工的態度不適當，而有害機構形象或案主權益時，督導者卻擔心提出指正後，會讓他們感到挫折而萌生去意，因而不敢明白真誠地討論，卻採用暗示性的溝通，以期待他能

自動自發地改正工作態度。其實這只是督導者主觀的擔心而已。志工不一定就沒有學習動機，有時志工甚至根本不知道他有錯，被期待要去改善，因此督導工作的運作是同時發揮三者功能的。督導者在從事分派工作、檢查工作及協調溝通過程中，以尊重、關懷、接納等支持性態度來去除志工的心理防衛，以引發他學習專業知識、增強專業服務能力和改善不適當態度的意願。

綜上所述，督導的本質即是一個透過行政程序，以支持性態度來達成教育性目標的過程。一個好的督導者是能認識行政性督導是無法避免的工作，而且在行政工作程序上，能適時地提供知識、技術、提醒或示範工作適當的態度，使得志工能把工作做好。

督導工作並非靜態或機械式的一種工作模式，而是一種動態性和發展性的過程，能否有效發揮督導功能、達成目標，端賴督導者能否善用督導工作之專業知識和技術，以及如何與受督導者建立良好的專業關係而定。尤其是督導者在達成教育性目標和行政性目標的督導過程中，如何充分發揮支持性功能是相當重要的，將使督導者成為一個有「人性」的督導，使受督導者在督導過程中，降低可能帶來的壓力與焦慮之情緒，而能接受督導，並能從督導者身上體會服務工作的基本精神，而在服務工作中充分認同與實踐。

(二)志工督導的目的

根據國內近年來對志願服務督導效能與工作滿足之研究，顯示有無督導工作會影響志工對機構的認同、工作技能表現、工作壓力之處理和工作滿足（黃春長，1984；黃明慧，1987；朱春林，1987）。因此，為了使志工能夠持續服務動機，確保其工作品質，對於志工的督導工作是有其必要性。志工並非專職人員，可知二者在專業教育上、服務時間上、工作能力上、專業認同上、參與動機

上及工作過程中之需求上等均不相同。因此,對志工的督導工作,應該與專業人員有所不同,故督導志工的目的包括下列數項(廖榮利,1973;莊文生,1981):

1.適時協助處理志工在服務過程中,所遭遇到的問題與挫折,以達成服務目的,並保障案主或有關人員不受到傷害。
2.協助志工認清與肯定自己工作價值建構志工之間的和諧關係,以提高並維持服務工作之興趣與熱忱。
3.協助瞭解組織與機構功能,遵守行政程序和規定,避免機構提供不一致的服務。
4.適時提供或教導必要的工作知識和技巧,並幫助自我瞭解和成長,提供有品質的服務。
5.評估志工之工作效果和改進方向,確保機構服務責信。
6.促進機構與志工雙方之間良好有效的溝通,避免志工對機構之誤解,並貫徹機構政策。
7.針對工作需要,培養及遴選工作所需之志工人才。

四、志工督導常見之困境

督導者是機構組織中最基層的領導者。對上級而言,督導者要能完成機構交付之任務;對下屬而言,要能讓他們有意願和能力來完成工作。加之他們又要督導非專職工作人員的志工,所以對督導者而言,在督導工作上常會有許多的困境。茲分述如下:

(一)建立行政權威與維繫情感衝突

有些志工會認為自己是「志願」來機構服務的，機構不應該對他們有所限制，或是約束他們遵守某些機構的規定，他可以照自己的方式來提供服務，否則大不了一走了之。許多督導者面對此一情況時，常會不知道用什麼方法和態度來要求，而不會破壞雙方感情，到最後乾脆放棄行政職責。這是督導志工時常見的督導困境，尤其是由志工來督導志工時，最常碰見此一情況。

在人與人的互動中，人們常會有一個錯誤之假設：認為告訴他人有什麼工作或行為不對時，對方常會不高興而會和我發生衝突，因此就不敢要求或指正對方的錯誤。其實人際之間的親密度與衝突常成正比，衝突是免不了，而且可預期會發生的，更何況衝突也不一定就會有破壞性結果。如果督導者不敢提出要求或指正時，那是怠忽職責，督導者必須認識到任何一個職位都有職責，以及給予你相當的權威與權力，當權力不能善用，該要求而不要求時，不僅會失去權力，而且更沒有權威。根據一項研究顯示，督導者未能認知自己的角色職責和接納與適應角色之要求，是造成工作倦怠感的重要影響因素（曾華源，1988）。

權威與情感維繫之間會有矛盾存在，可能是來自於對自己本身沒有信心，懷疑自己是否能處理此一衝突。也可能督導者有錯誤的認知，即志工能來參與服務就已經相當不錯，值得鼓勵，進而質疑對志工做某些要求會不會太過分，而認為其實每個人都是有責任心與榮譽心的，何必要求他們。不過，任何團體都有紀律和做事的方法與期待水準，督導只是表達期待和有效工作之所需，沒什麼不可以的。問題是在於督導者是在何種時機、用何種方式與態度來提出要求，並且志工對於督導者所扮演的角色是否清楚等等。志工被要

求或被指出工作方式與態度要改善時，當然心中難免會感到不舒服，因此，要善用個案工作或團體工作中建立與維持關係之溝通技巧與態度。

有時督導者會覺得工作交給志工會有幫不上忙或控制不了的無力感，尤其是志工人數多，而自己又有許多個案或行政工作要做時，會感受到分身乏術，內心有許多衝突（Girdon, 1982）。此外，做為一個督導者如果自覺機構決策或制度不合理時，要採用何種方式將此一決策轉達志工，要求配合執行，則要慎重思考。許多督導者乾脆就不轉達或是選擇性修改要求，以打折扣方式執行機構決策。因此，督導者在扮演行政溝通協調或教育督導之要求上，常會面臨抉擇上的困境。其實對志工的工作要求應視志工個人能力、服務工作性質等而定，除非是差距太大，否則不宜有過高的期望。至於行政協調更是無法避免的，督導者應該據實反映實際情況，以謀求機構改善，否則督導者會陷入一種習得的無助感（learned helplessness），而放棄職責，甚至離職。

(二)與志工建立何種性質關係的衝突

許多督導者常會猶豫與志工所保持的關係是要比較親密，還是純粹工作關係，以免不好要求，或花太多時間在關係維持上。根據調查顯示，花時間與精力在志工的活動中，與志工會較親密，而且會知道他有哪些問題，否則志工大都會在問題擴大時，才會願意讓督導者知道（Holme & Haizels, 1978）。

然而，關係應該親密到什麼程度呢？所謂關係是指角色扮演的雙方在態度與情緒上的反應過程（Biesteck, 1954；曾華源，1985）。亦即在互動過程中，某一方的態度行為表現會影響到另一方的情緒感受及外在行為反應，而這又會反過來影響對方。所以一

方態度行為表現正向，會使對方產生好的感受，而以較正向的態度行為反應，反之亦然。這種交互反應過程是動態性的，所以關係在心理層次上是一種存在雙方之間的情緒聯結（emotional bond）。由於在互動時，態度行為的表現牽涉到對方的個性、溝通及期待，也涉及到個人對自己角色、行為所應該有的期待，並且互動結果能否滿足雙方的需求，而使角色的互賴性得以產生，關係才能持續下去。

在信任、安全、舒適之正向情緒中，雙方才能避免心理遊戲，去除防衛心理（Dogge, 1982），而以誠相待，有話就說，不必拐彎抹角。因此，這種關係才是一種有意義的關係（a meaningful relationship）（Perlman, 1979），會使人在安全感下願意真誠地面對自己，而使自己有成長。其實這種人際關係就如同督導關係，或是輔導案主的專業關係。在此互動過程必須教育案主，改變案主不正確的態度、認知和行為，或是在督導關係中要改變志工的不正確態度、認知和行為，而這種改變都立基於良好的關係下才易於完成。所以督導關係應該是親密且有明確的工作角色認識在內。

在整個志工督導過程中，雙方之間的督導關係內涵是相當重要的。當督導關係不良、互不信任時，雙方將會有許多心理防衛反應，而玩心理遊戲（game）；如督導者玩「倚老賣老」（維護權威）、「我是老闆」（濫權）、「忙碌者」（放棄權力）的遊戲，而受督導者玩「受害者」（我好可憐）、「操縱者」（看誰厲害）、「笨蛋」（累死你）的心理遊戲（Kadushin, 1985；曾華源，1987）。一般說來，良好督導關係之要素是督導目標的明確性，彼此的接納與合理的期望，督導者有權威和善用權力，雙方在溝通上有關心、真誠、一致與同理心（Perlman, 1979）。良好志工督導關係的建立，除了督導者應敏銳覺察志工的情緒和壓力，適時給予協助之外，志工督導者表現出真誠、溫暖和接納的支持性和教育性態度和行為，將有

助於良好督導關係的建立。尤其是督導者能尊重與接納志工，坦誠地評價志工的工作表現，並且開放地接受督導者的回饋或建議，將促使督導關係更加穩固。尤其特別重要的是督導者與志工關係建立方式與態度表現，就是在示範專業知識與技術的使用，以及專業倫理的實踐，這對於志工的組織認同與服務態度之養成有深刻的影響（Fox, 1989）。

五、督導者與志工受歡迎與否的行為

McNulty 和 Klatt（1989）研究發現，受到歡迎的志工督導者能表現出熱心、奉獻、彈性，能夠立下承諾並貫徹，有能力改變，並且能和志工一起合作工作。受歡迎的志工督導者能在志工有無力感時，用出人意表的智慧來幫助解決問題，能持續不斷地讚賞志工。此外，受人歡迎的督導者均能敏銳覺知志工與機構的需要，能夠隨時被接近，能瞭解和體諒他人，並且面對危機時能保持情緒平穩。

不受喜歡的志工，可能太有主見，做事有頭沒尾。有時志工自覺是二等公民，故志工督導者必須努力使他們覺得自己很重要。當志工自覺常有新的想法，無事不知不曉，能把工作做得比督導者好（最好直接指出，表示要感覺被幫助而非被批評），就會常抱怨其他志工（以說故事之方式指出抱怨對工作士氣之影響，並表示如何對適當的人提問題才有幫助）。有時太過投入而導致工作倦怠（要限制志工投入時間），就會忽視督導者的努力。有時志工不瞭解保密問題所涉及的法律問題。不受歡迎的志工督導者十分鼓勵回饋，好像很開明，對志工說如果不喜歡就往上投訴，並鼓勵他們這麼做。這種只聽而不採取行動的人（如果有困難不能做到，就應該直接講清楚），沒有對即將到來的事情預做準備（自己做的話很簡單，但

是要志工配合就要用心，許多志工也十分忙碌，到這裏不是想要浪費時間，他們是想獲得有價值和對個人有獎賞性的經驗，希望有具體工作描述和正式政策），爲人虛應故事，不眞誠（眞實具體讚美，而非空洞的讚美，也不要過度熱心），自己違反保密守則（不能只要求志工，專業人員更應該做到）。周佑民（1997）也指出業務承辦人員與志工的互動性不高，易造成志工離隊。

六、督導志工之重要原則

(一)建立波此相互信任的督導關係

　　由於角色性質之不同，因此督導者在運用助人專業關係中建立良好專業關係之原則與方法上必須小心，尤其督導關係的本質上有很強的互賴性，例如，志工在服務過程中有很多的需求，諸如服務知識、技巧、心理需求等等，需要從督導者方面獲得，但督導者也要依賴和期待志工要做好的工作，提升服務品質。這是雙方共存「給與取」的關係。所以督導的工作關係中包含很多要素在內，例如，督導關係的目的是什麼，關係中有無眞誠、同理心和接納在內，關係中的權威特質是什麼。其中權威特質常被人視爲會濫用權力，尤其在督導關係中，雖有上下從屬關係，但志工不負行政責任，所以似乎又非如此絕對。因此，在督導關係中的權威是指他人對你職務的尊重和對你能力的信任，而願意接受你的期待與需求，表現出你所期待的行爲。

　　督導者除了要讓志工對你產生信心外，還要讓他覺得可以接受你的指導與要求，這是很不容易的一項工作。在中國人傾向相信權

威的人格特質下，督導關係中的權威要素是特別重要的。要建立好
的督導工作關係，運用個案工作助人行爲技巧是相當重要的基礎。

(二)確認雙方角色職責與期待

督導者及志工的角色職責與期待應該越早溝通清楚越好。有些
志工會認爲機構不相信他們所做的工作，所以才容易督導者來監督
管理他們。因爲有這種不當的想法存在，所以容易於產生抗拒督導
工作的心理。因此，督導者不能假定志工都瞭解督導的功能與必要
性，就算瞭解，志工希望督導者如何來協助，也是督導者必須知道
的。鍾蕙珠（2001）研究發現，志工督導採高結構、高關懷的方
式，將影響志工的疏離感。所以督導與受督導者雙方應共同確認志
工服務的目的和督導工作的目的，均在於讓被服務對象獲得最適合
的服務，以便志工能肯定督導的價值。此外，督導工作應如何進
行、在督導過程中雙方的職責或權利義務爲何，均應詳細討論，使
雙方均能清楚對方的角色職責與期待，並達成一致的共識，如此才
有可能減少督導過程中雙方不必要的衝突。

(三)做好工作安排與分配

「知人善任」是讓人在工作上能得心應手和有成就感的基本原
則，而督導者應做好工作規劃，應該考慮志工的時間、能力、經驗
和需求等來分配工作，有時要徵求志工意見，不要認爲理所當然他
們該做某些事。如此不僅使志工有願意做的事可做，而且還能從工
作中發揮潛能，獲得成就感。根據曾華源（1986）對「張老師」志
工所做的調查顯示，志工希望督導者能讓他們感受到工作意義與價
值感。當志工的需求得到滿足，以及感到能有所貢獻時，才能激發

與維持志工的參與意願。

(四)適時提供幫助與回饋

要能做好監督管理工作，就一定要瞭解志工工作概況，一方面確保案主權益，一方面適時提供協助，也可以管制志工不當的服務行為。善盡職責的督導者要認識到並非志願做社會服務就一定會認真做好服務。只要是人，就有可能會因為不會做、能力不足或其他原因，而表現出懶散、不盡責的態度與行為。如果要鼓勵志工，更需要確實知道志工做了些什麼，由於志工在工作過程中常會遭遇到各種不同的困難，尤其是新加入團隊的志工，更需要經常注意和瞭解他們的工作概況，最好能在他們工作初期給予較多的注意或互動，以提供立即和必要的協助，或採取「門戶開放政策」（open-door policy），使他們在需要時能立即找到支援，對他們工作的表現要給予較具體的回饋，讓他們瞭解自己的實力。此外，督導者也要相當注意志工的工作情緒或生活對他們情緒上的影響，適時地表達關懷與溫暖，並協助處理或轉介處理，將使他們心理上有安全感和獲得激勵。

(五)確保志工在機構目標及行政程序內提供服務

就算是參加過職前訓練，志工還是有可能不清楚機構目標及行政程序，而會在工作上出現問題。因此，督導者要協助志工認識機構規定並遵守規定，以免出現分歧性的服務行為。根據曾華源（1986）對「張老師」志工的調查顯示，在督導過程中，志工相當期待督導者協助他們瞭解機構的政策與功能，並且隨時提醒他們遵守和完全做到。不過，為了要激勵志工的參與和獲得工作價值感，

督導者應該讓志工在符合機構政策及行政程序內，自由討論與決定工作方式，只有在必要時才提出指引。

(六)做好志工和機構間溝通的橋樑

據方祥明（1995）、郭芳汝（1998）的研究可以發現，機構特質不同，對志工之督導風格可能也會有所不同。所以志工要能理解機構屬性，督導者必須經常反映志工在工作上的情況與需要給機構上層行政管理人員，以便修改不當的志工政策或決策，訂定適合的志工政策和規則；另一方面督導者也要對志工傳達機構最近的狀況或發展情形，使志工對機構有一體感。因此，督導者如何做好溝通橋樑是很重要的，應儘量避免個人主觀意見而有所隱瞞或傳達相反意見，以免製造問題。

(七)以鼓勵和尊重替代責備與批評

成人都有自省的能力，也較為成熟。因此，在督導過程中，督導者要以尊重的態度肯定志工工作上的貢獻，並協助他們具體瞭解工作成果，因此在檢查志工的工作時，除了要找出需要改進之處，更要找出做得不錯的地方，以提供正增強，讓志工在工作中有所收穫和滿足。

雖然人都想獲得成長，但學習能力與接受挫折能力有所差異。因此，每次指出志工需要改進之處不要太多，並且要協助他們檢視工作中的個人成長與收穫。一位好的志工督導者應先對志工各方面有所瞭解，例如學習能力、工作能力、學習偏好、挫折忍受力、經驗、與人互動的模式等等，以便能瞭解如何及從何處開始協助其發揮潛能和成長。

(八)協助處理志工之衝突

有人的地方就有衝突，並非扮演了志工角色，志工之間就不會有不愉快發生，例如對於事情該怎麼做、由誰去做這件事情較為適當或公平等等，都會產生不同的意見和情緒上的不愉快。衝突應該儘快處理，它不會因為時間關係而淡化，反而會累積而爆發更嚴重的誤會和衝突。

衝突可以分為情緒性（emotional）和意見性（opinionative）衝突二種。意見性衝突可以使真理愈辯論愈明白，但是有可能彼此之間存有負面情緒，而轉換成為情緒性的衝突，如「為何你故意要跟我唱反調」、「你總是要跟別人不一樣」即是帶有情緒性的語言。當雙方都不理性時，衝突是無法真正處理的。

督導者處理衝突一定要立場公正和針對問題，才有可能在雙贏的情況下解決衝突。處理衝突過程中必須關注雙方心理，不能忽視會造成更嚴重的衝突點是什麼，也不能訴諸外來勢力，諸如「大家都是老朋友了，看我面子，我請您們吃飯」，或「我報告上級單位，讓他們處理」。這種方式只是壓抑衝突的發生或掩飾有衝突存在，埋下更嚴重的衝突種子。

(九)協助志工建立適當的工作價值與態度

任何一個組織要能不斷地發展，則必須建構適當的組織文化。對於志工之工作要求不只是關懷溫暖，也同時要兼顧服務品質和組織永續之觀念。許多志工希望能夠不斷成長，因此，建構一個學習型組織的組織文化是很重要的。督導者應該先確知組織所強調的服務倫理意涵為何，確認哪些價值和規範是重要的，才能在督導工作

過程中強調和堅持貫徹,以確實建構志工有良好的服務價值和態度。

(十)督導者要多面向自我省思

志工督導者要經常作自我省思,才能不斷自我提升,改善自己的督導關係和工作品質。諸如,你在擔任志工時,你會希望你的督導做或不做什麼?你想改變你督導志工取向什麼風格(如想要變得更不急躁或更有專業性)?哪些是你不想改變的(如堅持品質訓練、誠實想與志工保持同輩關係)?你會為志工做哪些你不會對專職員做的事(如更多讚美、支持、請吃午飯)?就你擔任志工經驗中,哪些經驗是你對志工督導者最賞識的(如支持、組織能力、可盡興、真誠具體的讚美、以專業性方式詢問問題、幫助我們發展潛能來成長)?如果別人以一個詞彙來描繪做督導的你,會是哪一個字彙(如熱心、友善、富有情感、支持、溫暖、風趣、有能力、有智慧、有耐心和容易相處)?我跟志工之間的關係是否是信任的?

七、督導工作所需要的技巧

技術(techniques)是一種操作性行為,而技巧(skills)其背後是指個人在對情況作研判以後的適當反應行為。許多人認為學習技術是最重要的,而且也是他們需要的。其實最為重要的是要知道何時該用什麼技術,才能表現出有技巧的行為(skillful behavior),否則光知道技術,學會技術也是起不了作用。例如,志工和案主在重複談一件事已有十幾分鐘了,這時該用摘要技術、澄清技巧還是同理心技巧?或案主的沈默代表什麼意思?應用何種技巧來打破沈

默？因此，技巧是在專業知識的判斷下，用來達成目的的手段。

在督導工作中所需要的技巧很多，大致上可分為人際溝通的技巧和工作的技術二部分。

(一)人際溝通的技巧

大都運用在督導過程中與志工互動時所需要的，例如，反應技巧方面有澄清、摘要、簡述語意、同理心、回饋與自我坦露等等；探詢技巧如發問、面質、具體等等；通常在督導過程中，督導者對受督導者的支持所運用之支持性技巧有：再保證（reassurance）、鼓勵（encouragement）、肯定（recognition）、表達信心、讚同與讚美、淨化與疏導情緒（catharsis-ventilation）、減敏感和概括化（sensitization and univeralization），表示興趣和關心、提供資料、面對現實、直接干涉（direct intervention）、提供示範性行為等等。在團體中的討論技巧除了上述技巧外，還有互動技巧，如輪流發言、平衡發言等等，上述技巧均屬於直接服務領域內的溝通技巧。

(二)工作技巧

督導工作的工作技巧可分為二種，一為行政管理技巧，例如訂定計畫、時間管理、主持討論或會議、工作檢查或評估等等；另一為教學技巧，例如示範、角色扮演、個案教學與團體教學等等。各種技巧大都是在直接服務課程或行政管理課程中提及。

McNulty和Klatt（1989）的研究指出，志工與專職人員一樣，也有令人不喜歡的行為，包括只說不做、容易洩密、抱怨工作、彼此之間明爭暗鬥、互不合作和易有工作倦怠感等行為。因此，要做一位好的志工督導者並不容易，除了要具備支持性態度與擔任督導

之意願、專業工作知識與技巧，清楚機構的政策、行政程序、目標和督導原則與方法之外，也要認識與容忍志工無法全心投入和把工作做得十全十美。尤其更重要的是，還要願意花時間與志工直接互動，並且以身作則。如此方能獲得他們的信任和支持，也才能把工作做好，更要時時刻刻自我反省，才能做好志工督導的工作。

八、結語

志工督導是確保志願服務品質的重要途徑。過去志願服務團隊並不重視督導制度之建構，但是目前志願服務法已規定要設置，所以未來必然會是推動志願服務重要工作項目之一，也會是必要的訓練課程之一。然而由本章的討論中可以瞭解，志工督導制度之建構很重要，但如何有效執行則更加重要。期待志願服務組織能確實注意督導之專業能力，以便有效發揮志願服務之功能。

參考書目

Barker, R. L. (1988). *The Social Work Dictionary.* New York: National Association of Social Work.

Bell, M. (1999). 「新千禧年的志願服務」國際研討會暨訓練營。青輔會主辦。

Bembry, J. X. (1996). The impact of volunteer coordinators on volunteer program: An evaluation of volunteer Maryland. *The Journal of Volunteer Administration,* 4(2), 14-20.

Billis, D. & Harris, M. (1996). *Voluntary Agencies: Challenges of Organization and Management.* London: Macmillan Press LTD.

Black, B. & Dinitto, D. (1994). Volunteers who work with survivors of rape and battering: motivations, acceptance, satisfaction, length of service, and gender differences. *Journal of Social Service Research,* 20(1/2), 73-97.

Black, B. & Kovacs, P. J. (1996). Direct care and nondirect care hospice volunteers: Motivations, acceptance, satisfaction and length of service. *The Journal of Volunteer Administration,* 4(2), 21-32.

Bohldner, G., Shell, S. & Sherman, A. (2001). *Managing Human Resources.* Ohio: South-Western College Publishing.

Bremner, R. H. (1988). *American Philanthropy* (2nd ed.). Chicago, IL: University of Chicago Press.

Brilliant, E. L. (1997). Voluntarism. In *Encyclopedia of Social Work* (19th. ed., Vol. 3, 2469-2482). Washington D.C.

Brudney, J. L. , Love, T. G. & Yu , C. (1993). The association for volunteer administration and professionalization of the field: suggestions from a survey for the membership. *The Journal of Volunteer Administration,* 12(1-2), 1-22.

Byars, L. L. & Rue, L. W. (1991). *Human Resource Management: Concepts & Practices.* New York: John Wiley & Sons, Inc.

Campbell, K. N. (1997). Keeping our eyes on the mountain top. *The Journal of Volunteer Administration,* 15(4), 1-3.

Cann, S. E., Junk, V. W. & Fox, L. K. (1995). "Banking" volumteer hours. *The Journal of Volunteer Administration,* 13(3), 15-23.

Cnaan, R. A. & Goldberg, R. S. (1991). Measuring motivation to volunteer in human services. *Journal of Applied Behavioral Science,* 27(3), 269-284.

Curtis, K. M. & Fisher, J. C. (1989). Valuing volunteers: A naturalistic approach. *The Journal of Volunteer Administration,* 8(1), 11-17.

Danoff, A. & Kopel, S. (1994). What are the motivational needs behind volunteer work ? *The Journal of Volunteer Administration,* 12(4) , 13-18.

Darling, L. L. & Stavole, R. D. (1992). Volunteers: the overlooked and undervalued asset. *The Journal of Volunteer Administration,* 11(1), 25-26.

Doelker, R. & Lynett, P. A. (1983). Strategies in Staff Development: An ecological approach. *Social Work,* 18(5), 380-384.

Drucker, P. (1989). What buiness can learn from nonprofit. *Harvard Business Review,* July-August, 88-93.

Dunn, P. C. (1995). Volunteer management. In *Encyclopedia of Social Work* (19th). 2843-2490.

Ellis (1992). *From The Top Down - The Executive Role in Volunteer*

Programme Success, Energize Third Printing, pp.135-153.

Ellis, S. J. & Noyes, K. K. (1990). *By the People: A History of American as Volunteers* (revised Ed.). San Francisco: Jossey-Bass Publisher.

Faizo, R. H. (1981). On the self perception explanation of the overjustification effect: the role of salience of initial attitude. *Journal of Experimental Social Psychology,* 17, 417-426.

Flippo, E. B. (1971). *Principles of Personnel Management.* New York: Mc Graw-Hill Company.

Frank, R. H. (1988). *Passion with Reason: The Strategic Role of the Emotion.* NY: W. W. Norton.

Garland, B. A. (1992). Inviting staff collaboration in volunteer policy and program design. *The Journal of Volunteer Administration,* 11(2), 27-35.

Gidron, B., Kramer, R. M. & Salamon, L. M. (1992). *Government and the Third Sector: Emerging Relationships in Welfare States.* San Francisco: Jossey Bass Publisher.

Gillespie, D. F. & King, E. O. (1985). Demographic understanding of volunteerism. *Journal of Sociology and Social Welfare,* 12(4), 798-816.

Green, S. K., et al. (1984). *Volunteer Motivation and its Relationship to Satisfaction and Future Volunteering.* Paper Presented at the Annual Convention of the American Psychological Association, Toronto, Canada.

Gutowski, M., Salamon, L. M. & Pittman, K. (1984). *The Pittsburgh Non-profit Sector in A Time of Government Retrenchment.* Washington: Urban Institute.

Harel, R. (1992). Volunteer community service: What are benefits to the volunteer? *The Journal of Volunteer Administration,* 10(4), 26-29.

Heiderich, K. W. (1991). Working with volunteers. In *Employee Services and Recreation Programs.* Champaign, IL: Sagamore Publishing, Inc.

Hoffman, M. L. (1981). Is altruism part of humor nature. *Journal of Personality and Social Psychology,* 40, 121-137.

Kramer, R. M. (1981). *Voluntary Agencies in the Welfare State.* Los Angeles, CA: University of California Press.

Kramer, R. M. (1995). The roles of voluntary social service organizations four European states: Policies and trends in England, the Netherlands, Italy and Norway. In S. Kuhnle & P. Selle (eds.). *Government and Voluntary Organizations,* 87-107. England: Cedric Chivers Ltd.

Kuhnle, S. & Selle, P. (1992). *Government and Voluntary Organizations: A Relational Perspective.* USA: Alvebury.

Lafrance, J. (1996). Social work and volunteers: a case of shifting paradigms. *The Journal of Volunteer Administration,* 15(1), 2-8.

Lammers, J. C. (1991). Attitudes, motives, and demographic predictors of volunteer commitment and service duration. *Journal of Social Service Research,* 14(3/4), 125-140.

Levin, H. (1977). Voluntary organizations in social welfare. In *Encyclopedia of Social Work* (17th ed.), Washington D.C.: National Association of Social Work, 1573-1582.

Lewis, J. A., Lewis, M. D. & Souflee, F., Jr. (1991). *Management of Human Service Programs* (2nd ed.). Pacific Grove, CA: Brooks/Cole Publishing Company.

Lucas, C. P. (1996). Management is not always the right word.

The Journal of Volunteer Administration, 9(3), 25-31.

Manasa, N. (1979). College student as volunteers. In J. H. Blatchford & Cull, J. G. (ed.), *Applied Volunteerism in Community Development,* Illinois: Charles C. Thomas Publisher.

Martin, L. & Kettner, P. M. (1996). *Measuring the Performance of Human Service Program.* New Delhi: SAGE Publication.

Mihalicz, D. W. & Goh, S. C. (1996). The relationship between volunteer motivations and behavior in non-profit organizations. *The Journal of Volunteer Administration,* 15(1),19-27.

Milton, C. (1988). Enabling college students to volunteer. *Journal of Volunteer Administration,* 7(2), 29-34.

Morris, R. & Caro, F. G. (1996). Productive retirement: Stimulating greater volunteer efforts to meet national needs. *The Journal of Volunteer Administration,* 4(2), 5-13.

Murnighan, J. K. & Kim, J. W. & Metzger, A. R. (1993). The volunteer dilemma. *Administrative Science Quarterly,* 38, 515-538.

Newton, l. A. (1995). A study of attitudes and perceptions of volunteers in nonprofit organizations. *The Journal of Volunteer Administration,* 13(2), 1-8.

Oldfield, A. (1990). *Citizenship and Community: Civil Republicanism and the Modern World.* London and NY: Routledge.

Perlmutler, F. D. & Cnaan, R. (1993). Challenging human service organizations to redefining volunteer roles. *Administration in Social Work,* 17(4), 77-95.

Rapp, C. A. & Poertner, J. (1992). *Social administration: A client-centered approach.* New York: Longman Publishing Group.

Rayn, C. (1990). Do we volunteer? An exploratory university community service survey. *The Journal of Volunteer Administration,* 15(1), 29-34.

Reese, M. L. (1993). The customer satisfaction survey for self evaluation. *The Journal of Volunteer Administration,* 11(3), 23-31.

Rice, J. J. (1997). Strategic visioning in nonprofit organizations: Providing a clear direction for the future. *The Journal of Volunteer Administration,* 15(4), 23-26.

Robbins, S. (1996). *Management.* New York: Hall.

Schmidt, S. (1993). Have you ever considered alternative ways to build a volunteer project. *The Journal of Volunteer Administration,* 11(4), 1-8.

Schwartz, S. H. (1977). Normative influences on altruism. In L. Berkowitz (ed.), *Advance in Experimental Social Psychology,* 221-297. NY: Academic Press.

Seel, K. (1996). The new AVA statement of professional ethics in volunteer administration. *The Journal of Volunteer Administration,* 4(2), 33-38.

Shinder-Rainmam, E. & Lippit, R. (1975). *The Volunteer Community: Creative Use of Human Resources.* California: University Associates.

Shultz, C. & Lane, P. (1997). An overview of volunteerism in county government. *The Journal of Volunteer Administration,* 15(2), 2-7.

Sieder, V. M. & Kirschbaum, D. C. (1977). *Volunteers. Encyclopedia of Social Work,* 17th ed. 1582, Washington, D.C.: National Association of Social Workers.

Simon, H. A. (1990). A mechanism for social selection and successful altruism. *Science,* 250, 1665-1668.

Skidmore, R. A. (1990). *Social work administration: Dynamic management and human relationships* (2nd ed.). Boston: Allyn & Bacon.

Smith, M. P. (1989). Taking volunteerism into the 21st century: Some conclusions from the American Red Cross volunteer 2000 study. *The Journal of Volunteer Administration, 8*(1), 3-10.

Stenzel, A. K. (1967). *Volunteer Training and Development: A Manual.* New York: The Seabury Press, Inc.

Stone J. M. (1982). *How to Volunteer in Social Service Agencies.* Illinois: Charles C Thomas Publisher.

Weinbach, R. W. (1998). *The Social Worker as Manager: Theory and Practice* (3rdnd ed.). New York: Longman.

Weinbach, R. W. (1994). *The Social Worker as Manager: Theory and Practice* (2nd ed.). New York: Longman.

Weiner, M. E. (1990). *Human Service Management: Analysis and Applications* (2nd ed.). Belmont, California: A Division of Wadsworth, Inc.

Wolf, T. (1984). *Managing a Nonprofit Organization.* New York: Fireside.

丁仁傑，1997，《社會脈絡中的助人行為：台灣慈濟功德會個案研究》。台北：聯經出版事業公司。

內政部，1994，〈台灣地區國民生活狀況調查報告〉。台北：內政部。

內政部，1996，〈台灣地區國民生活狀況調查報告〉。台北：內政部。

內政部，1997，〈台閩地區八十六年度志願服務績效評鑑報告〉。台北：內政部。

內政部，1997，〈老人狀況調查〉。台北：內政部。

內政部，1997，〈台灣地區國民生活狀況調查報告〉。台北：內政部。

內政部，1998，〈台灣地區國民生活狀況調查報告〉。台北：內政部。

內政部，1999，〈台灣地區國民生活狀況調查報告〉。台北：內政部。

內政部，2000，〈台灣地區國民生活狀況調查報告〉。台北：內政部。

內政部，2001，〈台灣地區國民生活狀況調查報告〉。台北：內政部。

內政部，2002，《推動志願服務成果報告彙編》。內政部出版。

內政部社會司，1997，《社會福利輯要》。內政部社會司。

王順民，1994，〈自願性行動與社會〉。《社區發展》，65，61-68。

王順民，2001，〈宗教關懷與社區服務的比較性論述：傳統鄉村型與現代都市型的對照〉。《社區發展》，93，42-58。

王瑋、李選等譯，1988，《人類發展學：人生過程整體探討》。台北：華杏出版公司。

王麗容，1992，《婦女參與志願服務工作模式之研究》。台北市政府社會局。

王麗容，1995，《婦女與社會政策》。台北：巨流。

台灣省政府社會處，1988，《志願服務工作手冊》。南投：台灣省政府社會處。

台灣省政府社會處編，1988，《如何推動志願服務》。南投：省政府社會處。

江昭青，2000，《中國時報》，2000年4月27日。

何永福、楊國安，1993，《人力資源策略管理》。台北：三民書

局。

余佩珊譯，1994，《非營利機構的經營之道》。台北：遠流圖書公司。

吳美慧、吳春勇、吳信賢，1995，《義工制度的理論與實施》。台北：心理出版社。

吳淑瓊、張明正，1997，《台灣老人健康照護之現況分析》。台中：台灣省家庭計畫研究所。

吳惠玲，1990，《高科技公司人力資源管理型態之實證研究》。台大商學研究所碩士論文。

呂玉珍，1994，〈推展暇齡志願服務〉。《社會福利》，29-30。

李良哲，2000，《非營利組織志願工作者離職相關因素之探討研究——以救國團義務張老師為例》。文化大學兒童福利研究所碩士論文。

李芳銘，1988，《志願工作者對督導認知及其滿意程度之研究》，東海大學社會工作研究所碩士論文。

李茂興、余伯泉譯，1995，《組織行為》。台北：揚智文化。

李淑珺，2000，《志工實務手冊》。台北：張老師出版社。

李鍾元，1993，《建立文化機構義工制度的研究》。臺北：行政院文化建設委員會。

林宛瑩，1995，《文化中心義工組織承諾及相關因素探討之研究》。師範大學社會教育研究所碩士論文。

林東泰，1997，《青年對志願服務之看法》。台北：行政院青年輔導委員會。

林昭文，1996，《志願服務是什麼》。台北：中華民國志願服務協會。

林美珠，1994，《家庭主婦持續參與志願服務對家庭之影響》。東海大學社會工作研究所碩士論文。

林勝義，1986，《激勵理論在社會福利行政上之應用——兩因素工作滿足理論調查研究》。台北：楓城。

林勝義，1990，《建立社教機構義工制度之研究》。教育部社教司。

林勝義，1994，〈國內志願服務整體規劃——全國性義工調查綜析〉，《社區發展》，65，11-16。

林勝義，1994，〈志願服務與社會教育〉。《社區發展》，67，339-342。

林萬億，1992，《台灣地區社會意向調查》。中央研究院中山人文社會科學研究所。

林萬億、林振春，1992，《現行公務機關志（義）工人力運用情形之探討》。台北：行政院研考會。

林維言，1999，〈我國老人福利政策與現況〉。《高齡者安養關懷行動方案研討會手冊》。台北：中華民國社區教育學會。

林瓊雲譯，1993，《美國「國內志願服務法概要」——從一九八九年之修正內容談起》。臺北：內政部社會司。

社會大學，1993，《全國義工（志工）調查》。財團法人社會大學文教基金會民意調查中心。

青輔會，1997，《青少年白皮書》。青輔會。

保德信人壽，2001，《青少年服務學習教師手冊》。台北：保德信人壽。

保德信人壽股份有限公司，2002，《「2001青少年義工菁英獎」報名統計分析》。保德信人壽股份有限公司。

施教裕，1998，〈老人福利社區化之理念與運作實務——以社區獨居老人為例〉。全國獨居老人需求與社區照顧研討觀摩會。高雄市政府社會局。

施孋娟，1985，《志願服務人員工作動機與工作滿足之研究》。東

海大學社會學研究所碩士論文。

洪榮昭，1986，《人力資源發展——企業培養人才之道》。台北：
　　遠流。

陳金貴，1994，《美國的非營利組織人力資源管理》。台北：瑞
　　興。

梁偉康，1990，《社會服務機構行政管理與實踐》。香港：集賢。

孫建忠，1988，〈民間參與社會福利的理念與方式〉。《社區發
　　展》，42，10-11。

徐中振，1998，《志願服務與社區發展》。上海：三聯書店。

徐立德，1996，〈政府領航、人人參與——談擴大運用志工參與公
　　共事務〉。《人事月刊》，22（3），12-15。

桂世勛，2000，〈上海城市社區老年志願者的工作狀況及改善對
　　策〉。《浦東新區社區志願服務研討會文集》，88-92。

馬慧君，1996，《志願服務工作者參與類型之初探——以埔里五個
　　團體的志工為例》。國立暨南國際大學社會政策與社會工作研
　　究所碩士論文。

高瑞明、楊震東，1994，《高雄美術館義工行銷之研究》。高雄志
　　願服務協會。

張文眞，1994，《桃園市婦女的生活型態與參與體育場志工動機之
　　研究》。國立體育學院體育研究所碩士論文。

張火燦，1996，《策略性人力資源管理》。台北：揚智文化。

張東隆，1984，《企業人事管理型態、技術及結構對組織效能之影
　　響》。政大企管研究所博士論文。

張玲如、張莉馨、李毓珊，1997，《志願工作者參與精神醫務服務
　　工作動機與工作滿意度之探討》。高雄市立凱旋醫院。

張英陣，1997，〈激勵措施與志願服務的持續〉。《社區發展》，
　　78，54-64。

梁慧雯，1998，《老人居家服務志工持續參與服務因素之探討——以祥合計畫為例》。東海大學社會工作研究所碩士論文。

梅高文，1994，〈公民意識與志願服務〉。《社區發展》，65，57-60。

許士軍，1982，《管理學》。台北：東華。

許釗娟，1998，〈長青綜合服務中心業務現況報告〉。全國獨居老人需求與社區照顧研討觀摩會。高雄市政府社會局。

郭芳汝，1997，《志工選擇服務醫院之關鍵因素及其決策行為之探討》。國立東華大學企業管理研究所碩士論文。

郭登聰，1997，〈民間力量與政府之間關係探討：一個內在結構的思考〉。《社區發展》，78，65-72。

陳庚金，1995，〈員額精簡政策之推動與運用志工參與公共事務之構想——民國八十四年十一月九日於行政院第二四五次會議專案報告〉。《人事月刊》，22（2），6-12。

陳怡寧，1998，〈公部門建立志工組織之探討：以台北市交通義勇警察大隊為例〉。東吳大學政治學系。

陳武雄，1987，《志願服務應有的認識與作法》。台北：中華民國志願服務協會。

陳武雄，1995，〈社會資源與志願服務〉。《志願服務論見選集》。台北：中華民國志願服務協會。

陳武雄，1997，〈我國志願服務工作推展之回顧與前瞻——從祥和計畫之推廣談起〉。《社區發展》，78，5-13。

陳武雄，2002，《志願服務——基礎訓練教材》。台北：中華民國志願服務協會。

陳武雄，1983，《以色列的志願服務》。臺北市政府社會局。

陳金貴，1994，《美國非營利組織的人力資源管理》。台北：瑞興。

陳秋燕，1998，《社區老人參與「社會服務」對其心理社會影響之前驅性研究》。國立陽明大學社區護理研究所。

陳儀珊，1988，《婦女志願工作者之研究》。東海大學社會工作研究所碩士論文。

陳燕禎，1995，〈志願服務工作在老人安療機構中之營運與實務分析〉。《社會福利》，119，44-49。

陸光，1989，《我國社會福利志願服務法之研擬》。臺北：中華民國社區發展研究訓練中心。

陸光，1993，《如何充分運用老人人力之構想》。迎向二十一世紀志願服務會議。

陸光，1994，〈我國志願服務推展之過去、現在及未來〉。《社區發展》，65，4-10。

曾中明，1993，〈老年人的社區參與──志願服務〉。《社區發展》，64，94-96。

曾華源，1980，《志願工作者督導工作基本原則之探討》。台北市志願服務協會。

曾華源，1996，〈如何落實政策推展，研訂志願服務法規〉。《迎向二十一世紀志願服務會議實錄》。中華民國志願服務協會，139-146。

曾華源，1996，《如何加強志願服務以促進社區發展》。全國社區發展會議資料。台北：內政部。

曾華源，1997，〈人群服務組織志願工作者人力運用規劃之探究〉。《社區發展》，78，28-34。

曾華源、郭靜晃，1999，《少年福利》。台北：亞太。

曾華源、郭靜晃，2001，《設置地方志工中心可行性之研究》。行政院青輔會。

曾華源、鄭讚源、陳政智，1998，〈志願服務工作發展趨向──以

祥和計畫志願服務之推動爲基礎〉。內政部社會司委託研究。

曾燈友，1998，〈財團法人濟興長青基金會辦理獨居老人關懷工作經驗分享〉。全國獨居老人需求與社區照顧研討觀摩會。高雄市政府社會局。

曾騰光，1994，〈大學生對志願工作特質的認知和參與意願之研究〉。《東海學報》，35，151-172。

曾騰光，1996，《志願工作機構人力資源管理策略對志願工作者組織承諾影響之研究——以救國團爲例》。台北：張老師文化出版社。

馮燕等人，2000，《青少年志願服務工作概況調查》。保德信人壽股份有限公司。

黃　蒂，1988，《生命線志願工作人員工作價值與工作滿足之研究》。東海大學社會工作研究所碩士論文。

黃孟藩、趙苹、王鳳彬，1995，《管理概論》。台北：五南。

黃明慧，1986，《志願服務機構組織環境與志願工作者工作滿足之研究——以張老師爲例》。東海大學社會工作研究所碩士論文。

黃春長，1985，《志願工作者機構認同和工作滿足之研究》。東吳大學社會學研究所碩士論文。

黃英忠，1996，《人力資源管理》。台北：三民。

黃淑霞，1989，《台北市兒童福利機構志願工作者持續服務意願相關因素之研究》。中國文化大學兒童福利研究所碩士論文。

黃舒玲，1994，《助人協談志願服務人員角色壓力與離職傾向之相關研究》。東吳大學社會工作研究所碩士論文。

黃源協、許志玲，1997，〈福利服務民營化趨勢下的志願服務部門〉。《社區發展》，80，88-102。

黃囇莉、李茂興，1990，《組織行爲》。台北：桂冠。

楊孝濚，1996，〈老人人力資源之規劃與老人人力銀行〉。《社區發展》，74，79-85。

楊淑玲，1996，《台北市義勇消防大隊義工制度之研究》。政治大學公共行政研究所碩士論文。

楊極東，1983，《犧牲享受、享受犧牲——談救國團義務幹部制度》。台北：幼獅。

萬育維，1997，〈從資源整合和依存的觀點論祥和計畫的未來〉。《社區發展》，78。19-27。

葉旭榮，1997，《「志工參與行為意向模式」的建構及其在志工人力資源招募的應用——以老人福利機構志工招募為例》。中山大學公共事務管理研究所碩士論文。

葉良琪，1999，《醫院志願服務管理內在動態系統之研究——以國立成功大學附設醫院為例》。暨南國際大學社會工作與社會政策研究所碩士論文。

葉俊郎，1994，〈「台北市政府社會局長青榮譽服務團實施方案」之評估研究〉。《社區發展》，65，25-41。

趙希斌、鄒泓，2001，〈美國服務學習實踐及研究綜述〉。《比較教育研究》，8，http://www.pep.com.cn/kechengjcyjs/2001-8/246.htm。

劉弘煌，1996，〈老人志願工作之運用與社區發展〉。《社區發展》，74，87-98。

劉宗馨，1989，《家庭主婦從事志願服務對自我概念的影響》。東吳大學社會學研究所碩士論文。

劉明翠，1992，《志願服務人員組織承諾相關因素之研究》。東吳大學社會學研究所碩士論文。

劉香梅，1996，〈如何落實政策推展，研訂志願服務法規〉。《迎向二十一世紀志願服務會議實錄》。中華民國志願服務協會，

147-154。

劉香梅，1997，〈推展志願服務的困境與展望〉。《社區發展》，
　　78，73-77。

劉慶仁，1999，《服務學習與教育改革》。http://www.houstoncul.
　　org/ecs/ecs99/ecs148.txt

潘中道，1997，〈志願服務人力的組織運作〉。《社區發展》，78，
　　48-53。

蔡承志，1987，《組織行為》。台北：桂冠。

蔡美華，2001，〈韓國青少年志願服務之現況與特色〉。《社區發
　　展》，93，245-254。

蔡培村，1993，〈運用退休教師人力推展成人教育可行性之研
　　究〉。《教育研究資訊》，1(6)，28-44。

蔡培村，1998，《老人的社區參與動機、參與程度與生活適應之相
　　關研究》。高師大成人教育研究所。

蔡啓源，1995，〈影響高齡者持續參與志願服務之因素探討〉。國
　　科會研究計畫。

蔡漢賢，1990，〈志願服務的涵義由來範疇與原則〉。《社會建
　　設》，74，1-7。

蔡漢賢，1990，〈志願服務政策應有之內涵──建立服務倫理之我
　　見〉。《社區發展》，58，202-211。

蔡漢賢，1993，〈變遷社會中福利團體與基金會應有的角色與功
　　能〉。《社區發展》，62，3-7。

蔡漢賢，2001，〈對聯合國推行二○○一年國際志願服務年建議的
　　回應──民間版志願服務白皮書初稿〉。《社區發展》，93，76-
　　105。

鄭讚源，!997，〈既競爭又合作、既依賴又自主──福利服務民營
　　化過程中政府與民間非營利組織之角色與定位〉。《社區發

展》，80，79-87。

蕭秀玲，1984，《志願人員對社區服務工作之認知及滿足感研究》。東吳大學社會學研究所碩士論文。

賴兩陽，1989，〈志願服務工作的社會教育功能〉。《社區發展》，47，86-90。

謝文亮，2001，《志工教育訓練與工作投入關係之研究》。中山大學人力資源所碩士論文。

鍾蕙珠，200，《新光醫院志工督導領導型態與志工疏離感之研究》。中山大學中山學術研究碩士論文。

簡秀昭，1997，《公部門志願服務工作者管理之研究》。政治大學公共行政研究所碩士論文。

顏冬榮，1996，〈台北市政府推展志願服務工作業務報告〉。迎向二十一世紀志願服務會議。

嚴幸文，1992，《醫院志願服務人員人格特質和工作滿意度之研究》。東海大學社會工作研究所碩士論文。

蘇孟秋，1999，《我國美術館志工管理之研究》。東海大學公共行政研究所碩士論文。

蘇信如，1984，〈社會服務機構中，志願工作人員之督導——理念、原則與實務〉。《社區發展》，27，30-39。

蘇信如，1985，《志願服務組織運作之研究》。台灣大學社會研究所碩士論文。

鐘任琴，1989，《救國團基層社會團務組織氣氛與義務工作同志工作滿足之相關研究》。國立政治大學教育研究所碩士論文。

關銳煊，1999，〈社區發展的新資源——老人志願服務〉。《社區服務》，8，89-91。

附錄一　志願服務法

中華民國九十年一月四日立法院制定全文二十五條

中華民國九十年一月二十日總統公布

第一條　（立法目的）

　　為整合社會人力資源，使願意投入志願服務工作之國民力量做最有效之運用，以發揚志願服務美德，促進社會各項建設及提升國民生活素質，特制定本法。

　　志願服務，依本法之規定。但其他法律另有規定者，從其規定。

第二條　（適用範圍）

　　本法之適用範圍為經主管機關或目的事業主管機關主辦或經其備查符合公眾利益之服務計畫。

　　前項所指之服務計畫不包括單純、偶發、基於家庭或友誼原因而執行之志願服務計畫。

第三條　（名詞定義）

　　本法之名詞定義如下：

　　一、志願服務：民眾出於自由意志，非基於個人義務或法律責任，秉誠心以知識、體能、勞力、經驗、技術、時間貢獻社會，不以獲取報酬為目的，以提高公共事務效能及增進社會公益所為之各項輔助性服務。

　　二、志願服務者（以下簡稱志工）：對社會提出志願服務者。

　　三、志願服務運用單位：運用志工之機關、機構、學校、法人或經政府立案團體。

第四條　（主管機關）

　　本法所稱之主管機關：在中央為內政部；在直轄市為直轄市政府；在縣（市）為縣（市）政府。

　　本法所定事項，涉及各目的事業主管機關職掌者，由各目的事業主管機關辦理。

　　前二項各級主管機關及各目的事業主管機關主管志工之權利、義務、招募、教育訓練、獎勵表揚、福利、保障、宣導與申訴之規劃及辦理，其權責如下：

　　一、主管機關：主管從事社會福利服務、涉及二個以上目的事業主管機關之服務工作協調及其他綜合規劃事項。

　　二、目的事業主管機關：凡主管相關社會服務、教育、輔導、文化、科學、體育、消防救難、交通安全、環境保護、衛生保健、合作發展、經濟、研究、志工人力之開發、聯合活動之發展以及志願服務之提升等公眾利益工作之機關。

第五條　（主管機關及目的事業主管機關之權責）

　　主管機關及目的事業主管機關應置專責人員辦理志願服務相關事宜；其人數得由各級政府及目的事業主管機關視其實際業務需要定之。為整合規劃、研究、協調及開拓社會資源、創新社會服務項目相關事宜，得召開志願服務會報。

　　對志願服務運用單位，應加強聯繫輔導並給予必要之協助。

第六條　（志工之招募）

　　志願服務運用單位得自行或採聯合方式招募志工，招募時，應將志願服務計畫公告。

　　集體從事志願服務之公、民營事業團體，應與志願服務運用單位簽訂服務協議。

第七條　（運用計畫之辦理）

　　志願服務運用者應依志願服務計畫運用志願服務人員。

　　前項志願服務計畫應包括志願服務人員之招募、訓練、管理、運用、輔導、考核及其服務項目。

　　志願服務運用者應於運用前檢具志願服務計畫及立案登記證書影本，送主管機關及該志願服務計畫目的事業主管機關備案，並應於運用結束後二個月內，將志願服務計畫辦理情形函報主管機關及該志願服務計畫目的事業主管機關備查；其運用期間在二年以上者，應於年度結束後二個月內，將辦理情形函報主管機關及志願服務計畫目的事業主管機關備查。

　　志願服務運用者為各級政府機關、機構、公立學校或志願服務運用者之章程所載存立目的與志願服務計畫相符者，免於運用前申請備案。但應於年度結束後二個月內，將辦理情形函報主管機關及該志願服務計畫目的事業主管機關備查。

　　志願服務運用者未依前二項規定辦理備案或備查時，志願服務計畫目的事業主管機關應不予經費補助，並作為服務績效考核之參據。

第八條　（運用計畫之核備）

　　主管機關及志願服務計畫目的事業主管機關受理前條志願服務計畫備案時，其志願服務計畫與本法或其他法令規定不符者，應即通知志願服務運用單位補正後，再行備案。

第九條　（志工之教育訓練）

　　為提升志願服務工作品質，保障受服務者之權益，志願服務運用單位應對志工辦理下列教育訓練：

　　一、基礎訓練。

　　二、特殊訓練。

　　前項第一款訓練課程，由中央主管機關定之。第二款訓練課程，由各目的事業主管機關或各志願服務運用單位依其個別需求自行訂定。

第十條　（服務環境）

　　志願服務運用單位應依照志工之工作內容與特點，確保志工在符合安全及衛生之適當環境下進行服務。

第十一條　（服務資訊）

　　志願服務運用單位應提供志工必要之資訊，並指定專人負責志願服務之督導。

第十二條　（志願服務證及服務紀錄冊）

　　志願服務運用單位對其志工應發給志願服務證及服務紀錄冊。

　　前項志願服務證及服務紀錄冊之管理辦法，由中央主管機關定之。

第十三條　（服務限制）

　　必須具專門執業證照之工作，應由具證照之志工為之。

第十四條　（志工之權利）

　　志工應有以下之權利：

　　一、接受足以擔任所從事工作之教育訓練。

　　二、一視同仁，尊重其自由、尊嚴、隱私及信仰。

　　三、依據工作之性質與特點，確保在適當之安全與衛生條件下
　　　　從事工作。

　　四、獲得從事服務之完整資訊。

　　五、參與所從事之志願服務計畫之擬定、設計、執行及評估。

第十五條　（志工之義務）

　　志工應有以下之義務：

　　一、遵守倫理守則之規定。

　　二、遵守志願服務運用單位訂定之規章。

　　三、參與志願服務運用單位所提供之教育訓練。

　　四、妥善使用志工服務證。

　　五、服務時應尊重受服務者之權利。

六、對因服務而取得或獲知之訊息保守秘密。

七、拒絕向受服務者收取報酬。

八、妥善保管志願服務運用單位所提供之可利用資源。

前項所規定之倫理守則，由中央主管機關會商有關機關定之。

第十六條 （志工之保險）

志願服務運用單位應為志工辦理意外事故保險，必要時並得補助交通、誤餐及特殊保險等經費。

第十七條 （志願服務績效證明書）

志願服務運用單位對於參與服務成績良好之志工，因升學、進修、就業或其他原因需志願服務績效證明者，得發給服務績效證明書。

前項服務績效之認證及證明書格式，由中央主管機關召集各目的事業主管機關及直轄市、縣（市）政府會商定之。

第十八條 （汰舊車輛設備之撥用）

各目的事業主管機關得視業務需要，將汰舊之車輛、器材及設備無償撥交相關志願服務運用單位使用；車輛得供有關志願服務運用單位供公共安全及公共衛生使用。

第十九條 （績效評鑑與獎勵）

志願服務運用單位應定期考核志工個人及團隊之服務績效。

主管機關及目的事業主管機關得就前項服務績效特優者，選拔楷模獎勵之。

主管機關及目的事業主管機關應對推展志願服務之機關及志願服務運用單位，定期辦理志願服務評鑑。

主管機關及目的事業主管機關得對前項評鑑成績優良者予以獎勵。

志願服務表現優良者應給予獎勵，並得列入升學、就業之部分成績。

　　前項獎勵辦法由各級主管機關及各目的事業主管機關分別定之。

第二十條　（志願服務榮譽卡）

　　志工服務年資滿三年，服務時數達三百小時以上者，得檢具證明文件向地方主管機關申請核發志願服務榮譽卡。

　　志工進入收費之公立風景區、未編定座次之康樂場所及文教設施，憑志願服務榮譽卡得以免費。

第二十一條　（兵役替代役）

　　從事志願服務工作績效優良並經認證之志工，得優先服相關兵役替代役，其辦法由中央主管機關定之。

第二十二條　（過失侵權之賠償）

　　志工依志願服務運用單位之指示進行志願服務時，因故意或過失不法侵害他人權利者，由志願服務運用單位負損害賠償責任。

　　前項情形，志工有故意或重大過失時，賠償之志願服務運用單位對之有求償權。

第二十三條　（經費編列與運用）

　　主管機關、志願服務計畫目的事業主管機關及志願服務運用單位，應編列預算或結合社會資源，辦理推動志願服務。

第二十四條　（在國外之志工）

　　志願服務運用單位派遣志工前往國外從事志願服務工作，其服務計畫經主管機關及目的事業主管機關備查者，適用本法之規定。

第二十五條　（施行日）

　　本法自公布日施行。

附錄二　志工中心所提供方案之分類

類別	方案內容	志工中心
＊志工中心使命	1.志工中心的任務為發展、支持與增進志願主義，並給予社區中個人和組織獎勵。 2.志工中心成立於一九七四年，透過特別轉介服務讓志工和七百個非營利組織能搭上線。這些組織有災難解除、兒童服務和藝術方面之服務。 3.志工中心本身提供青年、家庭和其他機構等方面多種服務方案。	德州休士頓地區志工中心
	VCS方案 VCS是聯合勸募機構，以一個學習場所來提供服務： 1.招募。 2.轉介志工給南方Sarasota郡三百多所的NPO。 3.志工中心幫助辦理研討會。 4.協調有關活動以及捐贈物資方案。	南方志工中心
	使命——推動志工服務以建構社區領袖 HUC於一九六三成立，為社區機構選拔和轉介志工已超過三十年。志工中心服務對象有藝術、教育、健康組織、社會服務、環境和休閒娛樂之機構。目前有二百個會員機構與十萬名志工，其志工服務是透過媒體資源和廣大網絡而來。	Hamilton Volunteer Center
	志工中心的願景 動員人們和資源，以創造性方法解決社區問題。	光明基金會
	使命 志工機會中心的使命在於成為一個高度可見的積極中心，連接社區，透過志願主義以建構更好的社區生活。	Akinfo志工中心

類別	方案內容	志工中心
社會資源媒合與訊息傳播		
⊙招募	以志願服務機會結合人們，集中徵選後，透過個人會談、指導手冊、建立資料庫等方式轉介。	光明基金會
	由Dallas郡的志工中心運用地方媒體資源，如報紙、每週一「志工服務機會」專欄、地方電視台、公共服務活動通告、社區報紙專欄，及機構自己發行的訊息，鼓勵可能參加志工的人。	Dallas郡的志工中心
	此一中心是位於Anchorage的社區，是屬於聯合勸募，透過提供資訊和轉介服務，以志工機會來找到潛在的志工。	Akinfo志工中心
志工人力資料庫	休士頓志工中心的核心方案中有超過兩千位固定時間服務之志工。有些是一直有聯絡，其他一部分是針對特定需要而才聯絡之志工。志工中心會將擔任志工之機會放在網頁上讓有需要的人自己主動聯絡。如果列出志工之機會和個人專長或偏好不符時，則可和中心聯絡。	德州休士頓地區志工中心
	災難預備（Disater Preparedness）VCS管理和保存願意和能在有危機時擔任志工者的資料。志工中心每年會依照殘障和老年人的特殊需要和災難志願服務組織行動聯盟一起提供服務，個人和企業都能在志工中心登記註冊隨時接受電召。	南方志工中心
⊙訊息傳播與提供	1.休士頓資源網絡 志工中心樂意和休士頓教育資源網絡連結，該組織之目的在於提供電子資訊和使用系統，以增進需要使用資源學生、家庭老師和學校等，能夠利用現存的資源。這些網絡的中心形貌是社區資源開發（Community Resource Inventory），對兒童和教育者差異需求上來說，其用來指出哪些是他們可用的資源和服務。2.志工服務專欄 每週六在Houston Chronicle出版，在專欄中列出大休士頓地區將來志工服務機會。	德州休士頓地區志工中心

類別	方案內容	志工中心
	俱樂部和組織的指南（Clubs & organization Guidebook） 出版小冊子內有超過七百家組織，內容有接洽方式、地點、電話等，要在何時與何處舉行。	南方志工中心
	推動長期和短期志工機會，以每個月或志工俱樂部等方案。	光明基金會
	1.Holiday Harvest（假日豐收方案） 這是志工機會的一本書，在節日時使用。該小冊子中列出各種請求，如寄養家庭、布置裝修、包裝禮物和收集食物等等。個人、公司和團體都可以使用此一免費的出版品來找出做志工之機會或捐贈。 2.「誰關心？你能」 每年都會有許多青年和父母詢問哪裡有地方讓二十一歲以下的青年做志工，故志工中心出版「誰關心？你能」（Who cares? You can）青年志工機會的免費目錄冊。每年春天出版，內容有如何找志工工作、穿什麼和志工的年齡限制等。各種機會包括營隊輔導員、旅遊導引到辦公室工作和保母（Baby-sitter），也提供學校和組織整年度找青年志工的計畫。	Dallas郡的志工中心
資源募集	慈善拍賣冒險 此一活動只設計給最多不超過二十個NPO。每年三月在休士頓社區大學中舉辦。由VCS和Tyanily資源中心（Tyanily Resource Connection）共同處理。目的在募款，內容還有吃的、玩的和特賣會。	南方志工中心
	許願書（Wisk book） 要改裝辦公室或更新舊有的設備。VCS編的許願書之目的在引導想當志工或捐贈機構所列之清單上的東西；單上所列有需要哪些東西、志工人力做些什麼事或向誰聯繫。VCS接受各公司零售商或個人捐贈新的和使用不久之東西。各組織繳出他們希望清單（Wish List），然後付極低之費用可刊在*Wish Book*中。該書將分送一萬兩千五百家庭和企業，捐贈之東西都可負擔。	南方志工中心

類別	方案內容	志工中心
	1.捐贈物資 此一方案以「雙贏」之詞點出完全運用物資對雙方均有利益。捐贈公司、社區過剩的和稍使用過的物資,搭配有需要此物之NPO。其中先由NPO提出需要哪些東西以便完成使命(國內亦需要有此方案)。機構可以接受捐贈物資而省下不少經費來做行政費(如何徵信NPO不會亂要東西且確實有需要)。 2.快樂潮(Glad Tide) 一九八七年開始推動此一方案。志工中心向大眾募款,然後購買各種雜物券當成禮物,即日送出。這些錢沒有用在行政工作上,送的對象是常受忽視或處境險惡的人,有老人、慢性疾病患者,以便他們能夠換食物和其他日常生活用品。	Dallas郡的志工中心
*資源運用	分享使用電腦時間 以極低之費用提供NPO有機會共同使用軟硬體機會。這些NPO是還沒有電腦化或設備極落伍。此一方案提供即刻使用,有訓練錄影帶和簡介教人們如何使用電腦設備,使他們馬上可用。	南方志工中心
*志願服務宣導	志工報導 Houston市的Municipal Chhnnel 合作播出電視節目,主題在報導休士頓非營利組織所做的工作,包括深度訪問組織員工和志工,W. Black 是節目主持人。該節目每週二整天有六次播出的時間。	德州休士頓地區志工中心
	Sarasota郡的媒體指南 有四十頁,媒體有報紙、雜誌、收音機、廣播和有線電視,內容有接洽方式、地點和電話、媒體類型和接受哪些組織公共目的而做的事,也列出那些可以給NPO使用的特別節目。	南方志工中心
	分享之牆(Wall of Sharing) 將全郡各組織的志工能放在櫥窗中,地點在大賣場外或購物中心,配合春天全國志工週辦理。每個組織可以列出使命、方案目的和百位志工。	南方志工中心

類別	方案內容	志工中心
	1.正式發起和支持大眾媒體之活動，透過廣播、報紙專欄、公益廣告、全國性免費服務專線等等，來推動志工服務。 2.透過演講、志工集會、募款為主的電視節目來招募志工和增加志願服務意義。 3.教育決策者和思想上領袖有關志願服務的重要性。	光明基金會
	志工導向（發現可能當志工的人） 有興趣擔任志工的人，在許下承諾之前，想知道更多事的話，志工中心「發覺可能性，志工人」的服務，提供每季舉辦一次導向活動，讓有心人有機會參訪有代表性的NPO，瀏覽志工中心資料庫，與人面對面談他們做志工的興趣。此一方案有關於如何選擇和對志工有何期待之特別報導之訊息。這一免費活動是公開給社會大眾而且遍及整個郡。	Dallas郡的志工中心
＊志工教育訓練	1.家庭事務 由全國性光明基金會推動的。主要在使不分年齡層的家庭成員從事志願服務傳統，使全國各社區增加榮譽和生活品質。 2.健康教育角色發展之機會 此方案的主要對象在十六至二十一歲的年輕人，志願投入醫療領域中，提供親身經歷，已決定協助他們是否追求健康專業之生涯。除此之外，亦安排訪視和特別計畫以補充他們的志工經驗，和健康照顧專業人員配合，以便對地方教育和生涯計畫提供忠告。	德州休士頓地區志工中心
	1.志工中心成人志工訓練 擔任高危險群孩子的良師益友和鼓勵他們解決問題和決策技巧……等是方案的主要內容。志工中心協助各地少年以解決問題決策模式訓練他們服務社區，尋找適當的服務機會以及幫他們尋找獎學金之機會。 2.服務學習協會 這是為全體NPO的組織。此一組織同意在他們機構的方案活動中任用少年志工，以便提供給少年參與刺激與挑戰之機會。成員每年聚會幾次討論給少年志工哪些新機會和寫下他們的需要。此一組織是隸屬於VCS網絡的成員。	南方志工中心

類別	方案內容	志工中心
	教育 由志工中心共同處理的事，諸如社區理事會、志工管理會議，以及每個月的訓練專題討論，都吸引許多NPO的專業人員前來參加，以便學習最新的志工管理技術。機構也會前來志工中心請教如何建立和管理志工方案，招募、激勵和讚賞志工，管理特殊事件等等，志工中心也是提供統計、樣本文件、書籍和發表有關志工報告等的資源。	Dallas郡的志工中心
*對NPO的服務	過濾有犯罪前科的人 志工中心訓練機構來過濾協助易受害的人口群之志工，協助組織降低風險，以免兒童受害。	德州休士頓地區志工中心
	1.成就研習會（Success Seminars） 持續性管理教育和網路運作是此一研習會系統的主要好處。由該地區有特殊能力的專業人員分享志工管理和留住志工、募款、如何寫補助款申請計畫、宣傳和行銷與財務管理等方面之作法。志工中心也提供志工管理資料之資源中心、董事會發展和管理培訓等方面之課題。有書及影帶可供參考。 2.企業夥伴（Business Partners） 各企業代表組成，以社區之企業為主。每季舉行聚會一次，讓各代表知道非營利社區之現存議題，特別事件之機會和有何方法使其公司能融入社區中，資源訊息也隨時可給企業，以建立和管理企業志工方案。	南方志工中心
	1.提供志工管理訓練諮詢和直接支持NPO和其他組織（如學校、地方政府、信仰團體、企業等）。 2.分享志工管理資源之資訊，透過通訊報導、收費圖書資料（lending libraries），和線上資源網路。 3.到志工管理者和領導者的專業人員協會去做報告，諸如企業志工協會、志工機構主任等等。 4.對志工特殊團體提供訓練和支持，如未來的董事領導者。	光明基金會

類別	方案內容	志工中心
	1.明室方案（Clearing-house） 機構需要協助來整理時，由Dallas郡的志工中心運用地方媒體資源，如報紙、每週一「志工服務機會」專欄、地方電視台、公共服務活動通告、社區報紙專欄及機構自己發行的訊息，鼓勵可能參加志工者伸出援手。依據地點、時間、需要人力等來建構資料庫，以便能做最佳媒合工作。每年有七千件特別的事件而有九萬一千人參加組織的服務活動。 2.Dallas郡的志工中心，每年服務超過一千一百個NPO，推動志工觀念和轉介人力、物質資源。這些資源是由當地企業慷慨捐出。志工中心企業服務部門的不表示催化此一雙贏的關係。不論是計畫轉介、資訊交換或志工事務之協調，志工中心努力創造企業與NPO之間有意義並互利的聯盟。志工中心提供會員的身分，使公司能滿足員工志願服務方案之需要。	Dallas郡的志工中心
	1.此一中心提供訓練、技術支援、諮詢和其他資源，包括：志工管理方案。 2.中心在地方性專業組織-Anchorage的志工行政人員協會中相當活躍。每月舉行聚會，每年兩次針對志工管理者和協調者所關心的議題辦理訓練。	Akinfo志工中心
*社區服務	1.社區暑期方案 請社區中的組織提供機會聘暑期大學之學生，協助提供社區重要的服務，八週的方案使學生有親身體會並瞭解非營利組織的機會。 2.休士頓的許諾（Houston's Promise） 這是以整個社區為主的自發性方案，以便在公元二〇〇〇以前服務二十萬有需求的兒童。志工中心帶頭結合非營利組織、政府部門以及企業部門此一空前合作案，有信心共同來確保兒童有一個健康、生產力的生活。這是一個三年的運動，包括公共覺醒、溝通和教育，來全面性招募人力，以滿足兒童生活中互動的重要需求。	德州休士頓地區志工中心

類別	方案內容	志工中心
	HP 的五個目標為： ・安全的學習與成長環境。 ・健康的啓蒙環境。 ・在教誨關係中有個細心照顧的人。 ・藉由有效的教育而學習有用的技能。 ・有機會回饋社區。 志工中心在創造休士頓兒童長期的社區教育、調和志工的心願和安置工作，以及在滿足孩子的需求之外，還灌輸孩子終身擔任志工的倫理觀念。	
	1.讓這天不一樣（Make A Difference Day）這是提供一天機會的計畫，用來找出社區要求和集合社區以發現滿足這些需要之創造性辦法。這些人或團體或NPO在十月最後一週六集合起來，其中會有五十多個組織在此活動中獲益。 2.Prime Time Family 特殊目的的方案來甄選和轉介家庭給NPO，可以是一天的工作或固定的工作，諸如清潔海灘、家庭教師、煮食或參與十月的「讓今天不一樣」活動，這些都是家庭志工的選擇。	南方志工中心
	1.管理和改進整個社區服務的事件，諸如 Make A Difference Day、Day of Caring 或大規模社區清潔活動。 2.針對特殊人群規劃志工服務方案，包括以家庭、青年、老人、勞工或法院轉介的志工服務。 3.志工中心本身所從事的直接服務方案，如家庭教室或Tutoring等方案。 4.辦理社區集會，催化行動。 5.Volunteer-run gun buy-back program、預防酒醉駕車方案、welfare to work effort 等等。	光明基金會

類別	方案內容	志工中心
	1.社區服務賠償（restitution） 一九九七年有八萬個社區服務賠償的志工貢獻出三萬小時。這是替代進入監禁而以服務時數來支付費用。這是被法官判決要向觀護人學習負責任，並做對社區有益的事。自一九八一年起實施，對象是非暴力者。由法院指定從事志願服務作為觀護條件，必須在仔細的會談和安置計畫中進行。今日以相同的程序安置這些人擔任油漆、清潔、園藝、烹食及其他有幫助性的工作。 2.犯罪背景查核方案 避免有虐待傾向者參與對兒童等易受傷和弱勢者服務工作。其他諸如身心障礙、老人服務方面檢查工作是篩選志工重要過程之一。 3.社區暑期工作方案 由某一企業提供七十五個地方性NPO機構的機會，補助社區學生八週費用，到社會、文化、健康服務等非營利組織中工作，實習工作從個案工作者到公共關係助理都有。 4.良師中心（Mentor Center） 這是志工中心和大哥哥大姊姊們合作之方案，這是想協助機構建立有效的良師方案（Mentoring program），協助機構找出合格的志工擔任良師。志工中心提供訓練機會，以及做個志工的應有認識。 5.Dallas郡的青年領袖 此一活動把各不同文化之高二學生集合起來，再次肯定他們的共有特質和差異處，並培養領袖才能。這些人由學生會成員到鄰里幫派成員都有，討論主題有：做志願工作、刻板印象與偏見、性關係的責任、酒與藥物濫用、社區參與，以及社區中不同文化藝術空間。	Dallas郡的志工中心

類別	方案內容	志工中心
	志工中心也參與兩個社區建基活動，在秋冬分別舉行關心日（Day of Care）和真心付出（Giving from the Heart），有幾百位社區居民參觀各種不同志工活動。	Akinfo志工中心
*志工獎勵	Awards Programs（分心跳點和Aurora Award） 心跳點：每年春天全國志工週和志工中心贊助學生年會時舉辦。特別展出志工精神，其中地方機構、組織與個人志工會刊列在各類獎項中。在此同時，也可以拿到推薦表格。 Aurora獎：是給傑出女性獎勵，分為九類，每年五月舉行。個人組織和機構都可推薦人選，此一方案和Women's Support Center合辦，推薦表可在二月時索取。	南方志工中心
	讓大眾有機會感謝傑出的志工和志願團隊，透過獎勵方案、全國志工週活動以及非正式讚賞。	光明基金會
	傑出志工年度獎勵 每年志工中心花時間向社會公開上百位相當有貢獻的志工。此一獎勵在頌揚志工精神情操、慷慨、創造力和精力。一月時各機構或個人提名，由社區舉辦評估會，就兩百多位來自各年齡層、種族和背景的志工中挑選獲得獎勵者，然後在春天的正式午宴上頒獎。	Dallas郡的志工中心
*全國性計畫	假日計畫 這是全國性計畫，主要功能是組織志工訪視在養護之家、醫院和其他機構中不能自由行動之病人。最有名的或許是耶誕日訪視。另有其他各地贊助者訪視。	德州休士頓地區志工中心
	全國志工週 每年春天對社區服務者特別關照，NPO在這一週裏接待各區之志工。VCS贊助心跳點活動來認識社區志工。	南方志工中心

附錄三　光明基金會與志工中心合作的策略計畫

一、導論

歷史和理論基礎

志工中心（volunteer centers）是提供志願服務最主要的領導階層和資源組織。全國計有四百五十個地方性志工中心。光明基金會主要與全國四百家志工中心，以及積極準備籌設志工中心的社區一起推動志願服務工作。

第一家志工中心於一九一九年在明尼亞波利斯（Minneapolis）成立，原先的名稱是「志工局」（Volunteer Bureau），而後志工中心蓬勃發展，一家家成立，其服務項目和範圍也隨之擴大。一九七〇年「全國志願行動中心」（National Center for Voluntary Action, NCVA）成立了「志願行動中心」（Voluntary Action Centers, VACs），取代當時的「志工局」。VACs致力於發掘社區內的問題，然後動員志工，並且協助志工去解決問題。事實上，大多數的志工中心最主要的工作放在協助非營利性組織招募志工。「志願行動中心」（VACs）成爲NCVA以及接續它的「全國志工中心」（National Volunteer Center）最主要的機構。到了一九八〇年代中期，大家把「志願行動中心」改稱爲「志工中心」，這種轉變反應出該中心工作主要是在招募並推薦志工，而不是親自去替社區解決問題的「志願行動」。一九九一年光明基金會（以下簡稱基金會）與「全國志工中心」合併後，也肩負起新責任，做爲全國的志工中心的資源提供

組織。

早期，光明基金會根據「志工中心發展計畫」提供各地成立志工中心的經費，加強他們的工作能力，研發設立社區聯絡網的模式，推廣地方的志願服務。一九九三年，基金會帶動了一項盛大、理想遠大的全國志願服務運動，其中包括地方的志工中心研擬的「VC二〇〇〇展望」——「未來的志工中心善用人力及資源，用創造性的方法解決社區問題」。基金會大力協助志工中心網的能力、定位和效益的提升。

之後三年，志工中心密切地與當地的志工團體領袖開會、培訓人才、記錄工作進展。到了一九九七年，有76％的地方志工中心採用「VC二〇〇〇展望」，並有69％的志工中心開始進行「VC二〇〇〇展望」的計畫，動員人力及資源，幫助社區解決問題。

一九九七年四月，志工中心網和基金會合辦了一項「『為美國未來』的總裁高峰會」（the Presidents'Summit for America's Future），他們在全國以及地方上都扮演領導的角色，召集代表，籌辦地方高峰會，同時共同推動一項讓百萬青年有服務機會的運動。自此志工中心成為全國體系一環，建立一致的理想目標，並攜手為這共同的理想努力，這是志工中心網的地位以及力量的一大轉捩點。這也是志工中心第一次共同地為優先的全國性的需求而努力。

一九九八年初，基金會決定該研擬長期策略做為下一階段志工中心發展的方針。這項為期五年的發展計畫已經成為基金會工作的優先策略，以支持志工中心下一步的發展。我們透過下列密集合作的規劃過程去尋求發展共有的優先順序和瞭解市場中的工作：

建立公元二〇〇〇年願景

由市場區隔確立志工中心的發展和期望（例如：大、中、小、

新的志工中心，聯合勸募中心和董事中心），從發展志工中心計畫整合我們的評估和研究，發現包括主要內部和外部利害關係人的直接貢獻。

志工中心市場：志工中心的網絡是基金會在地方社區的主要夥伴，在一九九七年，基金會的董事會正式確認志工中心是基金會的優先市場。志工中心網路成為基金會達成任務的共同夥伴，以鼓勵更多人員更有效地參與社區志願服務，幫助解決嚴重的社會問題。透過他們地方上的志工中心，每年有超過一百萬的人員從事志願服務，使得此網絡成為全國驅動民眾為社會貢獻的最大服務系統。

在基金會中，我們的工作主要是與志工中心以夥伴關係結合在一起，這個計畫被設計去幫助與基金會所有相關的其他市場以及基金會的所有分掌執行單位，以整合和導引我們的共同工作能夠與此市場相關聯。

過程

在過去的九個月，我們已經將基金會與志工中心工作的次一階段做成工作流程圖，我們積極地尋找策略性計畫的參與和投注許多的影響力，伴隨著諮詢人員的意見，志工中心發展部門企圖去設計一種能讓重要的利害關係人有最大參與機會的過程：

基金會的董事會：(1)在一九九七年十二月同意為開創計畫的目的和過程；(2)任命領導幹部和董事會的贊助商；(3)在一九九八年十月評估最後的計畫。

董事會的方案委員會任命領導幹部及董事會的贊助者；同時在一九九八年九月評估計畫的草案，以便推薦給董事會。

方案委員會任命志工中心工作小組，協助職員訂定規劃方案過程中要考慮的重要議題大綱，並評估計畫草案。

規劃團隊：一個由基金會董事、志工中心執行長和外部顧問所

組成的團隊，評估一整套的董事策略和指導原則，同時指導分析影響市場的外在趨勢。

志工中心全國評議委員會：議會透過全國社區服務大會的會議、每個月的會議及規劃團隊和設計團隊的陳述，在規劃過程的每個階段中，協助創造志工中心的目標和過程，並提供密集的工作投入。

志工中心：全體的二百七十個志工中心投入和幫忙形塑這個計畫。經由全國的競爭所選拔出四十四位志工中心執行長和董事們，共同參與一個爲期兩天的設計團隊活動，商討在市場區隔下，訂出他們的系統發展優先順序。同時這些代表各型的新中心、聯合勸募中心，和中心領導者以及中心的董事，也建議有關志工網路的全國性，以及與基金會之關係。這個設計團隊是建立在二百二十位志工中心領導者在全國社區服務大會的早餐會報所貢獻出的意見上，所有的志工中心成員接到一份計畫的草案，有八十七位透過兩次的全國會議的議程提供附加的意見。

基金會職員：在資深副總裁方案的引導下，志工中心發展部門的職員籌劃整個過程，促成所有的會議，以及擬訂計畫。

一個半天的規劃會議，草案大多傳送給其他職員會議，提供基金會所有推動方案的職員去擬定計畫，並且將它的策略與其他市場中的工作加以整合。

指導原則

下列的指導原則代表基金會工作與志工中心網絡的策略計畫的一種哲學架構，這些原則已經由規劃過程中所有參與者的同意：

志工中心網絡是基金會的共同夥伴，經由達成推動更多人員更有效地參與社區志願服務的任務，以幫助解決嚴重的社會問題。

志工中心和基金會的夥伴關係增加工作效率，同時彼此相互推

動更接近達成他們個別的目標。

結合利害關係人的主要團體，經由志工中心的全國評議會和其他方法產生的回饋，基金會持續加強與志工中心的夥伴關係。

外在趨勢基金會的工作將協助擴大有關規劃團隊所確認的下列外在趨勢的機會，以做為對志工網絡的最大衝擊：

變遷中的人口統計學正提供機會以增加多元的人口涉入，例如志工、消費者和組織的夥伴，如同董事們和職員的多元化。

對產出本位決策訂定的需求增加，需要測量和顯示方案結果的新策略。

新技術在顧客群中創造出一種立即性的心態，同時呈現有利於合理化溝通、外展、網路、訓練和展示功能的機會。

美國未來的總裁高峰會議和接續的媒體興趣已經明顯地提升志願服務的能見度。非傳統志願服務的草根性新生運動，以及服務學習的湧現，提供開拓新志工人口的機會。

志工時間競爭的增加，促使管理人員在時間限制內與工作特殊化的機會中，建構其志工方案。

二、五年策略計畫：1999-2003

目標範圍：

1.聯合志工網絡和身分確認。
2.領導發展。
3.技術協助。
4.新志工中心。
5.夥伴發展。
6.技術。

7.研究和評估。

目標一：聯合志工網絡和身分確認

我們的公元二○○三年的願景：志工中心網絡和基金會有一個一致的確認，將他們定位在美國志願服務的共同領導者。在動員人員和資源，以輸送社區問題解決的創造性方法上，志工網絡受到公眾的肯定和高度的評價。

目標和行動步驟

我們將…

發展志工中心贊同的共同確認，包含核心價值、標值和服務，這將限定志工中心網絡的法人團體，同時也創造基金會和志工中心網絡的共同瞭解夥伴關係的定義。

發展一種持續的長期的全國行銷活動，經由建立共同資訊的共識和志工網絡的個案描述，以得到支持活動的經費。有關志工中心的工作可以放在讓一般大眾和標的群眾覺察和肯定上。

在主要的全國志工努力的展示中（例如總裁高峰會議），將志工中心定位為當地領導者，是經由：

1. 與其他全國性組織和團體（包括國家服務法人組織和美國的允諾組織）建立夥伴關係，以創造機會將志工中心置於國家優先的工作。

2. 支持志工中心全國評議委員會（HCVC），以完成總裁高峰會議的允諾，以提供服務和照顧成人的機會，來影響一百萬的青年。

3. 將志工中心全國評議會涉入有利於志工網絡，以及定位志工中心為地區領導者的好機會的確認行動，並在志工中心涉入

的重要性及它們對允諾行動的追隨建立共同的理解。

4.做為志工中心價值的全國倡導者，同時監控對志工中心網絡非常重要的有關公共政策的議題。

在地區或州的層級上創造基金會的新能力和風格，以增進志工中心的知名度和定位，同時輸送基金會的資源，透過：

1.大量集結志工中心的標的州和地區，或發展新中心的高度潛力。

2.與志工中心的州和地區協會以夥伴關係一起工作，以建立聯合的辦公室和活動方案。

3.探測可能的方式去尋求從事志願服務工作的州政府行政官和州公務人員是否可以擴展他們對志工中心的支持。

持續精鍊和加強基金會會員活動方案，以達到志工中心百分之百的目標。

目標二：領導發展

我們的二○○三年願景：基金會有完善的制度，協助願意獻身和具有有效領導技巧的志工中心董事及幹部，以治理和管理志工中心。

目標及行動步驟

我們將會：

為了志工中心董事和職員發展，以及維持有效的溝通資訊分享和網絡機制，其方法如下：

1.建立對志工中心董事會主席和顧問委員會持續不斷的聯繫。

2.發展或提供一種讓董事們能得到有關治理議題的時事通訊。

3.全面使用網際網路,以共享資訊,同時也發展網頁和推動網路交談。

4.持續與志工中心職員溝通(例如,志工中心的公告)。

發展與維持訓練和發展系統,以有效支持志工中心的董事們和職員,經由下列方式:

1.為志工中心執行長、董事們及職員等不同層級人員成立全國性的領導學院,以培訓他們的知識和技巧,同時針對不同志工中心市場部分的需求,使用面對面訓練、遠距離學習和套裝式的學習資源,在更高層級的領導訓練方案,則採取和學術機構以夥伴關係合作的方式進行。

2.發展一種評估過程,以確認志工中心執行長在不同市場中所需要的主要能力,同時使他們能夠評估自己的熟練程度。

3.發展導引訓練和一般訓練的套裝訓練資訊,以提供地區性志工中心使用在新的執行長及董事們的訓練上。

4.針對特定志工中心市場部分(包括董事們)的標的會議,使用互動、自我導向的研討會及圓桌會議方式,讓全國社區服務大會可以有學習的機會。

5.提供志工中心高品質的基本訓練方案和工具的訓練通路,其課程要包含主要的非營利管理領域,例如基金籌備、人力資源、財務和行銷等。

6.確定訓練資料,包括組織各層級中多元化重要性的基準,以反應地方社區的多元化。

目標三:技術協助

我們的二〇〇三年願景:基金會在技術協助方面的支持是積極的,而且回應志工中心正在改變的需求。

目標及行動步驟

我們將會

發展一個由全國高效率的基金會職員，志工中心職員和董事們共同組成的團隊，針對基金會所確認的特定志工中心社群，給予深度的技術協助和工作上的支持。

發展出一個由基金會職員中的技術專家所組的團隊，他們對橫跨組織的各部門（例如：青年志工，企業志工方案）及功能議題（例如：行銷財務發展）等提出技術方面的忠告。

提升最好的實務運作的貢獻，同時當做是創新意見的主要來源，這些都要經由：

1. 擴大使用網際網路，以及能提供通路取得最好實務和示範方案的消息，通常這是做為志工中心職員和董事們詢問問題之用。
2. 發展志工中心的系統，以便與其他志工中心交換他們的產品和服務。
3. 創造認可的活動，以確認創新的方案、實作和產品，同時宣傳這些概念。
4. 參與地區、州、全國及國際志工中心的聚會和會議，以分享和蒐集資訊。
5. 發展提供志工中心職員進行全國性和國際性的交換或實習方案。

建立志工心的能力，以發展和維護他們自己的財務資源，經由：

1. 建立社區基金會和其他地區及全國性基金會的夥伴關係，以平衡當地支持志工中心的資源。

2.建立基金會及企業會員和企業志工評議會的夥伴關係，以引起他們對志工中心的興趣和支持。

3.為董事們和職員創造基金發展訓練和相關資源。

4.蒐集和分享能接近社區資源的消息，例如當地的基金會、政府、大學、企業這類的資源。

協助志工中心建構他們的職員和董事的能力，經由：

1.探測志工中心職員對利益分享計畫的期望。

2.發展出一種過程，使得中心在轉換過程中，能請退休或前任的志工中心行政主管擔任臨時主管，或是當現任主管的導師。

3.與基金會的企業會員一起工作，以確認志工作中心的潛在董事，以建立當地董事會的多元化。

4.協助志工中心推展全國的工作機會。

目標四：新志工中心

我們的二〇〇三年願景：基金會對成立志工中心產生興趣，同時以願景、技巧和資源來加強其興趣，這些對於有效開創中心都是需要的。

目標和行動步驟

我們將會

針對國家的特定地區發展新志工中心設定全面規劃的策略，這策略必須考量一些因素，例如尚未有志工中心的都市地區，只有少數志工中心的州，以及有很大需求的地區等。

增加有興趣對開創志工中心的社區數目，經由：

1.與州和地區協會下的志工中心、州政府的行政主管及政府人

員、社區基金會國家組織和基金會的企業會員一起確認有高度潛能的社區。

2.志工中心透過其他團體和媒體來敘說志工的故事，以引起大眾的興趣。

3.發展衛星式的辦公室模式，並決定何時是服務新社區的適當途徑。

4.發展鄉村志工中心的成功模式。

提供社區要成功開創志工中心所需要的願景和技巧，經由：

1.與州的夥伴，譬如州政府的行政主管或掌管志願服務的州政府人員，或是其他國家組織結成夥伴，共同提供如何開始做的學習。

2.對有興趣於投資和強調開創志工中心的州夥伴的職員，提供密集訓練和協助。

3.對志工中心主動提供持續的諮詢和資源的材料。

4.使用過去開辦時所的研究結果，來確保新中心有最大的成功機會。

幫助州和社區尋求並開始建構基金，經由：

1.支持和幫助形塑當地基金計畫。

2.測試美國志願軍和國內志工團成員的潛力，以開創志工中心。

3.提供訓練和資源材料，以支持開始做社區的募款活動。

4.與聯合勸募中心系統共同倡導延伸出社區的需求。

目標五：夥伴發展

我們的二〇〇三年願景：經由開通資源，加強志工中心和基金會的知名度，定位夥伴關係，以展現出社區的需求。

目標和行動步驟

我們將會

發展全國和當地的夥伴關係來支持公元二〇〇〇年願景，經由：

1. 決定志工中心方案發展的優先順序，以幫助特定的潛在夥伴。
2. 為全國性的夥伴發展出相關的導引和標準。
3. 與結合美國夥伴組織、企業體、政府機構和其他非營利組織開創夥伴關係。
4. 和準備接觸的夥伴發展關係，並為重複做的方案模式提供維護的基金（譬如家庭事務公司、全美快遞公司）。
5. 與志工中心的領導者一起工作，以確認和爭取願意為志工中心網路貢獻資源、知名度和領導機會的夥伴（例如：畫眉鳥照顧公司，微軟體公司）。

與聯合勸募中心系統建立堅強的夥伴關係，經由：

1. 加強基金會與全美聯合勸募中心的關係。
2. 確認有哪些方式可以使志工中心能夠訂出當地聯合勸募中心的策略性優先順序，以增加其價值。
3. 發展出成功的聯合勸募中心及志工中心模式，使志工中心能迎合當地聯合勸募中心的需求，並反映出公元二〇〇〇年願景。

4.在主要的當地聯合勸募中心的重要政策委員中，營建支持志工中心的氣氛。

5.與全美聯合勸募中心和基金會共同探求能與企業體及各基金會彼此雙贏的方法，以增加志工中心的財務資源。

經由發展堅強的聯結志工中心全國評議會和職場志願服務全國評會，來加強志工中心和企業體在員工志願服務方案及企業志工評議會的關係。

在基金會和志工中心間發展相互利益的夥伴關係，以及對當地社區傳送資源產品和服務。

目標六：技術

我們的公元二○○三年願景：基金會使用最近的資訊和溝通技術與志工中心互動並傳送資訊，同時這也是有用的資源，可以用他們在技術方面的條件來協助志工中心。

目標和行動步驟

我們將會：

使用最近的技術資源提供志工中心建立網路所需要的資訊，以建立基金會的領導地位，經由：

1.承諾基金會和志工中心網路擴大使用最為相關的技術，以溝通和支持當地中心的工作。

2.從技術的賣主中尋求支持，以確定志工中心是很合宜的，擁有最近的技術。

3.幫助志工中心發展他們在各方面需要使用的技術。

4.記錄和分享由中心創新和有效的使用技術的例子。

5.評估存在的軟體方案，並幫助志工中心評價和選擇軟體，以

滿足他們的需要。

6.在志工中心網路和對新技術解決問題的需求方面，刺激提供技術的興趣。

創造一個整合的溝通講壇，以便支持一般的E-mail系統使用在整個志工中心的網路上。

目標七：研究和評估

我們的公元二○○三年願景：基金會是受到認可的全國有關志工中心知識的來源，廣泛使用的評估過程將協助測量志工中心的效率和產出結果。

目標和行步驟

我們將會：

維持基金會的角色，作爲有關志工中心的主要知識來源，經由：

1.研究志工中心的危機和已經失敗的一些案例；使用研究去決定基金會在那種情況下，該扮演何種角色。

2.繼續進行每兩年一次的志工中心調查，並確定在下一年增加兩年一次的標竿學習調查。

3.記錄志工中心的特別貢獻，以解決嚴重的當地問題，同時出版聯合年度報告，以確認志工中心網絡和基金會的成就。

提供志工中心所需要的工具和知道如何做的方法，以測量他們的效率和方案的產出結果，經由：

1.執行標竿學習和方案測量優勝系統，使用同伴對同伴的教學和教練系統，以幫助標竿學習和方案測量工具的執行。

2.分享志工中心使用的評估方法、需求和用途，並且包括基金
　會其他方面發展的工具。

3.創造測量特定方案結果的工具。

4.提供一種結構化的技術，志工中心可以用它來測量他們的分
　享與社區優先順序的關聯性。

三、執行策略

　　任何策略計畫最重要的是願景的感覺，也就是組織想去那裏、
它想成為什麼；但是，在定義上，願景是一種期待，不是現在的狀
況。要將我們的目前現實體轉送到願景的實現，前頭有許多工作要
做。

　　一個策略性計畫也是一個起始點，它展示有關組織如何能夠向
前發展，以完成願景的最好思考。但是它既不是神聖不可侵犯的，
也不是沒有彈性的，它是一種可以讓我們的工作能在未來五年按程
序運作的架構。其中有些都分將會證實是無效的，有些部分將證明
有很大的效率和衝擊，甚至超過我們的想像；有些部分將遭遇外在
力量的追擊。因此，由原創計畫的相同利害關係人來定期修改計畫
是非常重要的，這些人包括董事會和它的委員會、志工中心全國評
議會、當地志工中心、基金會職員，以及從其他組織來的同伴。

　　要想成功地執行這個計畫至少有四個重要的先決條件：

1.基金會重新確認志工中心工作中的集中性。如此做是確定志
　工中心本身的發展並不是基金會的工作，反而是志工中心有
　一強而有力的聯合網絡，才是基金會能夠達成任務的最重要
　資產，如此才能有更多人員更有效率地從事解決嚴重社會問
　題的志工服務。基金會和志工中心的工作是整合橫跨組織的

各市場和部門工作計畫，強調志工中心有利的既存的資源。

2. 計畫的執行必須要超越時間來做，並不是所有的活動期待計畫能夠和應該立即行動。有些可能在幾年內都不能開始，有些已經安排在一九九八年十月的會計年度開始，我們必須設定什麼能夠做和它何時會發生的真實期待。

3. 成功地執行此一計畫將直接依靠我們能否發展夥伴關係——結合志工中心和它們的州與地區協會之外，也結合其他國家級組織，例如美國勸募中心和國家服務法人組織結合企業、媒體和光明基金會。以全國性組織去建立地方的能力方面，確有許多實際上的限制，但是當全國性和地方性組織能夠創造真實、互惠的夥伴關係來共同工作，朝向共同持有偉大熱情的目標時，對於什麼能夠達成是無可限量的。

4. 在執行此計畫時，是需要新的財務資源，在程序中沒有任何意見建議基金會應該減少它對其他市場的允諾。事實上，在此程序中，其中一個偉大的產出，就是確認志工中心對所有其他市場的潛在集中性，甚至認為新的財務資源必須均衡利用。要做到這一點，為了志工中心根基，以及志工中心直接支持企業體、基金會和公部門基金在問題解決上優先順序的方法，必須做出一個強有力的個案。

我們願對長期成就和願景的實踐上真誠付出，所以為了我們的行動必須有一個良好的架構。這個架構不是為基金會的職員所擁有，而是由它的利害關係人和他的夥伴所擁有，這是志工中心發展規劃過程所設計出來的，現在，這正是個要求我們一起以行動讓願景現實的時刻。

社工叢書 16

志願服務概論

作　　　者／曾華源、曾騰光
出　版　者／揚智文化事業股份有限公司
發　行　人／葉忠賢
總　編　輯／林新倫
登　記　證／局版北市業字第1117號
地　　　址／台北市新生南路三段88號5樓之6
電　　　話／(02)2366-0309
傳　　　真／(02)2366-0310
郵撥帳號／19735365　葉忠賢
網　　　址／http://www.ycrc.com.tw
E-mail／book3@ycrc.com.tw
印　　　刷／鼎易印刷事業股份有限公司
法律顧問／北辰著作權事務所　蕭雄淋律師
ＩＳＢＮ／957-818-498-0
初版五刷／2013年9月
定　　　價／新台幣450元

國家圖書館出版品預行編目資料

志願服務概論 = Introduction to
volunteering in Taiwan / 曾華源, 曾騰光
著. -- 初版. -- 臺北市：揚智文化, 2003
[民92]
　　面；　公分. -- (社工叢書 ; 16)
參考書目:面
ISBN 957-818-498-0(精裝)

1. 志願服務

547.16　　　　　　　　　　92003684